COLLECTION MICHEL LÉVY
— 1 franc le Volume —
1 franc 50 centimes relié à l'anglaise

SOPHIE GAY
— ŒUVRES COMPLÈTES —

SOUVENIRS
D'UNE
VIEILLE FEMME

PARIS
MICHEL LÉVY FRÈRES, LIBRAIRES ÉDITEURS
RUE VIVIENNE, 2 BIS, ET BOULEVARD DES ITALIENS, 15
A LA LIBRAIRIE NOUVELLE

1864

OUVRAGES
DE SOPHIE GAY

PARUS DANS LA COLLECTION MICHEL LÉ

Anatole....................................	1 vo.
Le comte de Guiche.......................	1 —
La comtesse d'Egmont.....................	1 —
La duchesse de Châteauroux...............	1 —
Ellénore...................................	2 —
Le faux Frère.............................	1 —
Laure d'Estell.............................	1 —
Léonie de Montbreuse.....................	1 —
Les Malheurs d'un amant heureux.........	1 —
Un mariage sous l'Empire..................	1 —
Marie de Mancini..........................	1 —
Marie-Louise d'Orléans.....................	1 —
Le Moqueur amoureux.....................	1 —
Physiologie du ridicule.....................	1 —
Salons célèbres.............................	1 —
Souvenirs d'une vieille femme.............	1 —

LAGNY. Imprimerie de A. VARIGAULT.

SOUVENIRS

D'UNE

VIEILLE FEMME

PAR

SOPHIE GAY

PARIS

MICHEL LÉVY FRÈRES, LIBRAIRES ÉDITEURS
UE VIVIENNE, 2 BIS, ET BOULEVARD DES ITALIENS, 15
A LA LIBRAIRIE NOUVELLE
—
1864
Tous droits réservés

AVANT-PROPOS

J'ai vécu sous l'époque la plus riche en événements, j'ai subi les malheurs de trois révolutions. J'ai vu notre gloire, nos désastres. J'ai connu particulièrement la plupart des premiers acteurs de notre grand drame politique ; et l'on pense bien qu'ainsi que tout le monde, je fais des mémoires ; car chacun écrit aujourd'hui sa vie, comme on écrivait autrefois sa dépense ; mais les détails d'une existence de reflet, destinée à l'obscurité, où de grands noms historiques se mêlent par hasard à des événements bourgeois, et qui dans le fond n'est guère comparable qu'à celle d'un confident de tragédie, pourrait bien être sans intérêt pour les lecteurs. Aussi laisserai-je à mes héritiers le soin de publier ou de jeter au feu mon bavardage biographique. Je me bornerai à en extraire quelques faits, quelques aventures qui m'ont été racontées par les héros mêmes. Soit jugement, soit habitude de vivre de la vie de ce que j'aime, je ne me suis jamais fort intéressée à moi ; aussi mes souvenirs purement personnels risquent-ils de paraître fort pâles ; cette abnégation m'a valu de sincères amitiés et de longues confidences. On aime tant ceux qui écoutent !

J'étais si heureuse de placer, sans danger, les émotions de mon cœur et mon goût pour les choses romanesques. Je prenais un intérêt si vif, si vrai aux récits de mes amis qu'ils m'associaient, souvent plus que je ne l'aurais voulu, aux passions, aux événements qui les agitaient; ils comptaient si bien sur ma discrétion et mon dévouement! En effet, j'étais discrète par curiosité, par le besoin de me faire des intérêts étrangers aux miens, et dévouée sans mérite, car le plaisir de secourir, de consoler un ami malheureux, m'exaltait à un point qui justifie presque cette barbare pensée de La Rochefoucauld. « *Dans l'adversité de nos meilleurs amis, nous trouvons toujours quelque chose qui ne nous déplaît pas.* »

Hélas! oui, ce quelque chose, c'est le bonheur de leur être utile, c'est l'espoir de les attacher pour jamais par la reconnaissance; c'est l'orgueil de lutter contre leur destinée contraire, de l'emporter sur leur adversité, par la puissance d'une amitié active, généreuse. Et comment ne pas se féliciter un peu du malheur qui nous soumet le cœur d'un ami, qui nous rend sa consolation, son appui, et quelquefois sa providence!

S'il est vrai que Téramène fut mieux placé que personne pour raconter la mort du fils de Thésée, je puis me permettre le récit de plusieurs aventures dont j'ai été témoin, et d'autres qui sont restées dans mon souvenir, en déguisant, toutefois, le nom des personnages que la mort a épargnés; car je hais cette mode d'imprimer *tout vifs*, les noms les plus respectables.

Plus je lis de vieux manuscrits, de chroniques, de correspondances imprimées ou inédites, plus je vois que le vrai l'emporte de beaucoup sur l'invention pour le merveilleux et le romanesque. Cela s'explique facilement : quand un caractère sort de la route commune à tous les autres, il va aussi loin qu'il peut, quel que soit le démon ou l'ange qui le guide ; la religion, les lois, l'usage, le ridicule, rien ne l'arrête : l'exaltation du bien produit chez lui des miracles ; celle du mal des crimes qui dépassent l'imagination ; dans l'une ou l'autre voie, c'est l'impossible qu'il veut atteindre, le romancier a l'ambition contraire. Le probable est son but ; quel pauvre domaine.

Qui oserait prendre pour le sujet de deux volumes l'anecdote que je cite de la princesse de Conti? Que de clameurs s'élèveraient contre l'invraisemblance d'un tel sacrifice fait au repos d'un amant infidèle, à la joie pure d'un raccommodement, à la durée d'une liaison que l'apparence d'un seul tort du côté de la victime aurait rompue à jamais ! Que de grands mots sur ce vertueux parjure ! que d'exclamations sur l'impossibilité de se résigner à un marché si onéreux. Eh bien, ce marché s'est conclu à la satisfaction de toutes les parties. La morale a fermé les yeux ; la société n'a rien su, et chacun a vanté la clémence de la princesse.

Quand le vrai fournit de pareilles aventures, je m'y tiens. Si le public partage mon avis, s'il daigne accueillir cet essai, cela m'encouragera à continuer ce nouveau genre de mémoires.

S. G.

SOUVENIRS
d'une
VIEILLE FEMME

MYSTÈRE ET LEÇON

I

C'était dans ce temps où la gloire faisait oublier la terreur, où la société se reconstruisait sous l'influence du génie, où tout reprenait sa place, le mérite, les talents, la fortune, les mœurs, les scrupules et les plaisirs.

Un matin, j'étais seule, occupée à lire un de ces ouvrages qui exaltent le cœur et le disposent aux actions généreuses ; on vint m'avertir qu'une jeune fille appelée Rosalie demandait à me parler ; c'est elle, ajouta mon domestique,

que madame avait fait venir du château de L... pour servir de bonne à ses enfants.

— Je m'en souviens fort bien, répondis-je, c'est une excellente fille qui serait encore à mon service si le valet de chambre de mon mari n'en était pas devenu amoureux en dépit de sa femme. Je présume qu'elle vient demander une recommandation : cherchez-lui une place, François, et dites que je réponds d'elle.

Alors Rosalie entra. Croyant avoir deviné le motif qui l'amenait, je l'assurai de ma protection et de celle de François; mais Rosalie me dit d'un air triste et avec embarras, qu'elle était toujours dans la maison où sa sœur l'avait placée l'année dernière, et qu'elle venait réclamer de moi un si étrange service, qu'elle ne savait comment s'y prendre pour me le demander. L'ayant encouragée dans sa confiance, elle me parla ainsi :

— Madame sait bien que lorsqu'elle m'a prise dans notre village, pour être la bonne de cette chère petite Aglaé qu'elle nourrissait alors, je ne savais ni lire ni écrire; comme cela n'est pas bien nécessaire pour bercer les enfants, et que dans notre état on n'a pas un moment à soi, je n'ai pas eu le temps de profiter des leçons que ma pauvre maîtresse voulait me faire donner. En disant cela, Rosalie pleurait.

— Que lui est-il donc arrivé à votre maîtresse? demandai-je; il me semble que vous étiez chez la jeune femme d'un riche financier?

— Oui, madame, répliqua Rosalie en essuyant ses larmes; elle venait d'avoir dix-neuf ans, quand je l'ai vue mourir... hier... cinq jours après être accouchée.

— Ah! mon Dieu, m'écriai-je, quel affreux malheur! car j'étais profondément attendrie sur le sort d'une personne qui inspirait des regrets si touchants. Sans doute, ajoutai-je, elle aura commis quelque imprudence.

— Non madame, ce n'est pas elle qui s'est tuée; mais on peut bien dire qu'elle a été assassinée. Je la gardais jour et nuit, car la femme de chambre qui la servait ordinairement était elle-même fort malade depuis un mois, et madame ne pouvait pas souffrir la présence de la garde que lui avait donnée son accoucheur; celle-là restait dans le salon à côté de la chambre pour empêcher qu'on entrât chez madame, et c'est moi qui faisais son service.

1.

» Le jour de sa fièvre de lait, comme je préparais une tasse de tisane à ma maîtresse, son mari ouvrit avec bruit la porte de sa chambre ; il avait les yeux hagards, les lèvres tremblantes, il me dit de sortir et d'emporter l'enfant ; je lui fis observer que les appartements n'étant pas encore échauffés, le petit pourrait souffrir du froid.

» — Et qu'importe ! répondit-il d'un air qui me fit trembler ; car il paraissait hors de lui.

» Je restai dans le salon, et de là je l'entendis parler comme quelqu'un qui serait dans un accès de colère ; on entendait aussi madame qui sanglotait ; enfin, après une heure que dura cette scène terrible, monsieur sortit comme un fou de la chambre, traversant le salon sans seulement nous voir, puis il alla prendre son cabriolet qui l'attendait dans la cour, et il partit pour la campagne.

» Dès que je fus certaine qu'il ne reviendrait pas, je rentrai chez madame... Bonté divine ! dans quel état je la trouvai ! elle étouffait, le lait lui avait porté à la tête ; elle délirait, j'envoyai tout de suite chercher le médecin, il déclara qu'elle était dans le plus grand danger ;

on la saigna, la raison lui revint, mais rien ne put diminuer l'oppression qui l'empêchait de respirer. Je passai depuis toutes les nuits près d'elle ; au milieu de celle d'hier, elle me fit approcher de son lit pour me dire... (et Rosalie s'interrompait pour essuyer ses larmes) :

» — Je vous crois une bonne fille, Rosalie, vous aurez pitié d'une mère qui meurt en vous confiant la vie de son enfant ; il a dit qu'il le tuerait si jamais on venait à savoir qu'un autre s'y intéresse ; je sens que je vais mourir... je ne pourrai plus veiller sur ce malheureux enfant... Si Alphonse apprend la cause de ma mort, je le connais, dans son désespoir il fera quelques folies qui amèneront des scènes épouvantables, un grand malheur, un crime peut-être ! par grâce, ma chère Rosalie, jurez-moi de chercher un moyen de le préparer à ma mort, de manière à ce qu'il ne vienne pas ici menacer mon mari, et lui reprocher le cruel traitement qui m'a tuée ; tâchez même qu'il ignore que je succombe au chagrin ; dites-lui que j'ai fait une imprudence qui me coûte la vie, surtout ayez soin qu'il ne voie jamais cet enfant en présence de personne.

» A tout cela, je répondis que je ferais ce qu'elle désirait, mais j'espérais bien que toutes ces recommandations seraient inutiles, et qu'en se calmant elle serait bientôt délivrée de la fièvre qui la dévorait.

» — Non, me dit-elle, je n'ai plus que peu de moments... laisse-moi les employer à lui écrire.

» En disant cela, elle tâchait de se soulever, et n'en ayant pas la force, elle me pria de l'aider. Je ne voulus pas d'abord lui donner de quoi écrire, bien sûre qu'on me gronderait d'une complaisance qui pouvait lui faire beaucoup de mal.

» — Au nom du ciel, ne me refuse pas, dit-elle alors d'un ton qui semblait m'ordonner comme si elle n'était déjà plus de ce monde ; ne me refuse pas, ma bonne Rosalie ; tu t'en repentirais le reste de tes jours, car ce que je veux écrire empêchera de grands malheurs.

» Il n'y avait pas moyen de résister à cette dernière volonté ; je l'aidai avec peine à se mettre sur son séant, je l'entourai d'oreillers pour la soutenir et je posai sur elle le petit pupitre dont elle se servait habituellement pour écrire ; ensuite je me retirai près de la cheminée, en la suppliant de se fatiguer le moins longtemps possible. Elle était d'une faiblesse telle que sa tête retombait à chaque instant sur l'oreiller ; je courais alors toute tremblante auprès d'elle, voyant qu'elle se trouvait mal, je lui faisais respirer de l'éther, et elle continuait sa lettre.

» Hélas, Dieu n'a pas voulu permettre qu'elle l'achevât !... tout à coup j'ai entendu qu'elle m'appelait d'une voix étouffée, elle me faisait signe de prendre ce papier, ajouta Rosalie en montrant celui qu'elle tirait de son sein ; puis, lorsque je voulus le prendre dans sa main, ses doigts étaient si contractés que je ne pus l'avoir ; une affreuse convulsion agita tout son corps, et j'allais crier pour demander du secours quand ce papier tomba doucement dans ma main ; c'est comme cela que j'appris qu'elle ne souffrait plus, dit Rosalie en pleurant de tout son cœur.

» Cependant, espérant que ce pouvait n'être encore qu'un évanouissement, je cachai ce papier sur moi, avec ceux qu'elle m'avait confiés la veille, en me faisant jurer de les brûler si elle venait à mourir, et je sonnai pour qu'on vînt m'aider à la ranimer. Le médecin, qui arrivait en cet instant, nous dit que tous nos soins étaient inutiles. On avait fait venir une nourrice pour l'enfant; on me chargea d'aller le lui porter dans ma chambre, où elle m'attendait. La mère de monsieur arriva quelques instants après, et me fit dire qu'on me garderait pour surveiller la nourrice jusqu'à nouvel ordre. On a envoyé avertir monsieur, qui est dans les environs d'Orléans, et je viens vous demander, madame, comment je puis faire pour obéir aux volontés de cette pauvre femme, si belle, si malheureuse, et que nous chérissions tous.

Le récit de Rosalie m'avait émue presqu'autant qu'elle-même; je suis toujours du parti des gens qui meurent de chagrin, et sans réfléchir sur l'inconvénient qu'il pouvait y avoir à se mêler d'une affaire aussi délicate, je cédai à la prière que me fit Rosalie, d'écrire, au nom d'une amie de cette jeune morte, à cet Alphonse que je ne connaissais point, et que Rosalie n'avait elle-même jamais vu que deux fois; car il était à l'armée depuis le commencement de la dernière campagne, elle savait seulement qu'il se nommait Alphonse : c'était le seul nom inscrit sur les lettres qu'on lui donnait à porter chez une personne qui se chargeait probablement de les faire parvenir.

— D'abord, dit Rosalie, j'ai pensé à avoir recours à cette femme pour me tirer de l'embarras où je suis ; mais j'ai eu peur qu'elle ne fît quelque bavardage, et ma bonne maîtresse était si craintive de voir son secret en de mauvaises mains, que j'ai préféré le confier à madame ; elle est trop bonne, ajouta Rosalie, pour ne pas s'intéresser au sort de ce pauvre enfant qui sera victime de tout cela, si elle ne vient pas à son secours.

— Hélas ! repris-je, j'ai bien peu de moyens de lui être utile.

— Oh ! si vraiment, madame ; en apprenant tout doucement à ce jeune homme la mort qui va tant l'affliger, vous l'amènerez à supporter ce coup terrible ; vous l'empêcherez surtout de venir ici sans congé se battre avec monsieur ; car c'est tout ce que craignait ma maîtresse. Allez, c'est une bonne action, digne de vous, et dont je vous aurai une éternelle reconnaissance, sans compter celle qu'ils vous devront tous.

Il y avait dans l'accent de cette bonne fille, priant pour sa maîtresse, quelque chose de religieux qui ne permettait pas de traiter avec indifférence la promesse qu'elle avait faite à cette jeune femme de sauver sa mémoire du déshonneur, et de mettre son fils à l'abri d'une trop juste vengeance.

II

J'étais dans l'âge où les impulsions du cœur l'emportent sur les raisonnements de l'esprit, et je m'engageai, sans hésiter, à remettre le soir même à Rosalie un billet par lequel j'apprendrais à cet Alphonse que sa chère Emmeline, étant trop malade pour lui écrire elle-même, me chargeait de lui donner cette triste nouvelle ; j'ajoutai à cela quelques mots pour le rassurer sur le secret qu'elle s'était vue forcée de me confier, et j'y joignis la promesse de lui écrire exactement jusqu'au jour où Emmeline pourrait reprendre sa correspondance avec lui.

Je ne saurais peindre la tristesse que j'éprouvai en lui donnant cette espérance que je savais trop ne devoir jamais se réaliser, et combien je fus préoccupée du soin de chercher les expressions les plus propres à maintenir son inquiétude, sans cependant lui laisser soupçonner l'affreuse vérité.

Cette préoccupation, survenue tout à coup à une personne dont la vie douce et les sentiments connus de tous ceux qui l'entouraient n'offraient pas l'idée d'un mystère, ne pouvait manquer d'être bientôt remarquée : ce fut le vieux marquis de P***, ancien ami de mon mari, qui m'en parla le premier ; j'avoue qu'incertaine de savoir si je faisais bien ou mal dans cette circonstance, je saisis cette occasion de m'éclairer en soumettant ma conduite aux avis d'un homme d'un caractère raisonnable, spirituel, et à qui six ans d'émigration avaient donné une teinte de romanesque qui devait lui faire comprendre les intérêts de ce genre.

Si mon mari n'avait pas été absent à cette époque et retenu à Chambéry pour des affaires de famille, je ne doute point que je ne lui eusse raconté tout ce que m'avait dit et demandé Rosalie, et le secret de ces pauvres amants eût été bien aventuré, car M. ***, le plus discret des hommes sur tout ce qui lui était confié d'intérêts graves, ne pouvait s'habituer à ranger de ce nombre ceux où l'amour jouait le premier rôle : ce n'est pas qu'il y fût indifférent, mais il était si persuadé qu'une passion vive et constante ne peut jamais se dissimuler, qu'il ne se faisait aucun scrupule d'imiter ou de devancer l'indiscrétion des amants dont on lui racontait les aventures.

Lorsque M. de P*** fut instruit de celle qui me préoccupait, loin de blâmer ma complaisance, il me dit que je ne pouvais me refuser à une démarche aussi simple sans me rendre responsable de tous les malheurs qu'entraînerait un refus de ma part. Cela tranquillisa ma conscience. Pour plus de sûreté, j'exigeai de lui qu'il ne ferait de questions à qui que ce soit sur les héros de cette malheureuse histoire, et je m'engageai à la même discrétion.

— Bon, me dit M. de P***, vous n'aurez pas le courage de jouer longtemps le rôle de confidente dans ce singulier drame, sans chercher à en connaître tous les personnages.

— Ah ! mon Dieu ! répondis-je, j'en sais déjà trop, et je voudrais tant pouvoir ignorer le nom de la pauvre héroïne, que je vous jure bien de ne jamais rien faire pour apprendre celui de mon correspondant. Le nom d'Alphonse, sous lequel on lui écrit, est le seul qu'il portera jamais pour moi, que ce soit ou non l'un des siens.

— Mais il va vous répondre, dit M. de P***, l'amour et l'inquiétude n'empêchent pas un homme bien élevé d'être poli, et vous n'aurez pas lu trois lignes de lui que vous saurez tout de suite à qui vous avez affaire.

— Cela pourrait être vrai, s'il s'agissait d'un commerce d'esprit; mais, quand la douleur est sincère, elle parle comme tout le monde.

— C'est une erreur, reprit M. de P***; il se glisse toujours des phrases prétentieuses dans le chagrin des gens communs. Si vous voulez me montrer la lettre que je vous annonce et que vous recevrez avant huit jours, je suis certain de reconnaître à l'instant même le caractère de ce jeune officier et la classe où il est né.

— Comment voulez-vous qu'il m'écrive? il ignore qui je suis. Rosalie m'a juré que personne ne saurait jamais le service que je lui rends. D'ailleurs, je suis bien décidée, ajoutai-je en souriant, à l'abandonner noblement dès que je lui aurai porté le coup mortel.

— Quelle horreur! ah! vous serez bien obligée

de lui offrir quelques consolations. Quoi! vous lui direz tout sèchement : « Monsieur, celle que vous aimez est morte, et je suis bien votre très-humble servante. »

— Quelle supposition! Je lui enverrai la lettre que la mort a interrompue, elle lui en dira bien assez.

— Non, non, vous dis-je, vous serez moins barbare, et vous ne vous refuserez pas à témoigner quelque intérêt pour un malheur si touchant : en vérité, ce pauvre jeune homme me fait pitié, ajouta M. de P***, à sa place, j'étranglerais le mari ; mais j'oublie que vous ne vous donnez tant de peine que pour éviter ce dénouement tragique.

— Par grâce, ne faites aucune plaisanterie sur ce triste roman, répliquai-je, et ne m'en parlez jamais devant personne. Une indiscrétion est si tôt commise.

— Soit, dit en se levant M. de P***, mais vous me direz tout ce qui arrivera de ceci? Je hais les demi-confidences, et ma fidélité est toujours proportionnée à la confiance que j'inspire; je vous en avertis.

En disant ces mots, M. de P*** sortit, et me

laissa bien plus occupée de ma correspondance mystérieuse, que je ne l'étais avant de lui en avoir parlé.

Une semaine s'était à peine écoulée, qu'ainsi que M. de P*** l'avait prédit, Rosalie m'apporta une lettre adressée à sa maîtresse, et un billet ainsi conçu :

« Madame, ce que la pitié vous fait faire aujourd'hui pour nous, vous répond à jamais de ma respectueuse reconnaissance. »

Ce peu de mots, écrits à la hâte, étaient non-seulement fort lisibles, mais ils m'apprenaient que le jeune Alphonse avait ce qu'on appelle une écriture *élégante*, et qu'il n'était pas de ces gens pour qui un malheur est toujours une occasion de pathos. Il est simple et poli, pensai-je ; que de charmes renfermés dans ces deux qualités ! et je trouvai la pauvre Emmeline moins coupable.

J'écrivis de nouveau. A chacune de mes lettres le danger redoublait, et les sermons aussi ; car je déclamais vivement contre tout ce qui pouvait compromettre le sort de l'enfant d'Emmeline et animer la haine de celui à qui la loi donnait tout pouvoir sur cette faible créature ; j'allais jusqu'à dire qu'un homme d'honneur se pardonnait déjà avec bien de la peine la séduction qui entraînait une femme dans un tort semblable; mais que, lorsque le scandale d'une scène venait flétrir et compromettre à jamais deux existences qu'il aurait dû protéger, il n'était plus de repos pour lui. Enfin, je crus que le moment était venu de lui envoyer la fatale lettre.

Cette lettre, dont j'ai oublié le contenu, finissait ainsi :

« Tu me le jures, n'est-ce pas ? Jamais tu ne réclameras tes droits sur lui; jamais tu ne l'exposeras à la vengeance de ton ennemi, du sien. Aujourd'hui seulement, je sens que tu peux me rendre coupable, me faire maudire un jour par mon enfant. Ah! ne me laisse pas mourir avec cette crainte! N'accuse personne de ma mort; ton absence seule m'a tuée, je pleurais toutes les nuits... cela m'a donné de la fièvre : voilà tout. Les soins, les médecins n'y peuvent rien. Je sens là, comme une main de fer qui déchire ma poitrine... Mon Dieu ! que je voudrais te voir encore une fois!... te voir embrasser ce cher enfant qui... tu le promets, oui, tu ne... jamais... il le tuerait... et lui... non... sa mère... »

Le reste et les caractères qui séparaient ces derniers mots étaient illisibles. La plume, en s'échappant des doigts de la mourante, avait formé une espèce de paraphe qu'on ne pouvait voir sans en ressentir une horrible impression. C'était comme un adieu signé par la mort elle-même.

Je ne sais trop ce que j'écrivis à la suite de ce triste envoi, et ce que le désir d'adoucir une peine si amère m'inspira de mots consolants; mais, lorsqu'après avoir fermé cette lettre, je rejoignis dans le salon les amis qui dînaient ce jour-là chez moi, je vis, à l'air d'intérêt, je dirai presque de pitié, qu'ils avaient en m'abordant, que mon visage était encore humide de larmes.

— Convenez-en, dit M. de P*** en me donnant la main pour passer dans la salle à manger, c'est quelque réponse du jeune inconnu qui rougit ainsi vos beaux yeux?

— Eh non! répondis-je avec impatience, c'est ce que je lui adresse qui me fait pleurer; il va recevoir la lettre de cette pauvre femme; et je me fais l'idée de son désespoir!

— Ah! ce désespoir eût été plus cruel il y a

quelque temps, ajouta M. de P*** en souriant, soyez tranquille, il n'en mourra point.

— Parce qu'un homme ne meurt jamais d'un semblable regret ; dis-je d'un ton amer.

— Surtout quand le plus doux espoir y succède, et qu'on se charge de...

Je n'en voulus pas entendre davantage, et, pour être à l'abri des plaisanteries de M. de P*** sur ce sujet, je plaçai quelqu'un entre lui et moi.

— Ah! vous ne voulez pas que je vous en parle, dit-il en s'éloignant de moi; eh bien, je m'en vengerai en vous obéissant.

Il y a, dans le sentiment triste qu'une femme s'efforce de cacher, je ne sais quel charme qui la rend encore plus séduisante. C'est un mystère dont chacun voudrait être le confident ou le sujet; il ajoute à l'intérêt qu'on lui porte, un attrait de curiosité, une douce pitié, qui sert merveilleusement la tendresse ou la coquetterie.

Jamais on ne m'adressa plus d'aimables flatteries, jamais on ne m'entoura de soins plus gracieux, et pourtant je restai jusqu'à la fin de la journée sous l'influence douloureuse de la mission que j'avais été forcée de remplir.

III

Je commençais à perdre l'idée de cette aventure, lorsque Rosalie m'apporta, quinze jours après, cette réponse :

« Hélas ! je l'avais devinée, cette affreuse mort qui me laisse seul au monde ! Je ne pouvais devoir un soin si généreux qu'à l'excès de mon malheur, qu'au noble intérêt d'une âme pieuse pour les dernières volontés d'une pauvre mère. Ah ! cette volonté qui ôte toute ressource à mon désespoir, il fallait plus que sa prière pour me forcer à l'accomplir ! Il fallait qu'une voix charitable me parlât au nom de l'honneur, et qu'à cette voix divine le devoir m'apparût dans tout ce qu'il a d'implacable. C'est à vous, madame, qu'il appartenait de soumettre ma rage; car, je n'en doute pas, c'est lui qui l'a tuée; c'est sa jalousie atroce... Mais elle l'ordonne, vous le voulez, et je mourrai sans la venger, sans réclamer l'unique bien qui m'aurait rattaché à la vie.

» Je dois ce sacrifice à l'intérêt que vous nous témoignez, madame ; il suffirait pour m'acquitter ; mais ma reconnaissance est la seule douce pensée qui puisse tempérer les sentiments amers dont mon âme est remplie ; cette vive reconnaissance est toute ma consolation ; ne la dédaignez pas, madame, je suis si malheureux ! »

» Alphonse de ***. »

— Voilà le roman fini, dis-je à M. de P***, en lui montrant cette lettre.

— Ne vous en flattez pas, répondit-il ; mais je suis bien niais de vous l'apprendre ; vous avez déjà fait toutes vos observations sur ce désespoir, cette rage de vengeance qui ne cède qu'à votre voix. Vous savez mieux que moi, j'en suis certain, ce que votre généreuse bonté et le mystère qui cache le bienfait vont produire sur une âme exaltée par le malheur ; vous savez quelle diversion puissante opère la curiosité sur une douleur sans espérance, qui, par cela même qu'elle peut s'augmenter, tourne bientôt à l'ennui. Comment échapper à l'attrait d'une consolation semblable ! j'en juge par moi-même, si pareille aventure m'était arrivée dans ma jeunesse, j'en serais devenu fou de tristesse et de joie; mais la joie l'eût emporté; j'aurais fait ce raisonnement : la femme capable d'un soin si charitable doit être bonne, simple et spirituelle; car il faut la réunion de ces qualités pour échapper à l'égoïsme, si commun aux femmes qui ne voient dans un service à rendre que le danger de se compromettre et les désagréments qu'il en peut résulter. Elle est honnête, me serais-je dit; car en m'imposant un grand sacrifice, elle n'emploie aucun de ces mots pompeux de vertu, de remords, si familiers aux prudes. J'ignore son nom, son âge; elle ne dit rien qui puisse me faire soupçonner qu'elle soit laide ou jolie, rien qui décèle l'envie de montrer de l'esprit à propos d'un malheur. Donc, elle est jeune, belle, d'un esprit distingué; je me dois de l'adorer et je l'adorerai de toute mon âme...

Je ris en écoutant ces flatteries et cette singulière supposition, elle me parut folle; mais, après deux mois de correspondance assez vive, une lettre m'apprit que la prédiction était accomplie.

D'abord effrayée de mon inconséquence, je fis venir Rosalie pour lui recommander plus vivement encore le secret sur mon compte.

— Vous le voyez, lui dis-je, avec plus d'humeur que je n'en ressentais peut-être, votre M. Alphonse se méprend d'une façon étrange sur les motifs qui m'ont engagée à lui écrire; il pense sans doute que la personne assez complaisante pour s'être chargée d'une semblable commission, n'a vu, dans cette triste démarche, que l'occasion d'entamer une intrigue; c'est à vous à le détromper; car, de ma part, il ne recevra plus un mot. Je n'ai pas envie de perpétuer son illusion en lui témoignant combien j'en suis blessée; si j'avais présumé qu'il se consolât aussi vite, je ne me serais certainement pas donné la peine de prendre tant de ménagements pour lui apprendre la mort de votre pauvre maîtresse. Sacrifiez donc votre honneur, votre vie pour de telles passions! ajoutai-je d'un air indigné.

— Ah! madame, reprit Rosalie, je vous jure qu'il l'aimait sincèrement; jamais elle ne s'est plainte de sa fidélité; mais que voulez-vous, elle n'est plus de ce monde, et je crois bien que M. Alphonse a besoin d'amour; il est si aimable, d'une si belle tournure! Ah! si madame le voyait avec son uniforme, comme je l'ai vu un jour qu'il revenait de la parade !

— Je ne veux ni le voir ni le connaître, interrompis-je; faites en sorte, ma chère Rosalie, qu'il ne pense plus à moi, et que sa présomption ne puisse tirer aucun avantage de mon obligeance pour vous. Si cette correspondance était connue, on ne manquerait pas d'en calomnier la cause, et il en résulterait de véritables chagrins pour moi ; vous en seriez désolée, n'est-ce pas ? Eh bien, mettez tous vos soins à me les épargner.

Rosalie me promit de mourir plutôt que de jamais articuler mon nom à l'inconstant Alphonse, si, comme elle le présumait, la fin de la campagne le ramenait bientôt à Paris. Nous convînmes de tout ce qu'elle devrait lui répondre, dans le cas où il la questionnerait sur mon compte, et nous nous décidâmes pour un mensonge fort innocent, qui le détournerait de toute recherche; Rosalie devait lui dire que j'étais partie pour le midi de la France, où mon mari avait une terre que nous devions habiter pendant plusieurs années.

Cependant chaque courrier venant de l'armée

m'apportait une lettre pleine de remords sur son amour et de reproches sur mon silence ; c'étaient des imprécations sur ma pitié cruelle ; des prières, des menaces de me désobéir, de venir se battre avec le mari d'Emmeline, de lui arracher son enfant, et de s'enfuir avec lui dans les déserts de l'Amérique.

« Enfin, disait-il, si vous cessez d'être mon guide, si vous me dédaignez au point de me refuser les conseils, la pitié que je mérite, il n'est pas de folie dont je ne sois capable. »

La crainte de le voir se livrer aux plus coupables extravagances me fit rompre la promesse que je m'étais faite de ne plus lui écrire. Le danger de la situation où l'inconséquence d'un bon cœur venait de me mettre m'apparut tout à coup, et je pris un de ces partis désespérés auxquels les femmes ont rarement recours, et dont l'effet est certain. Je dis la vérité, toute la vérité.

IV

A M. ALPHONSE DE ***

« Monsieur,

« S'il est vrai que je vous aie sauvé du désespoir, que ma parole ait sur vous quelque empire, ne me punissez pas d'avoir bravé la prudence pour vous épargner un crime ! oui, un crime, car on ne saurait donner d'autre nom à la vengeance que vous méditiez, et dont vous osez nous menacer encore. Compromettre l'existence de ce pauvre enfant ; flétrir indignement la mémoire de sa mère ! Non, vous êtes incapable d'une action si lâche, vous tenez trop à votre estime, à la mienne. Vous ne violerez pas la promesse que vous m'avez faite de ne jamais chercher à me connaître. Vous cesserez de jeter le trouble dans ma conscience ; dans ma vie, peut-être. Car il dépend de vous de détruire le repos de mon mari, de l'être que j'aime le plus au monde. S'il venait à savoir ce qui résulte de ma complaisance pour

Rosalie, il m'accuserait d'avoir encouragé vos aveux inconstants, et cette injustice me mettrait au désespoir. Au nom de cette malheureuse Emmeline qui vous aimait tant, oubliez-moi, monsieur, ne m'écrivez plus. Ce sacrifice, si faible qu'il soit, vous donnera des droits à mon amitié et à ma reconnaissance. »

Après avoir remis cette lettre à Rosalie, je me sentis plus calme; mais j'attendis avec une sorte d'impatience le moment où M. de P*** venait chaque soir, pour lui montrer la preuve de son habileté à prédire les événements, et pour lui apprendre comment j'avais répondu. J'étais bien aise de lui prouver que je n'avais pas eu besoin de le consulter pour ôter à cet Alphonse tout espoir d'être écouté favorablement : je n'y gagnai rien dans l'esprit de M. de P***; il prétendit que cet empressement ressemblait à la bravoure des poltrons.

— Ce sera tout ce que vous voudrez, répondis-je, mais je n'entendrai plus parler de ce mystérieux personnage, et c'est ce que je veux.

— Bien vrai?

— Oui, très-vrai.

—Cela m'étonne, reprit M. de P***, car ses lettres

sont charmantes, et elles vous amusaient assez.

— Je ne le nie point, cette aventure m'a d'abord causé un vif intérêt; mais, vous l'avouerai-je, votre maudite prédiction en a bientôt détruit le charme. Vous avez une expérience désolante pour les cœurs à illusion, et le jour où vous m'avez prédit ce qui arrive, la peur m'a prise à tel point que je n'ai plus écrit qu'en face de ce fantôme. La contrainte se faisait sentir à chaque ligne, et je ne serais pas étonnée que ce style embarrassé n'ait fait supposer au *bel inconnu* que je faisais mille efforts pour lui cacher ma passion naissante. Tout cela est votre faute.

— Ceci est violent, interrompit M. de P*** en riant aux éclats. Quoi ! de confident, vous voulez me faire passer pour complice ! Ah ! je ne saurais accepter ce nouvel emploi; c'est bien vraiment vous seule qu'il faut accuser. Si vous aviez mis un peu moins de grâce et d'esprit à consoler cet infortuné, il ne vous aurait pas fait hériter si vite de son amour pour la défunte; mais l'entreprise était digne de vous, et vous vous deviez à vous-même de faire cet essai de vos forces. Maintenant votre conduite est toute tracée : ou ce jeune homme vous est complétement indifférent, et loin de prendre sa déclaration au sérieux, vous en rirez doucement avec lui ; ou ce que vous en savez, ce que vous en lisez vous paraît dangereux, et vous combattrez la séduction avec toutes les armes d'une sagesse éprouvée. De toute manière, vous vous en tirerez avec honneur, j'en suis certain.

— Je l'espère bien, répondis-je, mais j'aurais préféré ne pas me donner ce triomphe. Puis, j'ajoutai plus bas : les jaloux ont toujours raison, mon ami.

— Ah ! vous convenez que leurs précautions ne sont pas inutiles !

— Pas plus que leur tyrannie ; car les femmes nées pour être galantes s'en affranchissent sans peine, et celles qu'une imprudence peut compromettre en sont garanties par la terreur d'une scène de jalousie ; le cœur des femmes est si inconséquent ; on leur rend toujours service en le captivant d'une manière ou d'une autre. Par exemple, je n'ai pas grand mérite à rester fidèle à mon mari ; vous le connaissez, et vous savez s'il est un homme plus aimable, plus *selon moi* que lui ? Eh bien, son souvenir, si présent qu'il soit, ne m'empêche pas d'être préoccupée de cet

Alphonse que je ne connais pas, qui sera peut-être tué à la première bataille, et qui s'avise de m'aimer parce que son cœur est veuf. Je lui ai défendu de m'écrire, et je regrette ses lettres; je lui ordonne de m'oublier, et je suis sûre que je ne verrai jamais deux épaulettes sans penser à lui. Enfin, je lui ai composé un visage, une tournure à mon goût; je vais jusqu'à le parer d'un sentiment impossible, d'un amour désintéressé, qui pourrait vivre d'absence et de privations; j'en fais une espèce d'ange à l'usage de mes rêveries. Tout cela tient du prestige, de la folie; et voilà ce que je n'aurais jamais connu sous la domination d'un jaloux, qui défend de penser et d'écrire.

— Et voilà aussi ce qu'une honnête femme peut seule avouer, répondit M. de P***, en me serrant la main avec une affection paternelle. Une âme aussi pure, aussi sincère, peut s'abandonner sans crainte à ses inspirations, elles viendront toujours d'une conscience éclairée.

Je m'efforçai de croire à cette nouvelle prédiction. Cependant, pour plus de sûreté, je m'établis coupable à mes propres yeux. C'était m'imposer des devoirs plus sévères; le premier devait être d'avouer à M. *** ce qui s'était passé entre Alphonse et moi ; je me promis d'y satisfaire aussitôt son retour de Chambéry. Une fois sous la garde de mon mari, je pensais être à l'abri de tout soupçon comme de toute inquiétude.

Le retour de M. *** fut retardé d'un mois pendant lequel je ne reçus que cette lettre d'Alphonse.

« J'avais trop espéré de votre bonté, madame ; pourtant je ne vous demandais que de vous laisser adorer comme l'être divin qui entend nos prières, nos plaintes, nos vœux, sans se révéler à nous autrement que par l'amour qu'il inspire. Vous ne le voulez pas. Une vaine considération m'enlève mon bonheur, ma vie ; ah ! pourquoi m'avoir secouru dans la douleur si, vous deviez me rendre mille fois plus malheureux ! Je n'avais plus que vous au monde ; vous étiez devenue ma providence ; je vous associais à toutes mes actions, certain de n'en jamais commettre de blâmables, tant que votre souvenir ou plutôt votre présence me protégerait ; car vous êtes là, toujours là, et si je meurs demain sur le champ de bataille, c'est vous qui recevrez mon dernier soupir, il vous parviendra malgré vous ; et, je le prédis, fussions-nous chacun aux deux bouts de la terre, vous ressentirez quelque tristesse au moment où s'éteindra ce cœur si plein de vous.

« Mais tant d'amour ne peut exister sans une secrète sympathie ; et je vous le dis sans orgueil, sans sotte présomption, si le sort ne nous séparait, madame, vous m'auriez aimé ; car nul être au monde ne vous aimera jamais tant que moi. Cette croyance justifie tout le mal que vous me faites. Adieu, je me sacrifie à votre repos, vous n'entendrez plus parler de moi ; j'aurai passé dans votre vie comme un songe douloureux ; mais vous resterez mon unique pensée, ma religion, ma céleste espérance. Vos peines, vos plaisirs, vos plus faibles intérêts, me seront connus. De près ou de loin je veillerai sur vous, pour vous défendre ou vous consoler au moindre signe. Enfin vous saurez qu'il existe une âme dévouée qui erre sans cesse autour de vous, et qui ne demande que votre bonheur pour prix de sa longue souffrance.

« ALPHONSE DE ***. »

Cette réponse était telle que je l'avais désirée,

Alphonse consentait à ne plus m'écrire; la délicatesse de sa conduite dissipait toutes mes craintes, et pourtant jamais plus d'agitation n'avait troublé mon esprit.

V

L'hiver commençait, une grande partie des officiers de l'armée avait obtenu des congés pour venir à Paris; on les reconnaissait dans tous les lieux publics à leur attitude belliqueuse, à cet air confiant que donne la victoire; et par-dessus tout aux prévenances, aux coquetteries dont ils étaient l'objet. L'avouerai-je? dès que l'un d'eux se faisait remarquer par quelque avantage, le souvenir d'Alphonse venait aussitôt me plonger dans une rêverie romanesque. Toute aux conjectures, aux divers rapprochements que je faisais, tantôt tremblante d'espoir, ou de crainte de le reconnaître; plus souvent chagrine d'avoir vu détruire par un seul mot l'illusion d'une semaine; j'étais la proie d'une foule d'impressions contraires, qui devaient me donner l'apparence d'une femme animée par une grande passion.

Un soir, me trouvant à la Comédie française, aux premières loges de la galerie, qui sont près du balcon, je remarquai un homme dont les yeux, sans cesse tournés vers moi, ne se dérangeaient pas même lorsque Talma entrait en scène; « C'est lui, » pensai-je, car son visage, sa tournure, aidaient à la supposition; n'osant à peine jeter sur ce jeune homme quelques regards à la dérobée, et de l'air le plus indifférent, je restai, tant que dura la première pièce, dans une telle préoccupation, qu'il me fut impossible de dire mon avis sur la tragédie ni sur les acteurs, aux personnes qui vinrent me voir pendant l'entr'acte. La curiosité, l'impatience, je ne sais quelle émotion, me rendant incapable de prendre part à la conversation, je me plaignis d'un violent mal de tête; on me laissa tranquille. Mais tout en cherchant à me soustraire au regard fixe qui m'oppressait, je ne perdais aucun des mouvements de ce singulier observateur. Tout à coup, je le vois saluer quelqu'un dans ma loge, je me retourne, le général S*** lui rendait son salut.

— Ah! vous le connaissez? dis-je au général.

— Qui? reprit-il, en me faisant apercevoir de ma gaucherie.

— Mais ce jeune élégant... qui vous salue.

— Sans doute, je le connais. C'est un de nos plus braves officiers, l'aide-de-camp de M... Celui-là ne manque jamais de rien quand nous sommes en campagne, c'est à qui l'hébergera ; les femmes en sont folles.

— Ce qui veut dire qu'il est passablement fat.

— Non, j'en connais qui le seraient bien davantage à sa place, car s'il faut en croire certaine aventure... mais je ne dois pas être moins discret que lui, ajouta le général, en souriant, et je me tais.

— Que vous importe de me raconter l'aventure d'une personne dont je ne sais pas même le nom ?

— Ah ! vous sauriez bientôt celui de tous les acteurs qui figurent dans ce grand drame, et peut-être serait-il charmé de vous en faire la confidence ; mais c'est un droit qui n'appartient qu'à lui. Voulez-vous que je vous le présente ?

— Non, répondis-je vivement, les héros de roman me font peur.

— Celui-là n'est pas tout à fait un Grandisson, bien qu'on se meure parfois pour lui.

— On se meurt pour lui, répétai-je, avec un

battement de cœur qui m'empêcha de continuer.

— Oui, l'amour qu'il inspire va jusque-là. Peut-être y avait-il aussi un peu de fluxion de poitrine, ajouta le général, ravi de ce bon mot.

— Et comment appelez-vous cet homme si redoutable ?

— Charles de V***. Il revient de l'armée, et je crois que vous en entendrez parler cet hiver. Les femmes sont toujours si coquettes pour celui qui a beaucoup de malheurs à se reprocher!...

En ce moment la toile se leva et je repris ma rêverie.

Alphonse était peut-être un nom de convention entre Emmeline et lui ; je pouvais m'en assurer en questionnant Rosalie, je pouvais vaincre le scrupule du général et l'obliger à me dire tout ce qu'il savait de l'aide-de-camp de M. M..., un sentiment d'honneur me retint : j'avais interdit toute question sur mon compte, je me devais d'être aussi discrète pour un autre ; et d'ailleurs j'étais trop troublée du peu que je venais d'apprendre pour chercher à en savoir davantage.

A la sortie du spectacle, M. Charles de V*** vint se placer derrière une colonne du vestibule, comme s'il avait voulu se cacher pour me regarder plus à son aise. Le général le découvrit et alla vers lui. Je devinai qu'on lui parlait de moi, et qu'il refusait la proposition qu'on lui faisait de me le présenter. Ce refus ne me laissa plus aucun doute, et je rentrai chez moi avec la ferme résolution de n'en pas sortir de plusieurs jours, pour éviter la rencontre d'Alphonse.

Le surlendemain, je reçus la visite de Madame Z***, femme d'un général polonais. Elle était aimable, spirituelle, mais passionnée pour les plaisirs et les travers du monde. Sachant toutes les intrigues, protégeant ou blâmant les amours honnêtes, les faiblesses, sa vie se composait de celle des gens qu'elle connaissait le moins, et l'intérêt qu'elle prenait à leurs aventures la rendait indifférente à ses propres intérêts. Sa conversation, fort amusante pour les personnes inoccupées, était la terreur de toutes celles qui avaient un secret, si innocent qu'il pût être, car elle le devinait, ou en supposait un autre, ce qui avait de grands inconvénients; son imagination étant fort romanesque.

— Eh! mon Dieu, seriez-vous malade, dit-elle, en entrant, vous n'êtes pas venue hier chez madame de C..., et vous voilà toute pâle; cependant je venais avec l'espoir de vous emmener à l'Opéra. J'ai la loge du ministre de la guerre. Allons, mettez une robe, un chapeau. Et comme madame Z... me voyait peu disposée à lui obéir : Au reste, ajouta-t-elle, il est encore de bonne heure, nous arriverons pour le ballet. D'ici là, nous aurons le temps de causer. On vous trouve si rarement seule !

En cet instant, on annonça M. de P....

— Maudit soit l'importun, s'écria madame Z...; on dirait que votre mari l'a chargé de vous surveiller pendant son absence; mais n'importe, ce que j'ai à vous dire peut être entendu de lui sans qu'il y comprenne rien.

Je ne sais pourquoi ce préambule m'inquiéta. J'adressai la parole à M. de P... dans l'espérance de changer la conversation; mais madame Z..., qui ne perdait pas de vue son but, me demanda si je n'avais pas remarqué l'autre soir un jeune homme charmant, placé au balcon, à peu de distance de ma loge.

A cette question je rougis, et M. de P... se mit à sourire d'un air malin qui acheva de me déconcerter.

— Oh ! vous l'aurez remarqué, ajouta madame

3.

Z... en voyant que j'hésitais à répondre. Les adorations ne nous échappent jamais. D'ailleurs vous seriez la seule que sa constance à ne regarder que vous n'aurait pas frappée. Vous savez qui c'est?

— Oui, répondis-je vivement. C'est un aide-de-camp de M..., à ce que j'appris du général S... En disant ces mots, je vis sur le visage de M. de P... l'expression de la plus vive curiosité.

— Eh bien, vous savez qu'il est plongé dans une mélancolie profonde depuis la mort de cette pauvre jeune femme qui l'aimait tant. On présume généralement qu'il entre un peu de remords dans sa douleur. Mais enfin M... dit qu'on n'en a jamais vu de pareille; les plus belles femmes de l'Italie n'ont pu le distraire, et, depuis un mois qu'il est ici, madame de C... elle-même y a perdu sa coquetterie. C'est notre latin à nous autres femmes, ajouta madame Z... en s'adressant à M. de P... Puis, se retournant vers moi : vous pensez bien, ma chère, que chacun veut savoir à qui ce beau *désespéré* réserve le triomphe de son éternel regret; et vous devinez les caquets envieux qu'a fait naître sa persévérance à ne pas vous quitter de vue l'autre soir?

— Encore quelque nouveau commérage! m'écriai-je. Dans ce siècle-ci, l'obscurité ne sert de rien; on a beau vivre loin du bruit, des intérêts qui agitent tout le monde, on n'en est pas plus à l'abri de la médisance.

— Ne vous fâchez pas, reprit madame Z..., il ne s'est rien dit d'offensant pour vous. On a d'abord plaisanté sur la fragilité des douleurs inconsolables, sujet fort épuisé depuis la matrone d'Éphèse. Les hommes ont prétendu qu'il entrait beaucoup de fatuité dans la douleur que l'on montrait, et le pauvre Charles était sacrifié généralement, lorsque le colonel B... a pris sa défense : Avant de l'accuser de fatuité et d'inconstance, a-t-il dit, il faut savoir que madame *** a beaucoup de ressemblance avec madame de N..., et qu'elle était habillée l'autre soir absolument de même que se mettait ordinairement madame de N... Le pauvre Charles, frappé de ce rapport, n'a pu détacher ses yeux de dessus madame ***. Cela est peut-être inconvenant; mais vous avouerez, mesdames, que rien ne prouve mieux la puissance et la fidélité de son souvenir.

La chute en est jolie, amoureuse, admirable!

interrompit M. de P*** qui ne manquait jamais d'associer Molière à ses réflexions malignes.

Et je finis tout bas la citation; car l'amour-propre le moins susceptible se serait irrité en reconnaissant qu'il s'était laissé duper aussi volontairement. Cependant je voulus cacher à M. de P... le dépit que j'éprouvais, et, profitant de l'offre de madame Z..., je partis avec elle pour l'Opéra.

VI

— Voilà, pensai-je, une petite mystification qui me sera utile; je ne m'entêterai plus à reconnaître quelqu'un que je n'ai jamais vu, et qui, probablement, ne pense plus à moi.

Cette dernière idée me serra le cœur; je sentis qu'en perdant le désir ou l'espoir de rencontrer Alphonse dans le monde, je n'y trouverais plus que de l'ennui. Le mystère qui régnait entre nous avait peu de puissance sur moi, dans la solitude; alors de véritables sentiments, des intérêts graves captivaient ma pensée; mais, dès que j'étais entourée d'indifférents, au milieu de ce qu'on appelle les plaisirs de Paris, le souvenir de ma situation romanesque s'emparait de mon esprit, et j'y rapportais les événements les plus insignifiants; enfin, ce mystère était devenu la vie de mes moments perdus; car on peut appeler ainsi la plupart de ceux que l'on consacre au monde.

C'est à l'Opéra que je m'aperçus du vide que me laissait la fuite d'une illusion douce et amusante. Tout m'y parut insipide. Le spectacle, les spectateurs ; cependant ils étaient nombreux, et l'on montrait à chaque instant quelque nouveau venu de l'armée, sans qu'il me vînt à l'idée d'en demander le nom. Combien j'étais mécontente de moi, en me voyant ainsi dévorée d'ennui ! combien je me reprochais d'avoir attaché tant d'intérêt à un fantôme !

Rosalie venait de partir pour le Dauphiné avec ses nouveaux maîtres ; je n'avais plus d'occasion d'entendre parler d'Alphonse, si ce n'est par M. de P... qui répétait sans cesse ;

— C'est étonnant ! son obéissance me confond ! elle n'est pas naturelle...

Et j'avais beau me fâcher de son étonnement, M. de P... n'en persistait pas moins à faire à ce sujet les suppositions les plus alarmantes.

— Pauvre jeune homme, disait-il, il est sans doute tué !... Les victoires de ce petit caporal sont si meurtrières.

Et je pâlis. Alors, cherchant à me consoler d'une idée si triste, il ajoutait ;

— Si son silence avait pour but de vous le

laisser supposer?.., Ce ne serait pas trop maladroit? Qu'en pensez-vous?

— Je pense qu'il a tout simplement lu ma lettre, qu'il a vu que je lui demandais franchement de me laisser tranquille, et qu'il agit en conséquence.

— La femme la plus vraie peut donc mentir à propos d'amour! s'écria M. de P..., je vous en demande pardon, mais vous ne pensez pas un mot de cela.

— C'est possible, répondis-je en riant, sait-on jamais bien ce qu'on pense? et je changeai d'entretien.

L'absence de mon mari me servit de prétexte pour refuser la plupart des bals que l'on donna cet hiver-là, en l'honneur de nos victoires; mais on parlait d'une fête qui aurait lieu chez le ministre de la guerre, d'un vaudeville de circonstance joué devant le premier consul et toute sa cour militaire; ce devait être une fête magnifique, les plus jolies femmes de Paris y étaient invitées, et M. D..., qui fut depuis ministre, m'ayant apporté mes billets, me décida à en profiter. Il était tout puissant chez le ministre de la guerre, et, comme on l'avait chargé de faire les honneurs du bal, sa protection devenait précieuse. Il me recommanda de me parer avec beaucoup d'élégance; car Bonaparte voulait ramener le luxe en France, et c'est pourquoi il demandait des bals à ses ministres, quitte à y bâiller tout le temps qu'il y restait.

Je confesse n'avoir jamais mis plus de soin à ma toilette : une tunique blanche, brodée en or, une résille en perles, un bandeau de camée; tout cela paraîtrait aujourd'hui un peu théâtral; mais les femmes avaient alors adopté ce costume, et il était beau sans paraître ridicule.

Une des choses qui me frappèrent le plus à cette fête, ce fut la quantité de voitures qui nous condamnèrent à être trois heures à la file; on prétend que plusieurs personnes sorties de chez elles à dix heures du soir, ne purent arriver qu'à six heures du matin chez le ministre, ce qui réjouit beaucoup le premier consul. Il est certain qu'en se rappelant que tout le monde allait à pied, peu d'années avant cette époque, il ne pouvait croire à une prospérité si rapide.

La pièce était à moitié jouée quand j'arrivai, et, malgré la place que M. D... m'avait fait garder par un de ses amis, dans la salle où était le théâtre, je n'entendis rien de ce que disaient les acteurs; chacun, autour de moi, étant occupé à détailler et à raconter la parure de madame Bonaparte, à parler des beaux cheveux de sa fille et de la tournure agréable de son fils. Plusieurs femmes de généraux, assises dans le rang où l'ont été depuis les dames du palais, formaient un entourage dont l'élégance répondait parfaitement à la richesse des uniformes qui composaient la suite du vainqueur de l'Italie; c'était l'aurore de l'Empire.

Après le spectacle, quand on passa dans la salle du bal, je fus honorée d'un salut de madame Bonaparte, il n'en fallut pas davantage pour m'attirer les bonnes grâces de tous les courtisans en herbe, qui s'empressaient déjà autour d'elle.

Le premier consul s'arrêta près d'un quadrille qui attirait la foule; je crus qu'il était composé des jolies danseuses que l'on citait le plus, je me trompais, un charmant habitué des soupers de la duchesse de Polignac, un orateur de l'assemblée constituante, un malheureux proscrit sorti des cachots et rendu à sa patrie par droit de conquête, Alexandre de Lameth, était l'objet de la curiosité de Bonaparte et de l'intérêt général. On racontait qu'il était un des beaux danseurs de la défunte cour, et Trenitz le regardait avec un dédain risible; mais sa coiffure poudrée, sa tournure chevaleresque lui conservaient un air d'ancien régime qui déjà opérait son charme sur le futur empereur.

Pendant que je regardais ce quadrille, une voix qui me fit tressaillir dit ces mots :

— En êtes-vous bien sûr ?

— Oui, répondit un homme que je crus reconnaître pour l'avoir rencontré quelquefois dans le monde; oui, vous dis-je, c'est bien elle.

Je levai les yeux pour voir à qui ce dernier s'adressait, et je les rebaissai aussitôt, car ils avaient rencontré un de ces regards qu'on peut chercher, mais qu'on ne peut supporter longtemps.

De nobles traits, une physionomie expressive, l'air le plus distingué : voilà ce qu'un moment avait suffi pour me faire apercevoir; quelle différence, pensai-je, entre ce regard si pénétrant, si affectueux, et celui d'une curiosité ou d'une affectation blessante ! et le souvenir de ma déception récente, le serment que je m'étais fait de ne plus voir Alphonse, là même où il serait, tout fut oublié. Je ne sais quelle certitude fixa mon imagination ; nul autre que lui ne pouvait m'observer avec un si tendre intérêt, nul autre ne pouvait m'inspirer cette sorte de confiance qui m'aurait fait aller à lui comme on aborde une ancienne connaissance ; enfin, sans me rendre compte de ce que j'éprouvais, je me sentis près de lui ; et dès lors il n'y eut plus qu'une seule personne pour moi dans cette brillante fête.

En vain M. D... s'obstinait à vouloir me conduire dans les salons qui précédaient la grande salle, pour me faire admirer avec quelle magnificence et quel bon goût ils avaient été décorés par nos premiers artistes, rien ne pouvait m'arracher de cette place où nous nous étions vus pour la première fois ; il me semblait que je ne pouvais m'éloigner sans *lui* causer une peine mortelle ; il me contemplait d'un air à la fois si triste et si heureux ! Il écoutait avec tant d'attention ce que je répondais d'insignifiant aux personnes qui m'adressaient la parole, et il détournait si vivement les yeux lorsque les miens se reportaient sur lui ! Combien je lui savais gré de cette crainte de me déplaire, de m'embarrasser par une observation trop marquée !

Cependant, la femme avec laquelle j'étais venue au bal ayant désiré voir le salon qui portait le nom de Joubert, il me fallut l'y accompagner ; les drapeaux conquis par ce brave général, et ses trophées d'armes, liés ensemble par un crêpe noir, étaient le seul ornement de cette salle où l'on n'entrait qu'avec respect. Ce deuil de la gloire, au milieu de tout le luxe des conquêtes, offrait un contraste touchant, et l'on aimait celui qui avait ordonné que cet hommage, rendu à la mémoire d'un brave, fît partie de la pompe d'une fête à la Victoire.

Malgré la foule qui remplissait le salon, il y régnait un grand silence, interrompu seulement par quelques traits de la vie du général Joubert, ou quelques brillants faits d'armes racontés par ses camarades.

— Hélas ! je l'ai vu mourir, dit un officier qui nous avait suivies. Il était trop heureux. Aimé d'une femme charmante, et qu'il adorait ; chéri de ses soldats, couvert de gloire, la mort devait le choisir. Elle ne fuit que celui qui la cherche, ajouta-t-il d'un ton de reproche.

Il me sembla que ces derniers mots s'adressaient particulièrement à moi. J'y répondis, presque sans le vouloir, en disant à M. D... : Que je plains cette pauvre femme ! Perdre si jeune le bonheur d'être aimée ! aimée d'un homme si brave... si... dévoué !...Je n'en pus dire davantage. Le feu qui s'allumait tout à coup dans les yeux de cet officier, qu'on a déjà reconnu, me fit craindre d'en avoir trop dit; et, prétextant la tristesse que m'inspirait ce spectacle de deuil, je forçai madame L... à rentrer dans le bal.

VII

Je dansais assez bien ; on m'entoura ; je jouis de ce petit succès ; il n'en est point d'indifférent quand on les croit regardés. Cependant la jolie madame B... excitait à plus juste titre l'admiration générale. Je crus voir celui que je nommais tout bas Alphonse, regarder avec trop de plaisir le beau visage de madame B... et sa taille ravissante ; j'en conçus du dépit, et, me laissant aller à un de ces mouvements d'esprit féminin que l'on se reproche toujours, je dis à mon danseur, de manière à n'être entendue que de lui et de la personne qui était à côté de nous :

— Concevez-vous qu'avec autant de beauté, de grâce, de jeunesse, on épouse un monstre pour de l'argent !

La remarque produisit tout l'effet que j'en espérais, mais elle était plus que maligne ; et, craignant qu'elle ne donnât une mauvaise opinion de mon cœur, j'ajoutai bien vite :

— Au reste, lorsqu'il s'agit de secourir sa mère, on épouse le premier qui se présente.

Il y avait un certain accent de repentir dans cette phrase qui fit sourire le jeune officier de la manière la plus gracieuse, je vis qu'il m'avait comprise, et je traduisis son sourire par ces mots :

— Aviez-vous besoin de vous justifier, ne sais-je pas que votre cœur est bon ?

Presque au même instant un de ses amis vint lui proposer de former un quadrille, et d'inviter madame B... — Je ne danse plus, répondit-il; et sa figure se couvrit d'un voile de tristesse. Celle qui se peignit aussitôt dans mes yeux, dut lui prouver que je l'avais compris.

La contredanse finie, j'allai m'asseoir auprès de madame Z...; elle causait avec le comte de Cobentzel, dont la conversation me parut fort spirituelle; il avait une coquetterie presque française qui contrastait singulièrement avec sa tournure colossale. Il se piquait de deviner les sentiments des femmes. C'était sa prétention, et le sublime de sa diplomatie. Madame Z... affirmait qu'elle ne l'avait jamais trouvé en défaut, et m'engagea à en faire l'épreuve. Alors le galant ambassadeur me dit que j'étais sous l'empire d'une passion naissante, qui ravagerait mon cœur et ma vie. Cette plaisanterie (car ce ne pouvait être autre chose), me causa une terreur inconcevable. Je respirais à peine; M. de Cobentzel s'en aperçut. Madame Z... sourit, et tous deux furent convaincus de la vérité de l'oracle.

Pour moi, j'en conservai un trouble extrême qui me fit faire une foule de gaucheries; la plus marquante fut l'oubli de mon châle, à la place où je m'étais assise: car il me fut apporté par la personne même que je commençais à redouter; il fallut lui adresser des remercîments que je balbutiai de manière à trahir ma pensée. Sans doute ce trouble visible l'encouragea; car je sentis sa main presser la mienne à travers les plis du châle qu'elle me donnait. L'impression que j'en éprouvai, soit raison, soit fierté, me glaça et je m'éloignai en saluant, d'un air froidement digne, cet Alphonse qui n'avait d'autre tort que de m'avoir exclusivement occupée pendant toute la fête.

VIII

J'ai toujours pensé que la défiance de soi-même était l'ange gardien des femmes; aussi, voulant de bonne foi mettre fin à la préoccupation qui me dominait, je me déterminai à tout confier à mon mari; et, dès le lendemain de son retour à Paris, je lui remis les lettres d'Alphonse. M. de P... confirma la vérité de mon récit, en me blâmant beaucoup d'avoir livré le secret d'un autre à M. ***. Ce n'était pas très-charitable, j'en convins; mais il est des occasions où un léger tort sauve d'un plus grand, et ma prudence avait choisi.

Ce ne fut pas sans un vif regret que je mis un obstacle invincible entre le fantôme et moi; pour de certaines âmes, il y a plus de vertu à fuir une idée qu'une personne.

Le printemps de cette année vit commencer la campagne de Marengo, cette campagne terminée par un si beau triomphe. Une grande partie des

4

officiers qui en avaient assuré la gloire, obtinrent la permission d'accompagner Bonaparte à Paris, et de venir prendre leur part des acclamations qui l'attendaient ; je pensais qu'Alphonse serait du nombre ; mais il est probable qu'il fut envoyé vers cette époque à l'armée de Moreau ; voici ce qui me le fit supposer.

Je reçus le jour de ma fête, au mois d'octobre, un bouquet de fleurs artificielles d'une telle beauté, qu'il ne laissait aucun doute sur le fleuriste qui l'avait fourni. Madame Roux, parente du général S..., égalait dès lors la perfection atteinte depuis par M. Baton ; elle était sans rivale dans son art. Madame Bonaparte l'avait mise à la mode, et l'employait si bien, qu'il lui restait fort peu de temps pour contenter le public. Le bouquet, ou plutôt la parure complète composée de roses et de scabieuses, m'avait été remise avec d'autres petits présents que ma famille ou mes amis avaient coutume de me faire ce jour-là ; et je mis celui-là sur le compte de madame H..., dont l'élégance et la prévenance pouvaient à bon droit en être soupçonnées ; mais elle s'en défendit. Ne pouvant alors découvrir le coupable, il me vient à l'idée qu'Alphonse... A peine ce soupçon me trouble-t-il, que je vais chez madame Roux : à force de questions, j'apprends qu'une lettre, datée de l'armée d'Allemagne, contenait la commande d'une parure de roses et de scabieuses, qui devait être portée le 4 octobre chez madame ***, et dont le prix serait acquitté par M. Perr..., banquier. Cette lettre ne renfermait pas un seul mot qui pût en révéler l'auteur. J'aurais bien désiré voir l'écriture ; mais elle n'avait pas été conservée.

Mon mari avait plusieurs amis à l'armée du Rhin, il pensa que c'était un souvenir de l'un d'eux ; je m'efforçai de le penser aussi ; cependant je n'avais point encore osé me parer de ces fleurs que je regardais comme un emblème.

Enfin, le jour où l'on apprit à Paris la bataille de Hohenlinden, je crus devoir porter cette jolie couronne en l'honneur de celui qui avait sans doute glorieusement combattu ce jour-là. Nous dînions chez le général S... avec plusieurs des beaux noms de l'armée d'Italie et quelques artistes distingués dont Talma faisait partie. Au milieu de ce dîner, égayé par la nouvelle d'une si belle victoire, un officier des amis du général arriva du château des Tuileries. Son air triste contrastait avec les figures enjouées de tout ce qui se trouvait là; on lui en fit reproche.

— Ah! répondit-il, cette belle victoire me coûte trop cher pour m'en réjouir comme vous; Lac..., M..., R... et bien d'autres y sont restés; vous savez si ce pauvre L... était mon ami, si je l'aimais...

Et un attendrissement profond l'empêcha de continuer. Chacun, ému des regrets du colonel B..., le questionna sur les détails de cette grande affaire; il les tenait de la bouche même du premier consul, qui n'avait pas atténué nos pertes, tout en exaltant beaucoup le résultat de ce beau fait d'armes.

Pendant le récit du colonel, j'avais été saisie d'une terreur soudaine; je m'étais sentie près de me trouver mal; l'ombre d'Alphonse m'était apparue, le cœur percé d'une balle, ses regards mourants tournés vers moi; il était mort, j'en étais certaine; son dernier soupir, cet adieu qui devait me parvenir en quelque lieu que je fusse, je croyais l'entendre! J'en étais oppressée comme d'un remords, il m'accablait; et j'aurais succombé à cet état violent, inexplicable, si des larmes n'étaient venues me soulager.

Une parente du général, me voyant ainsi souffrante, me proposa de passer dans le salon ; là, n'étant plus contrainte par tant de témoins, je m'abandonnai à une douleur qui tenait du délire ; j'avais une fièvre ardente ; M. Vitet, célèbre médecin de Lyon, étant du nombre des convives, vint me donner ses soins, et ordonna de me ramener chez moi ; on me mit au lit. Cette fièvre, pendant laquelle j'étais sans cesse poursuivie par la même apparition, devint inflammatoire ; je fus plusieurs jours en danger ; on me saigna deux fois, et quand je n'eus plus la force de penser, je revins à la vie.

Jamais, depuis cette époque, je n'ai entendu parler d'Alphonse. Jamais personne ne m'a donné l'idée que ce pût être lui : je n'ai plus rencontré celui que j'avais appelé de ce nom au bal du ministre de la guerre. Tout a confirmé mon fatal pressentiment.

Si pourtant Alphonse n'était pas mort ; si, retiré paisiblement dans quelque coin de la France, entouré de ses enfants, d'une femme, auxquels il aura peut-être raconté ses folies de jeunesse, il venait à lire cette épisode de ma vie ! qu'en penserait-il?... Hélas ! que m'importe?...

Il dirait peut-être à sa fille : Voyez, ma chère enfant, où peut conduire le rêve d'une imagination trop vive et un cœur imprudent.,. Quelle leçon !

LA PROVIDENCE DE FAMILLE

I

La science du bonheur est, sans contredit, la première de toutes, et j'en ai toujours recherché avec empressement les professeurs ; ils sont, pour la plupart, aimables et philosophes, car rien ne rend facile à vivre comme le succès. Mais si la fortune fait beaucoup pour eux, la raison ne fait pas moins; c'est elle qui leur enseigne le véritable usage qu'on doit faire des faveurs du sort, et qui les avertit des peines qu'il faut se donner pour conserver les biens que la fortune aime tant à reprendre. Cette science rare, dont la résignation m'a tenu lieu, était l'unique passion d'une femme qui vient de mourir sans laisser d'autre réputation que celle d'une bonne mère de famille, comme il y en a beaucoup, et d'une femme spirituelle dans l'intimité; ce qui fait des amis et point d'admirateurs : aussi n'aurais-je jamais su ce qu'elle valait sans le hasard qui m'a fait admettre dans sa société intime, et m'a rendue témoin de ce que je vais vous conter.

— Ma chère enfant, ne pleure pas ainsi, disait madame Vandermont à sa fille, s'il t'aime véritablement, il saura bien vaincre tous les obstacles qui s'opposent à votre bonheur; il a de la fortune, un état honorable; il est, par le fait, indépendant de sa famille; et, s'il a pour toi un sentiment profond, la modicité de ta dot et le prétendu éloignement de ses parents pour ce mariage ne l'empêcheront pas de l'accomplir.

— Oh! ce n'est pas notre peu de fortune qui le retient, j'en suis sûre, ma mère, répondit Angéline; il a l'âme trop généreuse pour se laisser guider par un calcul intéressé; mais sa mère a dès longtemps formé le projet de lui faire épouser une de ses nièces; c'est, à ce qu'il me répète souvent, une volonté d'autant plus inébranlable chez elle, que lui-même avait promis d'y céder avant de me connaître; et son cœur est si bon, qu'il n'ose rien faire qui puisse affliger sa mère. Jugez vous-même si c'est moi qui peux le blâmer, ajouta-t-elle, en se jetant au cou de madame Vandermont, moi quoi mourrais plutôt que de vous causer la moindre peine.

— Et pourtant, tu m'en fais une bien vive en ce moment, chère Angéline, et c'est la crainte de voir ton chagrin s'augmenter chaque jour, qui me force à t'éclairer sur ta situation présente. Quand notre vieil ami, M. de Brécourt, me présenta M. le comte Amédée de Vilneuse, je lui fis, à ce sujet, toutes les représentations que la prudence maternelle devait me suggérer; entourée comme je le suis de jeunes femmes et de jeunes filles à marier (car je regarde tes cousines comme mes enfants), un joli fat, un coureur d'aventures, ou même un de ces charmants égoïstes qui, tout en respectant l'honneur d'une jeune personne, s'amusent à s'en faire aimer et à troubler son repos pour toujours, devaient être également funestes à ma famille, et j'étais bien décidée à m'en garantir, en n'admettant chez moi que des jeunes gens bien connus de mes amis. J'allai jusqu'à dire à M. de Brécourt que non-seulement je tenais à n'en recevoir que de bien élevés, mais que, désirant éviter à ma fille le malheur d'une inclination contrariée, je ne voulais pas admettre dans notre intimité de famille, un de ces héritiers dont les parents ont disposé d'avance, et pour lesquels ils exigent de riches dots à l'égal de leur fortune. A cela M. de Brécourt me répondit tout ce qui pouvait me rassurer sur la conduite et les bonnes manières de M. de Vilneuse; il m'assura de plus qu'Amédée, ne dépendant plus que de sa mère, dont la faiblesse pour lui était extrême, n'éprouverait jamais d'opposition de sa part à aucune de ses volontés. Il me cita alors plusieurs traits qui ne me laissèrent aucun doute sur l'empire de M. de Vilneuse sur sa mère.

— Quoi! il me tromperait donc! reprit Angéline avec l'expression la plus douloureuse.

— Pas tout à fait, mon enfant, car il y a toujours du vrai dans l'amour qu'inspire un ange tel que toi; mais la vanité d'un nom, le désir cupide d'augmenter sa fortune, combattent contre cet amour; on pense au monde, à la nécessité que l'orgueil s'y fait de maintenir un rang souvent au-dessus de ses moyens, et l'on croit agir sagement en sacrifiant son propre cœur et le bonheur de la personne qu'on aime à ces misérables considérations. Il y a toujours un fond de conscience dans les mauvaises actions qu'on fait; on se croit raisonnable parce qu'on est cruel. Amédée connaît son propre cœur, il sait peut-être qu'il n'est pas susceptible d'un long attachement, et que l'amour une fois éteint, il se repentirait de son dévouement; il ne veut pas avoir à te le reprocher un jour. Cela n'est pas noble, je le sais, ma pauvre Angéline; mais que veux-tu, le monde est ainsi fait : hors un bien petit nombre d'exceptions, pour ne pas être déjoué dans ses sentiments, il ne faut aimer que les gens auxquels on peut être utile.

— Ainsi donc, je n'ai plus d'espoir? dit Angéline en suffoquant de larmes.

Madame Vandermont la pressa dans ses bras et ranima son courage par tout ce que la tendresse d'une mère a de conviction. Après l'avoir écoutée en pleurant, Angéline retourna dans sa chambre le cœur moins triste; car, sans prévoir aucun événement heureux, elle voyait dans le calme de sa mère la preuve que son bonheur ne pouvait pas être à jamais perdu.

Cette conversation avait lieu dans un modeste appartement de la Chaussée-d'Antin, où madame Vandermont demeurait avec sa fille aînée, son gendre, leurs deux petits enfants, et sa fille Angéline; établissement bien différent de celui qu'elle avait du vivant de son mari, lorsqu'elle habitait à elle seule une des plus élégantes maisons de Paris, et dans laquelle elle réunissait tant de gens distingués. Madame Vandermont avait aussi un fils qui, n'ayant point d'argent pour payer aucun cautionnement et suivre la carrière de son père, s'était vu contraint à entrer dans l'armée; il avait l'espoir de s'y distinguer un jour; mais que de temps et de fatigues il fallait braver avant d'arriver à un grade supérieur !

Malgré son courage à supporter les malheurs qui réduisaient son modique revenu au strict nécessaire, malgré la dignité de son caractère qui l'empêchait de jamais se plaindre des privations les plus cruelles pour une personne habituée à tout le bien-être d'une riche existence, madame Vandermont avait été pendant près de trois ans sous le poids d'une tristesse muette qui avait inquiété sa famille; enfin, soit que sa santé fût meilleure ou que sa pieuse philosophie eût triomphé de ses longs regrets, ses enfants la voyaient se ranimer chaque jour davantage ; sa gaieté même semblait revenue, et, comme elle était, pour ainsi dire, l'âme de tout ce qui l'entourait, son retour à une vie moins triste avait fait succéder le bonheur au chagrin dans sa famille, sans que nulle chance heureuse eût apporté le moindre changement dans sa fortune.

C'était l'œuvre du temps, disait madame de Géneville à son mari; ma mère devait succomber à sa nouvelle situation ou la surmonter gaiement; d'ailleurs, n'ayant jamais vécu que pour ses enfants, l'idée de nous savoir ruinés avait triomphé de toute son énergie; elle a cru que nous tomberions dans le découragement; mais, depuis qu'elle voit que cette vie modeste nous plaît, que, grâce à l'étude des arts, aux amis spirituels que nous avons conservés, nous passons des jours encore fort agréables dans notre petite retraite, elle a pris son parti sur le passé;

et si l'avenir d'Angéline était assuré, elle se trouverait peut-être plus heureuse que du temps où sa fortune l'obligeait à faire tant de frais pour des indifférents.

— Ah ! si je pouvais seulement obtenir la place que je sollicite dans l'administration des domaines, répondait M. de Géneville, cela suffirait à notre dépense particulière, et ta mère pourrait consacrer une partie de son petit revenu à recevoir des gens aimables, à mener Angéline dans le monde ; car ce n'est pas tout d'être jolie, bonne, spirituelle, il faut encore se montrer pour qu'on le sache. L'inconvénient de vivre ainsi retiré dans l'intérieur de sa famille, c'est que le premier jeune homme qui s'y trouve admis tourne naturellement la tête à toutes les jeunes filles de la maison. Oui, cette espèce de sultan sans rival, qui n'aurait peut-être pas été remarqué entre plusieurs autres, devient presque toujours l'objet d'une passion romanesque ; nous en avons la preuve sous nos yeux ; Angéline n'aime tant Amédée que parce qu'elle n'en connaît pas d'autre.

— Et le jeune Isidore d'Elrive, vous l'oubliez donc, mon ami ? Il est pourtant fort aimable, je vous avoue qu'à la place d'Angéline je préférerais bien son caractère noble et fier, son esprit ingénieux et profond même, à tous les avantages brillants de M. de Vilneuse.

— Tout cela peut être juste; mais Amédée a une position dans le monde, une fortune toute faite, et le pauvre Isidore...

— Fera la sienne, interrompit madame de Géneville. Il est du petit nombre de gens qui ont des idées, et, de plus, l'activité qui sait les faire valoir; vous verrez qu'il ira loin.

— Je le souhaite; mais, en attendant, il marche à l'ombre; et, comme il n'a pas pensé à plaire à votre sœur, il n'est pas probable qu'il prenne jamais sur elle le moindre empire.

— Ah! s'il le voulait bien.

— Votre mère serait trop raisonnable pour donner sa fille à un homme de vingt-quatre ans, sans état dans le monde, sans autre moyen d'existence que son industrie présumée. Convenez-en, ma chère Mathilde; ce serait une folie impardonnable. Mais je voudrais bien en être à la combattre; car je ne sais pourquoi l'amour de M. de Vilneuse ne me paraît pas ce qu'il devrait être. Il me prend quelquefois l'envie d'aller tout droit à sa mère pour lui demander si c'est vraiment elle qui s'oppose à...

— Ce serait une démarche des plus inconvenantes ; Amédée s'en offenserait ; Dieu sait jusqu'où irait votre ressentiment à tous deux : et si vous veniez à vous battre ensemble, vous devinez le tort qui en résulterait pour Angéline. Renoncez, cher Alfred, à cette idée : quand M. de Brécourt sera revenu de sa terre, c'est lui qui réclamera toutes les explications qui peuvent nous rassurer. Son titre de tuteur d'Angéline lui en donne le droit ; d'ici là prenons patience ; et ne pensez qu'à la place que vous désirez obtenir. Je vais consulter ma mère sur les démarches à faire à ce sujet.

Huit jours après cet entretien, un envoyé du ministre de l'intérieur vint apporter une grande lettre à l'adresse de M. de Géneville ; c'était au sortir de table, au moment où la famille, rassemblée dans le salon, jouait avec les petits enfants pendant le dîner de leur bonne.

— C'est ma nomination ! s'écria M. de Géneville en allant embrasser sa femme ; tiens, lis !

Et madame de Géneville, qui tenait un de ses enfants dans ses bras, courut à son tour embrasser sa mère.

On donna pour boire au messager de cette bonne nouvelle, on se réjouit comme s'il s'agissait d'un riche héritage, et pourtant cette place tant désirée ne devait rapporter que 6,000 fr. par an. Mais combien cette somme, jointe à celle qui pourvoyait au nécessaire, devait ajouter de plaisirs dans cet heureux ménage !

Assise dans sa bergère au coin du feu, madame Vandermont contemplait la joie répandue sur les jolis visages de ses enfants ; car Angéline, en voyant le bonheur que cette légère réparation du sort causait à sa famille, oubliait ses craintes personnelles. Ce qui acheva de la distraire de ses tristes pressentiments, ce fut l'arrivée de M. de Vilneuse ; il vint ce soir-là plus tôt qu'à l'ordinaire, et prit part à la joie générale comme s'il eût déjà fait partie de la famille. Il serrait la main de Géneville, lui adressait des félicitations qui paraissaient si sincères ; il lui faisait présager avec tant de confiance de nouvelles faveurs de la destinée, et tout cela d'un ton si fraternel, qu'il n'y avait pas moyen de conserver le moindre doute sur la franchise de ses sentiments.

Qu'il faut peu de chose pour enivrer d'espérance un cœur naïf et dévoué ! M. de Vilneuse était venu de bonne heure dans l'intention de finir sa soirée au bal de l'ambassadrice d'Autriche ; quelques personnes, venues depuis lui chez madame Vandermont, parlèrent de cette réunion brillante à M. de Vilneuse comme ne doutant pas qu'il ne s'y rendît.

— Ah ! vous allez au bal ? lui dit Angéline en levant sur lui des yeux où la joie venait tout à coup de s'éteindre.

— J'y allais, répondit Amédée de l'air le plus gracieux ; mais si voulez bien me le permettre, je vais faire dire qu'on renvoie ma voiture.

Avec quel empressement Angéline tira le cordon de la sonnette ! comme ces mots : *Dites à mon cocher de revenir à minuit*, lui semblèrent harmonieux et doux ! Que ce sacrifice d'un bal renfermait d'avenir ! Il faut avoir aimé, et aimé sans confiance ; avoir été sans cesse ramené au doute par de petits procédés échappés à l'égoïsme ou à l'indifférence, pour connaître l'effet d'une action positivement affectueuse, ou de l'un de ces faibles sacrifices dont on devrait s'affliger d'être aussi reconnaissant. Il y a tant d'humilité à être heureux de si peu de chose !

II

Pendant cette soirée, où l'on fit de la musique, où la voix d'Angéline ravit tout le monde en chantant les délicieuses romances de madame Duchampge, Isidore garda le silence; son air maussade fut remarqué : c'est probablement ce qu'il voulait; car loin de céder aux reproches qu'on lui fit sur sa tristesse, il alla s'asseoir dans un coin du salon, comme pour mieux s'isoler de la société, et ôter à chacun l'occasion de lui adresser la parole.

Angéline portait souvent ses regards de son côté, et lui souriait avec cette grâce affectueuse qui était son plus grand charme; mais, lui détournait aussitôt ses yeux, et sa figure devenait encore plus sombre.

— Vous conviendrez, dit alors M. de Vilneuse, penché sur le fauteuil d'Angéline, que lorsqu'on ne peut s'empêcher d'avoir cette mine-là dans le monde, on ferait tout aussi bien d'aller se coucher.

— Il n'est pas heureux, répondit-elle ; et lorsqu'on a le sentiment de son mérite, il est difficile de se défendre d'un peu d'humeur en voyant réussir tant de gens inférieurs à soi.

— Je comprends : c'est une manière polie de nous dire que ce petit monsieur, avec son air sec et dédaigneux, vaut mieux que nous tous.

— Je ne dis pas cela ; mais...

— Vous le pensez, je gage : ces grognons soi-disant spirituels plaisent à toutes les femmes ; ce sont de jeunes ours qu'elles aiment à apprivoiser, quittes à sentir de temps en temps leurs griffes.

— Comme vous êtes méchant pour ce pauvre Isidore !

— Ah ! je ne lui fais pas grand tort, avouez-le, du moment où vous le trouvez aimable à si peu de frais ; il n'est pas facile de lui nuire dans votre esprit ; d'ailleurs je ne le peindrai jamais si maussade qu'il se montre.

— Il est humoriste, capricieux, cela est vrai ; mais, dans ses jours de bonne humeur, il cause à merveille; et ma mère, qui en juge bien mieux que moi, prétend qu'il est aussi distingué par son esprit que par son caractère.

— J'ai du malheur avec lui, reprit M. de Vilneuse; je ne suis encore tombé que sur ses mauvais jours. Il est amoureux de vous, n'est-ce pas ?

— Quelle idée !

— Vraiment, le contraire serait plus difficile à croire, et je ne vois pas pourquoi vous n'en conviendriez pas franchement.

— Parce qu'il ne m'a jamais rien dit qui pût me le faire supposer.

— Oh ! la bonne raison ! reprit en riant M. de Vilneuse; et son air rêveur, ses soins discrets, sa patience à attendre un regard, un mot, et cette constante malveillance dont il m'honore, tant de preuves ne vous suffisent-elles point ?

— Je n'avais pas remarqué tout cela.

— Eh bien, je lui rends là un fort bon service, car maintenant vous y prendrez garde.

— Je le devrais peut-être, dit Angéline, avec une de ces inflexions qu'on peut se rappeler, mais dont on ne saurait peindre le charme, tant il y avait de douceur dans le reproche et de tendresse dans la menace.

— Essayez, répondit en se levant M. de Vilneuse; et, montrant plus de dépit qu'il n'en éprouvait, il alla se mêler à la conversation des personnes qui entouraient madame Vandermont.

Celle-ci ne l'avait point perdu de vue, et, sans entendre ce qu'il disait, elle l'avait deviné aux différentes impressions qui avaient passé sur le visage d'Angéline. Quelque gracieux et flatteur que soit l'entretien d'un homme qui n'aime qu'à moitié, il laisse une impression triste; la prodigalité de son esprit montre mieux la misère de son cœur, et la femme pour laquelle il a fait tant de frais d'amabilité sort toujours de ces sortes d'entretiens plus séduite et moins rassurée.

Cependant, décidée à ne pas rester plus longtemps dans l'incertitude sur les sentiments de M. de Vilneuse pour Angéline, madame Vandermont voulut tenter plusieurs épreuves avant d'arriver à une explication positive. On parlait beaucoup d'un grand bal que devait donner incessamment le ministre des affaires étrangères

Angéline avait dit quelques mots bien bas sur le regret de n'y point aller, car elle y aurait vu M. de Vilneuse; mais comme il aurait fallu faire la dépense d'une robe de bal pour elle et d'une robe parée pour sa mère, la raison d'Angéline lui avait fait bientôt abandonner cette idée.

Madame Vandermont avait connu autrefois le ministre diplomate, elle obtint facilement des billets pour son bal, et la surprise d'Angéline fut complète, lorsqu'en se retirant le soir dans sa chambre, elle trouva une jolie robe de crêpe blanc, garnie de rubans de gaze, et une guirlande de roses suspendue à ses rideaux; sur sa cheminée étaient les billets d'invitation du ministre, un bouquet et une ceinture élégante.

A cette vue, Angéline sauta de joie comme une enfant :

— J'irai au bal! s'écria-t-elle; il me verra avec cette charmante parure. Oh! que ma mère est bonne de me donner ce plaisir!

Puis elle passa la nuit à rêver sans dormir; il lui semblait impossible que l'homme à qui elle plaisait dans sa simple robe de mousseline, ne devînt pas fou d'elle en la voyant dans tout l'éclat d'une parure de si bon goût.

Madame Vandermont avait pensé à une double surprise, en ne prévenant sa fille que la veille du bal; et celle que devait éprouver M. de Vilneuse en les rencontrant toutes deux à cette fête, n'était pas la moins intéressante.

M. de Brécourt était revenu à Paris depuis deux jours; il s'offrit pour donner la main à ces dames, et, à l'heure indiquée, il vint les prendre. Elles lui firent compliment sur sa voiture, qui, sans être à effet, était douce comme un bateau.

— Je l'ai fait venir de Londres pour un de mes amis, dit-il; et comme il l'a mise à ma disposition, je la mets à la vôtre.

— Nous en profiterons, répondit madame Vandermont.

Ce mot étonna Angéline, car elle connaissait la répugnance de sa mère à se servir de ce qui ne lui appartenait pas.

Lorsqu'elles entrèrent dans la salle de bal, la parure sur laquelle Angéline comptait tant, ne produisit aucun effet; il y en avait un grand nombre de pareilles, et de beaucoup plus brillantes; mais la noblesse de ses traits, la fraîcheur de son teint et l'élégance de sa taille, furent remarquées par quelques-unes des personnes qui se trouvaient près d'elles. Deux places libres sur une banquette de second rang leur ayant été offertes, elles allèrent s'y confiner. De toutes les solitudes de la terre, la plus profonde est, sans contredit, celle de deux pauvres femmes ainsi placées, entre deux personnes qui leur sont étrangères, et derrière celles qui accaparent tous les regards par leurs diamants, leurs plumes, et tous les mouvements qu'elles font pour s'attirer l'attention. Il n'y a pas de raison pour que les femmes des secondes places soient jamais découvertes dans cette noble cachette, où elles peuvent passer la nuit sans dire un mot à personne.

Angéline en était réduite à profiter des moments où un énorme turban se penchait du côté d'un panache à la péruvienne, pour glisser ses regards entre un col court et une manche bouffante.

— Le voilà, dit-elle à sa mère, en lui faisant signe de regarder par l'intervalle que séparait le col et la manche de sa voisine.

Et madame Vandermont, profitant de l'avis, suivit des yeux tous les mouvements de M. de

Vilneuse; il donnait le bras à une jeune femme, que les soins compromettants d'un de nos élégants du jour, venaient de mettre à la mode. Amédée s'amusait à la faire rire à propos de tous les gens qu'il passait en revue, et nulle préoccupation ne semblait gêner sa gaieté. Forcé de céder cette jolie personne au danseur qui venait la réclamer, M. de Vilneuse s'approcha de mademoiselle B***, d'une de nos héritières les plus ambitionnées par les jeunes gens à marier. Là, ses regards s'animèrent, son sourire cessa d'être moqueur, et la pauvre Angéline reconnut cet air ému, et l'expression gracieuse et tendre qui faisait si souvent battre son cœur. O triste vérité! ô mort d'une illusion indispensable à la vie! qui pourrait peindre le deuil où vous plongez une âme aimante!

III

— On étouffe à cette place, dit madame Vandermont, en voyant la pâleur qui couvrit subitement le visage de sa fille, levons-nous un peu.

— Quoi ! vous êtes ici ? s'écrièrent alors deux femmes de sa connaissance, et la charmante Angéline ne danse pas ? C'est une insulte à faire à ce beau bal, et si mon neveu était là, il en viendrait bien vite en demander raison ; mais je l'aperçois.

Et, sans attendre la réponse de madame Vandermont, madame de la Roche alla vers son neveu ; cinq minutes après, le jeune Edmond vint inviter Angéline pour la prochaine contredanse. Elle accepta de bonne grâce, bien qu'elle eût la mort dans le cœur ; mais le dépit, l'indignation soutenaient son courage ; elle sentait, pour ainsi dire, une sorte de joie désespérée à se montrer aux yeux d'Amédée, dans le moment même où il la trahissait lâchement, par calcul et non par inconstance.

Tout en paraissant occupée à répondre aux questions de danseur que lui adressait M. de la Roche, elle regardait furtivement du côté de M. de Vilneuse, et s'attendait à le voir se troubler lorsqu'il l'apercevrait. La pauvre enfant se connaissait bien mal en gens du monde; elle ignorait que leur aplomb redouble dans les situations périlleuses, et que c'est servir leur esprit que de les embarrasser.

— Quelle charmante suprise! dit à demi-voix Amédée en s'approchant de mademoiselle de Vandermont; mais c'est bien mal à vous de ne m'avoir pas dit hier le plaisir qui m'attendait aujourd'hui; cela est cause que je perds mon temps depuis une heure. Vous êtes arrivée bien tard.

— Beaucoup trop tôt, répondit Angéline, en détournant ses yeux humides de larmes.

En cet instant son danseur revenait balancer à sa place, il lui fallut obéir à la contredanse. Comme Angéline était belle, et que chacun de ses mouvements avait de la grâce, on l'admirait tout haut; les vieux amateurs, les jeunes dandys, ayant vu M. de Vilneuse lui parler, vinrent l'un après l'autre lui demander le nom de cette jolie personne qui était fraîche comme sa guirlande de roses.

On devine avec quel plaisir la vanité d'Amédée recueillait ces louanges, et quel air modeste il prit pour y répondre; c'est la seule fatuité de bon goût que le plus humble des hommes ne se refuse jamais. En voyant le succès qu'obtenait Angéline, M. de Vilneuse forma le projet de se consacrer à elle toute la soirée.

Planté debout derrière la place qu'elle occupait à la contredanse, il profite de tous les intervalles pour lui adresser de ces mots insignifiants pour tout le monde, et trop bien compris par elle.

Les flatteries, les reproches tendres et coquets, rien ne triomphe du sérieux glacial ou plutôt du ressentiment empreint sur le visage d'Angéline. Elle s'efforce de ne pas écouter et plus encore de ne pas répondre.

— Serait-il vrai? dit-il, après avoir épuisé toutes les phrases qui lui réussissaient ordinairement; quoi! vous auriez de l'humeur, vous, si douce, si parfaite? Il y aurait au monde un être assez heureux pour être auteur de cette charmante maussaderie? Ah! gardez-vous bien d'en convenir, car il en deviendrait fou de joie, je vous en avertis.

— Moi, de l'humeur? reprit Angéline en rougissant; de la mauvaise humeur au bal? ce serait bien ridicule, et certes je n'ai pas envie...

— De me faire tant de plaisir, n'est-ce pas? interrompit M. de Vilneuse. Eh bien, je me résigne à penser tout bonnement que je vous ennuie : avec cette idée, je devrais vous débarrasser de ma présence, et céder ma place à l'un de ces admirateurs qui vous entourent. Je lis dans leurs yeux qu'ils m'en auraient une extrême reconnaissance ; mais je ne me sens pas capable d'un procédé si généreux. Cela vous déplaît sans doute?

— Vous savez bien que non, répondit Angéline d'un ton où le reproche cédait à l'indulgence la plus tendre.

Quelle faute dans l'art de captiver un cœur léger ! À peine Amédée fut-il rassuré par cette réponse naïve, qu'il devint distrait en parlant à Angéline, et que ses regards se portèrent moins souvent sur elle que du côté de la laide héritière.

— On va danser un quadrille dans l'autre salon, dit alors madame Vandermont à sa fille, allons nous placer pour le bien voir; et, quittant le bras de M. de Brécourt pour prendre celui d'Angéline, elle la sépara ainsi de M. de Vilneuse qui les suivit à quelque distance.

Dans ce quadrille, composé de charmantes jeunes personnes et de jeunes femmes qui aiment le plus à se mettre en évidence, on remarquait particulièrement madame de Faverolle : sa parure plus soignée, plus élégante que celle d'aucune autre, en dépit de l'uniformité des costumes, prouvait assez le désir qu'elle avait d'être la première de toutes. Elle n'était pas moins ambitieuse en coquetterie : aussi, jeunes, vieux, agréables ou non, tous les hommes s'empressaient autour d'elle. M. de Vilneuse ne lui était dévoué qu'en raison de ses succès; et, ce soir-là, elle en eut beaucoup.

Angéline ne s'en aperçut point; sa mère seule en fut jalouse. Aucun des mouvements d'amour-propre d'Amédée ne lui échappa : elle le vit s'épanouir en donnant le bras à madame de Faverolle pour la conduire dans les salles où l'on soupait; elle surprit ses soins intéressés pour l'héritière; elle le vit bien un moment fier de la beauté d'Angéline et de l'effet qu'elle produisait ; mais c'était encore une joie de vanité ; le cœur n'était pour rien dans aucune de ces émotions.

D'ailleurs, quoi de plus fugitif qu'un effet de ce genre à l'époque où nous vivons ? Il faut savoir à quel chiffre monte sa dot pour s'occuper longtemps d'une jeune personne, si jolie qu'elle soit ; et le plus amoureux renonce bien vite à l'idée de faire son bonheur quand elle ne peut faire sa fortune à lui. Aussi, après avoir répété plusieurs fois « elle est ravissante, » on ne fit plus attention à Angéline ; chacun reprit le cours de ses prétentions, de ses ambitions, et la pauvre enfant, qui n'en pouvait flatter aucune, resta délaissée près de sa mère et de son vieil ami.

En voyant l'abattement d'Angéline, et devinant sa tristesse, madame Vandermont lui proposa de s'en aller avant la fin du bal qui paraissait devoir se prolonger fort avant dans la nuit. Angéline souffrait trop de tout ce qu'elle voyait pour ne pas accueillir la proposition ; d'ailleurs, elle se flattait en secret qu'Amédée s'apercevrait de leur départ, et qu'il tâcherait de les retenir. Mais elle eut beau laisser tomber son éventail pour se donner le temps de le chercher; elle eut beau mettre, ôter et remettre sa fourrure; Amédée, tout occupé de rire des bons mots de madame de Faverolle, ne vit, ou ne voulut voir aucune de ces petites démarches qui précèdent un départ.

Pendant le quart d'heure qu'Angéline passa dans le premier salon à attendre qu'on fît avancer la voiture de M. de Brécourt, elle espéra qu'Amédée, ayant vu à la fin qu'elle n'était plus dans la salle de bal, viendrait peut-être la chercher; mais on annonça la voiture, et elle partit sans avoir reçu un seul regard d'adieu.

IV

Le lendemain de ce bal, lorsque Angéline vint, selon sa coutume, embrasser sa mère à l'heure de son réveil, madame Vandermont fut frappée de l'altération peinte sur le visage de sa fille : il était facile de voir qu'elle n'avait point dormi, et que de tristes réflexions l'avaient accablée.

— C'est assez longtemps souffrir d'une incertitude qui finirait par être humiliante, dit madame Vandermont. Il faut mettre fin à cette situation, et j'ai trouvé pour cela un moyen infaillible. M. de Brécourt était l'ami de ton père ; son titre de tuteur lui donne le droit de te doter : il va demander à M. de Vilneuse un rendez-vous dans lequel il le priera de s'expliquer nettement sur ses intentions à ton égard ; il lui fera valoir les avantages immenses qu'il peut te faire ; il jettera le mot de cinq cent mille francs dans la conversation ; il se gardera bien de lui parler du neveu qu'il a aux États-Unis ; et si cette conversation produit l'effet que j'en attends, tu sauras à quoi t'en tenir sur les vrais sentiments d'Amédée.

— Oh ! non, ma mère, l'épreuve me fait peur. S'il allait braver la volonté de sa mère et vouloir m'épouser tout de suite, je sens que je ne pourrais plus l'aimer.

C'était la réponse qui pouvait le plus encourager madame Vandermont dans son projet ; mais elle n'en parla plus. Un rhume violent, qui la retint au lit pendant plusieurs jours, l'empêcha de recevoir M. de Vilneuse, et Angéline, n'entendant plus rien dire de l'épreuve redoutée, crut que sa mère n'y pensait plus.

Avec quelle peine profonde elle vit revenir près d'elle Amédée plus soigneux, plus tendre qu'il ne l'avait jamais été ! Quel frisson parcourut ses veines, lorsqu'elle l'entendit se révolter contre l'autorité de madame de Vilneuse, et déclarer qu'il ne pouvait s'y soumettre plus longtemps ; que la passion l'emportait sur toutes les considérations possibles, et qu'enfin, lorsqu'on avait la chance si rare de rencontrer la seule femme qui pût nous rendre heureux, on serait bien coupable envers soi-même de ne pas faire tout au monde pour l'obtenir!

Il a vu M. de Brécourt, pensa Angéline, et ses yeux se remplirent de larmes.

— Pourquoi cette tristesse? demanda alors M. de Vilneuse : l'idée de mon bonheur vous causerait-elle quelque regret?

Et, tout en faisant cette question d'un air inquiet, Amédée ne doutait point que l'émotion la plus douce ne fût seule cause des larmes d'Angéline.

— Non, dit-elle; j'ai réfléchi aux obstacles qui nous séparent : il en est survenu un qui est insurmontable.

— Lequel? vous me faites frémir!

Une personne qui s'approcha d'eux en cet instant dispensa Angéline de répondre à Amédée; ce tiers, introduit dans la conversation, apporta un grand changement dans leurs paroles, mais fort peu dans leurs pensées. Angéline ne cherchait qu'à se convaincre de ce qu'elle soupçonnait, et M. de Vilneuse, qui voulait la captiver par tous les genres de flatterie, entama un long éloge de M. de Brécourt, dans lequel il eut l'imprudence de parler de son dévouement pour ses amis, de la manière noble dont il savait les obliger; et, dans son enthousiasme pour les sentiments généreux dont il espérait bien profiter, il laissa échapper ces mots :

— Et, comme je le lui disais hier matin, c'est doubler les jouissances de la fortune que d'en faire un si noble usage.

Ce peu de mots détruisit l'illusion d'une année entière : la douleur et l'indignation qu'en ressentit Angéline ne lui permirent pas de rester près d'Amédée; elle prétexta un violent mal de tête, et se retira dans sa chambre : là, elle attendit que la soirée fût terminée pour retourner auprès de sa mère.

— Vous l'aviez trop bien jugé, dit-elle; il ne m'aimait pas! C'était mon peu de fortune et non la volonté de sa mère, qui causait son indécision. Ah! pourquoi ne puis-je m'éloigner de lui à l'instant même, et pour toujours!

— Ma pauvre enfant! disait madame Vandermont en pleurant aussi du chagrin de sa fille; calme-toi; peut-être le jugeons-nous trop sévèrement; peut-être...

— Non, ma mère, interrompit Angéline; j'ai

lu dans son cœur, j'ai vu dans son dévouement subit l'effet de la conversation qu'il a eue avec M. de Brécourt. L'abandon le plus complet de sa part m'aurait moins blessée. Mais, je vous en conjure, qu'il ignore toujours l'innocente ruse employée par vous pour me désabuser. Comme je renonce dès aujourd'hui à toute idée de mariage, on gardera sans peine le secret de ma dot; et, d'ailleurs, bientôt il ne pensera plus à moi. Ah! si je pouvais hâter ce moment, si je pouvais ne plus le rencontrer!

— Rien de si facile : veux-tu partir dès demain pour Spa? Les eaux me sont ordonnées depuis longtemps, et ce voyage nous sera profitable à toutes les deux.

— Eh! ne sais-je donc pas les raisons d'économie qui vous ont empêchée de le faire l'an passé? Nous ne sommes pas plus riches cette année.

— Cela est vrai; mais tu es plus malheureuse; et l'argent que je refuse à une fantaisie ou à un petit intérêt de santé, je le dépense sans regret pour une chose doublement utile : ainsi, prends courage, et dispose tout pour notre prochain départ.

Deux jours après cet entretien, madame Vandermont et sa fille étaient sur la route de Bruxelles. Madame de Géneville et son dernier enfant étaient aussi du voyage; car la présence du gentil Aloys, les soins qu'il exigeait, avaient paru à madame Vandermont la plus sûre distraction aux peines d'Angéline.

A peine arrivée à Spa, madame de Géneville reçut une lettre de son mari, où il lui dépeignait la surprise agréable qu'il venait d'éprouver. Les devoirs de sa nouvelle place l'obligeant à recevoir un peu plus de monde, il cherchait à louer un appartement dans le quartier de sa belle-mère, lorsque, le soir même de son départ, celle-ci lui avait fait remettre, par le portier de la maison que tous deux habitaient, la clef d'un appartement au-dessus du leur. Là, il fut bien étonné de trouver l'ameublement le plus complet, quoique simple, enfin, tout ce qui pouvait contenter les désirs raisonnables d'un jeune ménage dans son premier établissement.

L'appartement était loué à son nom, et payé d'avance pour trois années. Le mobilier appartenait à la femme et au mari; les quittances en faisaient preuve; et M. de Géneville ne concevait point comment sa belle-mère pouvait prélever sur ses économies le prix de semblables présents. C'était, disait-elle, un écrin rempli de bijoux assez beaux qu'elle avait conservé pour satisfaire à ce qu'elle appelait ses caprices maternels.

En se voyant si bien pourvu du nécessaire, M. de Géneville pensa, comme tant d'autres, qu'il devait y joindre un peu de superflu; et il fit promptement succéder à sa lettre de remercîments la demande d'un prêt d'argent pour acheter plusieurs objets de luxe qu'il qualifiait d'indispensables.

Mais il reçut à ce sujet un refus si positif qu'il n'insista point.

Le séjour des eaux commençait à rétablir la santé de madame Vandermont, et la vie agitée qu'on mène à Spa empêchait Angéline de se livrer à l'excès de sa tristesse, lorsqu'elles furent toutes deux frappées par une si vive inquiétude, qu'elles n'eurent plus d'autre pensée. L'enfant de madame de Géneville fut subitement attaqué d'une maladie accompagnée de convulsions qui le mit dans le plus grand danger. Les médecins du pays inspiraient peu de confiance à la pauvre

6.

mère, mais l'enfant n'était pas en état de supporter les fatigues d'une longue route ; on ne pouvait sans imprudence le ramener à Paris pour le rendre aux soins du savant K..., du docteur qui l'avait déjà sauvé d'une semblable crise. Déjà dix jours d'une fièvre ardente semblaient avoir épuisé les forces du petit malade. Sa mère, plongée dans un morne désespoir, les yeux fixés sur lui, comptait les mouvements de sa respiration pénible, en frémissant de l'entendre s'arrêter. Tout à coup un cri de joie la fait tressaillir. C'est Angéline qui s'était retirée près de la fenêtre pour cacher ses larmes à sa sœur; c'est elle qui vient d'apercevoir le docteur K... ; il descend de voiture soutenu par le domestique de madame Vandermont, il est accompagné du jeune Isidore.

L'apparition du docteur K..., que la pauvre madame de Géneville crut lui être envoyé par le ciel même, la rendit à la vie par l'espérance, elle ne douta plus du salut de son enfant; en effet, les mêmes moyens, joints aux remèdes violents qu'exigeait l'état de la maladie, obtinrent tant de succès, qu'en moins de deux jours l'enfant se trouva hors de danger.

Quand il fut permis de s'occuper d'un autre que lui, madame Vandermont vanta l'intelligence et le zèle admirable qu'Isidore avait mis à remplir sa commission.

— Ah! mon Dieu! dit la mère d'Aloys, j'ai été si heureuse de voir le docteur, que, dans ma joie, je n'ai pas pensé à remercier Isidore de me l'avoir amené; comment a-t-il pu le déterminer à quitter tant de malheureux qui attendent de lui la vie ou la santé?

— Il a fallu se donner bien de la peine pour obtenir ce sacrifice, dit Angéline, en portant sur Isidore un regard plein de tendresse et de reconnaissance.

— Oh! rien n'a été si facile, mademoiselle, répondit-il d'une voix émue; tout autre que moi, ajouta-t-il, en se tournant vers madame Vandermont, avec les mêmes instructions, aurait eu le même succès, je vous l'affirme.

— Pure modestie de sa part, interrompit madame Vandermont; mais, puisque nous n'avons plus d'inquiétude, il faut penser à divertir le docteur pendant les deux jours qu'il doit nous donner; car c'est un homme d'un grand talent, d'un noble caractère, qui résiste à la fatigue, à tous les dangers, mais qui s'enfuit dès qu'il s'ennuie. Ainsi donc je vais lui arranger demain un dîner avec quelques gens aimables qui sont ici; puis, nous le mènerons à la redoute, nous le présenterons à nos plus jolies femmes, et qui sait? si le bonheur veut que l'une d'elles tombe sérieusement malade, nous le garderons peut-être une semaine de plus.

— Oh! la bonne idée! s'écria madame de Géneville; grâce à lui, je n'ai plus besoin que vous m'aidiez à soigner Aloys, et il faut arranger une partie à cheval pour visiter demain les trois fontaines.

Dans cette jolie promenade, Isidore se tint constamment éloigné d'Angéline; contraignant son cheval à marcher près de la calèche de madame Vandermont; il causa longtemps avec elle, et répondit sans embarras à toutes les questions qu'elle lui adressa sur ses moyens de fortune; car ces questions semblaient dictées par un si vif intérêt, qu'elles ne pouvaient sembler indiscrètes; aussi Isidore n'hésita-t-il point à lui peindre le regret qu'il avait de ne point accepter la proposition qui lui était faite de l'adjoindre à une des premières maisons de banque de Paris;

mais il fallait fournir trois cent mille francs à la société pour effectuer l'association, et Isidore n'avait pas assez de crédit pour se les procurer.

— C'est dommage, dit madame Vandermont, car, avec un caractère si honorable, et la capacité qui vous distingue, vous feriez une fortune rapide, je n'en doute pas.

— A quoi bon? reprit Isidore en soupirant.

— Ah! mon cher ami, ne soyez pas si dédaigneux de la fortune, si vous saviez tout ce qu'on peut lui devoir!...

En cet instant, le cheval que montait Angéline, se cabra et menaça de la jeter par terre. Isidore courut vers elle, et fut bien étonné de la voir sourire de l'effroi qui l'avait attiré.

— Qu'est-ce donc qui rendait ce cheval si rétif, demanda-t-il?

— Moi, reprit Angéline, je l'ai tant taquiné, qu'à la fin il s'est révolté, sans cela vous ne m'auriez pas dit un mot de la journée.

— C'est possible.

— Il faut donc un danger, une scène de mélodrame pour s'attirer votre attention?

— Non, il faut tout simplement que je me croie utile.

En finissant ces mots, Isidore retourna près de la calèche. Angéline en éprouva quelque dépit; mais se rappelant le sentiment dont il l'avait crue longtemps préoccupée, elle ne put blâmer l'éloignement d'Isidore pour elle.

Arrivée à la Géronstère, la fontaine des buveurs bien portants, Angéline fut entourée par tous les jeunes gens que le plaisir amène aux eaux chaque année; on fit de grands projets pour le bal du soir, et chaque élégant se mit en devoir de cueillir la bruyère fleurie qui fait l'ornement des robes de fête à Spa. Angéline en avait déjà de quoi garnir dix robes, mais il n'y en avait pas un seul brin offert par Isidore. Le soir, à la redoute, il ne l'invita pas une seule fois à danser.

Aux eaux, tout le monde joue un peu, c'est l'usage, et les femmes s'établissent sans honte à une table de *rouge* et *noire*, comme à une table de whist dans un salon. Madame Vandermont dit à Isidore :

— Tentons la fortune; confiez-moi un louis, j'en mettrai autant pour Angéline, et, qui sait? le bonheur me favorisera peut-être? Si j'allais gagner la valeur de ce joli cheval qu'on vous proposait ce matin.

— Ce serait bien amusant, dit Angéline.

— Et très-étonnant, dit Isidore, car je joue de malheur depuis bien des années.

— Raison de plus pour que la chance tourne, reprit madame Vandermont en allant s'asseoir parmi les joueurs, tandis qu'Angéline suivait son danseur à l'autre bout de la salle. A son retour près de sa mère, celle-ci lui dit : Mes pressentiments ne m'ont point trompée, j'ai des trésors à partager entre vous deux, Isidore a gagné son cheval, et toi la jolie montre que tu désirais. En disant ces mots, madame Vandermont montra plusieurs billets de banque qu'elle plia dans sa bourse.

Les jours qui suivirent furent consacrés aux mêmes plaisirs, et Isidore ne se démentit pas un instant dans sa froideur polie envers Angéline. Il allait retourner avec le docteur K... à Paris; l'idée de le voir s'éloigner d'elle, sans avoir pu lui adresser un seul mot affectueux, l'emporta sur le sentiment d'orgueil ennemi de toutes les explications; Angéline craignit aussi d'avoir blessé innocemment la fierté d'Isidore, et, poussée par ce qu'elle croyait être seulement la candeur, la bonté de son âme, elle profita d'un moment où il était appuyé sur la fenêtre du salon, et séparé du reste de la société, pour lui demander franchement la cause de l'éloignement qu'il lui témoignait avec tant de constance.

— Ne me questionnez pas, dit-il, car il me faudrait vous offenser ou mentir.

— N'importe, répondit Angéline, je préfère tout à vous croire fâché contre moi. Si vous saviez comme cette idée me cause de la peine!

— Moi, vous affliger! dit-il en levant les yeux au ciel.

— Pourquoi m'éviter ainsi?

— Vous voulez le savoir?

— Oui, je l'exige; dites pourquoi?

— Hélas! reprit Isidore, en serrant d'une manière convulsive la main qu'elle lui présentait, c'est que si je vous laissais voir tout ce que mon cœur éprouve, Angéline..., vous m'aimeriez... et que le devoir et l'honneur me défendent de vous associer à ma triste existence.

En achevant ces mots, Isidore courut rejoindre le docteur qui recevait les adieux de la famille reconnaissante, et bientôt tous les deux furent en voiture. Pendant que le postillon montait lentement sur son cheval, Isidore se pencha pour regarder la fenêtre où il avait laissé Angéline. Elle était encore à la même place, immobile, les yeux fixes, et ne voyant rien. Enfin, le fouet du postillon retentit dans l'air. Isidore la vit tressaillir et quitter aussitôt la fenêtre. Ah! qu'il eût payé cher un seul regard d'adieu!

V

En arrivant à Paris, Isidore trouva une lettre d'un des premiers notaires de la ville, lequel lui apprenait qu'un de ses clients, ayant toute confiance dans la maison de banque des frères M..., lui offrait les trois cent mille francs indispensables à son association avec leur maison, et cela à des conditions d'intérêts fort raisonnables.

On devine l'empressement d'Isidore à se rendre chez le notaire pour terminer cette affaire, et son zèle à profiter de cette occasion honorable de s'enrichir.

Dès qu'on le sut sur le chemin de la fortune, chacun vint lui offrir ses services ; son esprit ingénieux, ses talents administratifs se révélèrent ; et l'on put dès lors prédire le but où il arriverait.

M. de Brécourt, qui connaissait le mérite d'Isidore, vint un matin le voir à son bureau, pour lui proposer un mariage des plus avantageux. Il s'agissait, dit-il, de la fille d'un receveur-général, dont la famille, quoique très-riche, ne veut la donner qu'à un jeune homme laborieux, spirituel, et en état de succéder à la place de son père; la jeune personne est jolie, bien élevée; elle a les goûts les plus modestes, et moi, qui la connais depuis longtemps, ajoute M. de Brécourt, j'ai la certitude qu'elle vous plaira beaucoup, à part les quatre cent mille francs qu'elle apporte.

— En vérité, monsieur, je ne sais comment vous exprimer ma reconnaissance, répond Isidore, tant de confiance me touche et m'honore; mais je ne me sens aucune vocation pour le mariage, du moins en ce moment.

— Il s'agit bien de vocation vraiment! reprit M. de Brécourt en haussant les épaules; s'il n'y avait de mariés que les gens qui aiment le mariage, on ne verrait pas tant de noces.

— Ni tant de mauvais ménages, convenez-en, monsieur.

— C'est possible, sentiment parlant; mais l'intérêt et l'ambition se trouvent trop bien de certaines alliances pour que la mode en passe; vous le savez, vous qui êtes ambitieux.

— Je ne m'en défends pas; oui, monsieur j'ai l'ambition de me créer une noble indépendance; car, dans l'époque où nous vivons, on ne vaut que par sa fortune; mais si je désire devenir riche, c'est pour rester libre dans mes opinions, et dans mes affections.

— Rien de si juste, et personne ne vous contrariera sur ces deux points; la famille dont je vous parle est on ne saurait plus tolérante en opinion politique, et comme vous aimerez votre femme...

— Jamais, monsieur, interrompit Isidore, jamais je n'aimerai la femme que je n'aurai pas choisie moi-même.

— Eh! qui vous dit que votre choix ne tombera pas sur celle-là?

— C'est impossible, monsieur.

— Je devine; vous êtes aveuglé par une de ces passions de jeune homme que l'on croit éternelles, et qui ne savent braver ni le temps, ni la misère; nous avons passé par là, mon ami; mais vous avez déjà assez d'expérience du monde, pour savoir ce que valent ces sortes d'attachements, et pour ne pas faire la folie de leur sacrifier votre existence. Tenez, je suis vieux, mes conseils portent bonheur, laissez-vous diriger par eux. D'abord, voyez la jeune personne.

— A quoi bon, monsieur, puisque je ne dois pas l'épouser?

— Bah! l'on se décide souvent par les yeux? Qui peut prévoir l'effet d'un aspect séduisant!

En vain M. de Brécourt insista, il ne put rien gagner sur la volonté d'Isidore, et le retour de madame Vandermont affermit encore plus ce dernier dans sa résolution. Cependant il s'était fait la loi d'aller rarement chez elle; mais le peu de fois qu'il vit Angéline, suffit pour lui prouver que nulle autre ne régnerait jamais sur son cœur.

Il avait déjà réalisé quelques bénéfices, lorsqu'il rencontra un jour M. de Géneville, sortant de chez son agent de change; il avait les traits altérés d'un homme au désespoir. Trop douloureusement ému pour rien dissimuler, il raconta à Isidore comment, s'étant laissé entraîner par l'attrait des jeux de bourse, il venait de perdre une somme trop considérable pour pouvoir l'acquitter dans le délai voulu; qu'il ne s'était jamais trouvé dans une circonstance plus horrible; et, que ne pouvant cacher plus longtemps sa situation, il avait imploré les secours de ses amis, de sa belle-mère ; mais celle-ci avait répondu que sa fortune ne lui permettait pas de lui avancer la somme nécessaire, et M. de Brécourt lui-même s'était refusé à la lui prêter. Dans son embarras, le malheureux Géneville parlait d'employer le plus affreux moyen de se tirer d'affaire ; puis, le souvenir de sa femme et de ses enfants lui montrait ce projet comme un crime.

— Venez chez moi, dit Isidore, nous causerons de cette situation, nous verrons s'il y a moyen...

Géneville ne le laissa point achever ; et, bien qu'ils fussent en pleine rue, il sauta au cou d'Isidore comme un noyé saisit la planche qui doit le sauver.

En sortant de l'entretien qu'ils eurent ensemble, M. de Géneville respirait librement, et quand il rentra, après avoir passé chez son agent de change, madame Vandermont parut très-étonnée du changement subit qui s'était opéré dans l'état de son gendre. Curieuse de savoir par quels moyens il avait pu sortir d'un si mauvais pas, elle se contenta de lui demander qui il avait vu dans la matinée ; il nomma plusieurs personnes riches, et la curiosité de madame Vandermont resta la même. Mais il ajouta, j'ai aussi rencontré Isidore ; il m'a chargé de tous ses respects pour vous, mesdames. C'est vraiment un excellent garçon, et qui fera de bonnes affaires.

C'était un singulier éloge, et l'on aime à penser que M. de Géneville aurait parlé autrement de l'ami qui venait de compromettre non-seulement le fruit de son travail, mais encore ses bénéfices à venir, pour lui sauver l'honneur, si Isidore n'avait exigé le plus profond secret sur le service qu'il venait de lui rendre, et si, pour en être plus sûr, il n'avait laissé entendre que son crédit dans sa maison de banque recevrait une atteinte mortelle de la moindre indiscrétion à ce sujet.

Pour apprécier cet important service, il faut se rappeler qu'Isidore perdait, avec ce qu'il avait amassé, l'espoir d'arriver bientôt à l'indépendance tant désirée, à cette indépendance qu'il eût été si heureux de faire partager à la seule femme qu'il pût aimer !

Au moment où, pour rendre sa bonne action plus méritoire, il calcule tout ce qu'elle lui coûte, M. de Brécourt vient de nouveau lui parler du mariage qu'il s'obstine à refuser. Plus sa résolution est généreuse, plus il y reste fidèle; les avis raisonnables, les preuves du plus tendre intérêt, n'obtiennent rien; seulement Isidore, craignant de désobliger par trop un ami si zélé, consent à le suivre le soir même à l'Opéra-Italien, où doit se trouver la jeune personne dont M. de Brécourt fait tant d'éloges. Pour être plus certain de sa condescendance, M. de Brécourt l'emmène dîner avec lui, et fait retenir deux places à l'orchestre pour lui et son jeune ami. Mais, à peine était-il entré dans la salle, qu'il se rappelle un rendez-vous d'affaires; il n'a qu'une réponse à donner et sera de retour avant un quart d'heure; il prie Isidore de lui garder sa place.

— Elle sera à l'avant-scène des secondes, avec une robe blanche et une écharpe couleur de rose, dit-il en s'en allant.

— Cet avis a si peu d'intérêt pour Isidore, qu'il l'oublie presque aussitôt qu'il le reçoit, et se laisse captiver tout entier par la musique de Rossini et la voix enchanteresse de madame Malibran. Pendant le premier entr'acte de la *Sémiramide*, Isidore se lève et reste debout, tournant le dos à la scène. Un de ses voisins, homme d'esprit, qu'il a souvent rencontré dans le monde, cause avec lui sur le génie du compositeur, le talent de l'actrice, et cette conversation amusante est interrompue par les accords mélodieux d'un chœur de femmes. Isidore se rassied, et l'idée ne lui vient pas de lever les yeux sur les loges d'avant-scène.

Enfin, au milieu du beau duo d'Arsace et de sa mère, un bouquet tombe sur le théâtre, et tous les yeux se portent sur la loge d'où il vient.

— Qu'arrive-t-il? demande Isidore, en voyant plusieurs personnes se lever.

— Ce n'est rien, répond son voisin; c'est une jeune personne, que vous voyez là, en blanc avec une écharpe rose; elle a laissé tomber son bouquet.

Ces mots rappellent tout à coup à Isidore ce que lui a dit M. de Brécourt, il lève les yeux sur la loge indiquée, puis les referme aussitôt; sa tête se penche sur son épaule, un cri plaintif s'échappe de sa poitrine, et il perd connaissance. On le transporte au foyer; un chirurgien qui se trouve là veut le saigner, mais un homme s'y oppose. « Ce ne sera rien, dit-il; qu'on m'aide

7.

seulement à le transporter dans ma voiture; le grand air le ranimera. » Isidore, sous le poids d'une sensation qui l'étouffe, reste longtemps comme asphyxié; enfin il rouvre les yeux, et il se croit en délire; sa main est pressée par celle d'Angéline, elle l'appelle, lui donne les plus doux noms. Madame Vandermont lui demande pardon de la surprise qui a failli le tuer. M. de Brécourt se frotte les mains en disant :

— Convenez que j'ai savamment conduit cette affaire-là ! En vérité, j'ai cru que l'entêté ne se déciderait jamais à regarder sa future.

— Est-il bien vrai? dit Isidore, en portant sur Angéline un regard où se peignaient le doute et la reconnaissance.

— Vous l'aviez prédit, répondit-elle en rougissant.

— Et moi, je l'ai voulu, dit madame Vandermont.

VI

Alors, malgré tout ce qu'un sentiment de délicatesse fit dire à Isidore sur la nécessité d'attendre que sa fortune lui permît d'accepter tant de bonheur, on disposa tout pour son mariage avec Angéline. A travers tant de sujets de joie, il regrettait de ne pouvoir lui offrir les riches présents dont se parent ordinairement les jeunes mariées; la somme prêtée à M. de Géneville le privait de ce plaisir; mais on vit arriver chez madame Vandermont un coffre d'ébène, incrusté d'ivoire et rempli de bijoux, de châles de l'Inde, et accompagné d'une corbeille élégante, contenant les blondes, les rubans, les fleurs les plus à la mode.

— Remercie Isidore de cette jolie corbeille, dit madame Vandermont, c'est lui qui te l'offre, en retour des quatre cent mille francs qui composent ta dot.

A ces mots, chacun se regarde, muet de surprise.

— Vous me croyez folle, n'est-ce pas, mes enfants? Je le vois à votre air stupéfait, reprit madame Vandermont ; mais votre étonnement m'amuse trop pour que je ne cherche pas à le prolonger quelques moments de plus. Suivez-moi.

Plusieurs voitures se trouvaient dans la cour. Madame Vandermont monta dans la première avec Angéline et Isidore. M. de Brécourt et le reste de la famille suivirent. Bientôt les voitures s'arrêtèrent à la porte d'une petite maison nouvellement bâtie et meublée avec la plus élégante simplicité.

— J'espère que ma chère Angéline fera bien les honneurs de cette maison, dit madame Vandermont, car elle lui appartient.

— Serait-il vrai, ma mère? s'écria Angéline.

— Vois plutôt si elle n'a pas été arrangée selon tes goûts.

Et madame Vandermont se plut à montrer à ses enfants la distribution commode des appartements.

— Et le vôtre où donc est-il, ma mère ? demanda Angéline.

— Il n'est point ici, répondit tristement madame Vandermont; c'est un sacrifice que je m'impose avec courage aujourd'hui, parce qu'il est volontaire, et que si l'on venait plus tard à m'y contraindre, j'en mourrais de douleur. Mais, ne me plaignez pas, mes enfants, je me suis mise à l'abri du seul malheur contre lequel je serais sans force. Vous m'aimerez, vous me soignerez ; car je serai non-seulement pour vous un appui, mais encore une espérance.

» Cette fortune que je vous ai cachée, pour mieux assurer votre bonheur à tous, est le fruit d'un coup de désespoir. Ayant à peine de quoi vous élever avec le peu que je possédais à la mort de votre père, il me vint à l'idée de consacrer une partie de mon écrin à tenter le sort : on venait de mettre à Vienne une terre de deux millions en loterie. C'est l'ami Brécourt que je chargeai de faire l'acquisition de mes billets, sous son nom; il a la main heureuse, j'ai gagné la terre ; et, depuis dix ans que je la possède, grâce aux soins de mon unique confident, de M. de Brécourt, les revenus en ont considérablement augmenté. C'est une partie de ces revenus qui m'a souvent aidée à vous secourir. Quand cette belle chance m'arriva, nous nous étions arrangés dans notre médiocrité; elle obligeait mes filles au travail, à l'économie; elle en faisait des femmes essentielles. Mon fils était paresseux, dissipé; la fortune en aurait fait un oisif à la mode : je l'ai laissé courageusement souffrir de ses fautes, et les réparer en s'élevant du rang de soldat à celui d'officier. Mon gendre aimait le jeu : je l'ai laissé en proie à tous les tourments de la perte et des humiliations qu'elle entraîne, sûre que la leçon serait assez sévère pour n'être point oubliée. Angéline, sans dot, ne serait point flattée, trompée; il faudrait l'aimer pour vouloir l'épouser. Que de considérations pour ne vous pas révéler ma fortune !

— Voilà donc l'explication de tous ces miracles, s'écria Isidore, de ces bienfaits surprenants, inattendus !

— Oui, je m'amusais à singer la Providence. Ah ! si l'on savait le bonheur attaché à cette faculté de faire le bien, comme s'il tombait des nues, je suis sûre que j'aurais plus d'un imitatateur; mais, comme tous les secrets du monde, celui-là ne pouvait s'éterniser, il fallait tôt ou tard que ma mort vous le livrât, et j'ai voulu être témoin de votre suprise. Me pardonnez-vous de vous avoir appris à faire un bon usage de ma fortune avant de la partager avec vous ?

C'est par les embrassements les plus tendres que les enfants de madame Vandermont lui répondirent. Chacun d'eux se rappela cent bienfaits anonymes dont le mystère s'expliquait. Le mieux senti fut celui qui paya le voyage du docteur K..., et rendit la vie à l'enfant et à sa mère ; aussi tous s'écrièrent-ils à la fois :

— Oh ! bénis soient la sagesse et l'amour de notre providence de famille !

ANAÏS

J'arrivais de l'Opéra avec M. Charles de L..., comptant trouver chez moi les cinq ou six personnes qui venaient ordinairement y finir leur soirée; mais il y avait un grand bal ce jour-là, et nous restâmes seuls. Assis tous deux près d'une table à thé, à cette heure où la conversation ne peut plus être interrompue par les visites, où les confidences arrivent sans qu'on pense à se rien confier; une question assez indiscrète de ma part m'attira une de ces confidences : le souvenir m'en est resté comme une preuve de plus des bizarreries du pauvre cœur humain. Voici ce que me dit M. de L... :

— Vous voulez savoir si j'ai eu plus de bonnes chances que de mauvaises en amour : c'est tenter ma franchise et ma vanité; mais puisque vous avez voulu établir entre nous une fraternité fort ennuyeuse, j'y gagne au moins le plaisir de vous parler comme à ma sœur. Eh bien, vous saurez que l'aventure la plus intéressante de ma première jeunesse est un véritable revers, et le revers le moins probable et le plus douloureux.

Je venais de chercher mon passe-port, dans l'intention où j'étais de m'embarquer au Havre pour me rendre à l'île Bourbon, où de grands intérêts de famille m'appelaient. Désespéré comme on l'est à vingt-trois ans lorsqu'on s'éloigne du pays où l'on sait le mieux s'amuser, je cherchais à m'étourdir par tous les moyens possibles. Plusieurs jeunes fous de mes amis m'en proposèrent un, peu honnête, il est vrai, mais fort à la mode à cette époque. Il s'agissait d'un souper joyeux, chez une vieille matrone, dont le sobriquet n'était rien moins que le titre de *maréchale*. Cette femme, d'une laideur qui ne lui permettait pas de travailler pour son compte, avait un goût exquis dans ses choix complaisants. A la piste des trésors de beauté et même d'innocence, elle faisait les éducations les plus honnêtes, les plus distinguées, sous le même toit, et à côté d'un troupeau de jeunes filles les moins chastes ; enfin, on était sûr de trouver chez elle du plaisir, des grâces, des talents, et même de la vertu, tout cela selon le prix qu'on voulait y mettre.

J'avais reçu du banquier de mon père une somme considérable que je devais lui porter à l'île Bourbon ; une partie de cette somme m'avait été donnée pour subvenir aux frais de mon voyage et à l'emplette de plusieurs objets de fantaisie. Vous pensez bien que l'occasion d'employer mon argent en cet instant était trop favorable pour faire la moindre économie en plaisir : je fis les frais du souper. La tête déjà fort étourdie par les fumées du vin de Champagne, je demandai, pour ma part, ce que le sérail de la vieille renfermait de plus beau, de plus miraculeux ; bref, je fus traité en jeune marié, et c'est dans l'ivresse la plus complète que je passai le reste de la nuit.

Prévoyant bien que ce souper m'entraînerait plus loin que je ne le voulais, j'avais dit à mon valet de chambre de venir me chercher le lendemain de grand matin ; car je n'avais pas de temps à perdre pour me rendre au Havre, le bâtiment devant mettre à la voile dans les vingt-quatre heures. C'est encore hébété des suites de cette élégante débauche, que je me suis mis en route, n'en gardant d'autre souvenir que le vide énorme qu'elle avait laissé dans ma bourse.

Après avoir passé un an dans ma famille, à l'île Bourbon, je témoignai le désir de profiter du voisinage pour faire un petit voyage dans l'Inde : mon père y consentit. Il avait d'anciens amis à Calcutta, auxquels il me recommanda, en les autorisant à me compter les sommes nécessaires à ma dépense ; car son orgueil paternel voulait que j'eusse de quoi briller dans un pays où lui-même avait eu des succès dans sa jeunesse.

Je partis la joie dans l'âme, car j'allais voir un pays enchanteur, des bramines et des bayadères !

Arrivé à Calcutta, je fus assez déconcerté de n'y rencontrer que des Anglais : les amis de mon père, lancés dans la meilleure compagnie de la ville, me conduisaient chaque jour à des dîners ou à des fêtes; mais tout cela donné par les autorités anglaises.

Un jour, que j'étais invité à un grand dîner chez le gouverneur, je remarquai, auprès de deux jeunes personnes, une femme dont la parure, beaucoup plus simple que celle des autres, avait quelque chose de si élégant qu'elle dénotait une Française : son maintien était modeste, presque humble; une teinte de tristesse répandue sur son beau visage y ajoutait un charme indicible. Je m'étonnai de voir qu'avec tant de moyens d'attirer l'admiration, elle fût si peu entourée. Chaque personne qui entrait la saluait respectueusement, mais aucune ne lui adressait la parole. Elle n'en paraissait ni surprise, ni blessée; j'en conclus qu'elle n'était ni vaine, ni coquette, et que ne faisant point de frais pour plaire, on ne prenait pas garde à tout ce qu'elle avait de séduisant.

Au moment de se mettre à table, lady Wel... dit en anglais :

— Miss Denneville, mettez-vous à côté de M. de L..., vous pourrez causer ensemble de votre cher Paris, car lui aussi le regrette.

Ravi de l'occasion qui m'était offerte, je voulus en profiter en entamant la conversation avec ma jolie voisine. Le sujet était indiqué; la patrie qui nous était commune allait me fournir une série de phrases charmantes dont l'effet ne me semblait pas douteux; mais le difficile était de les faire entendre; car miss Denneville s'obstinait à causer avec une des filles du gouverneur qui était placée à sa droite, et je ne pouvais obtenir ni un mot ni un regard. Enfin, piqué de cette marque de dédain, je m'en plaignis avec une sorte d'amertume polie, qui me valut cette singulière réponse :

— Au nom du ciel, ne me perdez pas!

Stupéfait de cette prière faite d'un ton suppliant, je veux voir si c'est bien sérieusement à moi qu'on l'adresse : miss Denneville s'est retournée, je ne puis apercevoir son visage; j'écoute ce qu'elle dit à la jeune Clara, je n'y comprends rien; mais sa voix est tremblante : cette voix émue me trouble à mon tour; je devine quelque chose de dramatique dans la situation de cette femme, dans la mienne, peut-être. La curiosité la plus vive s'empare de moi, je me sens prêt à tout braver pour la satisfaire. Cela n'était pas facile, au milieu d'une conversation générale, interrompue à chaque instant par les questions obligeantes des maîtres de la maison, par le service des gens de lord Wel... Enfin, saisissant un moment favorable :

— Moi, vous perdre, madame, dis-je à voix basse ; moi, qui n'ai pas même l'honneur de savoir qui vous êtes !

— Ah ! si vous l'avez oublié, reprit-elle en baissant les yeux, puissiez-vous ne jamais vous le rappeler !...

— Oui, cette voix si douce, je la reconnais ! repris-je comme frappé d'une étincelle électrique. Bonté divine !... serait-il possible !...

— Taisez-vous, reprit-elle avec l'accent de la terreur.

La conversation générale continuait.

— Est-il vrai, me demanda le capitaine B..., que les plaisirs reviennent en France, et que l'on commence à oublier les échafauds de 93 ?

— Les plaisirs ? répondis-je d'un air presque imbécile.

— Oui, les plaisirs.

— Ah ! les bals, les concerts, vous voulez dire ? Certainement, ils étaient déjà fort brillants lorsque j'ai quitté Paris ; mais ces plaisirs bruyants ne sont pas ceux dont j'ai le mieux gardé le souvenir, ajoutai-je en lançant un regard sur ma voisine.

— Si vous continuez, dit-elle d'un ton à la fois implorant et impérieux, je quitte à l'instant même cette maison, et Dieu sait où j'irai mourir.

— Quelles étaient alors les femmes les plus à la mode? continua sir B... On dit que rien n'approche de la beauté de madame Ta...

— Si ce n'est celle de madame R..., que beaucoup de gens lui préfèrent, répondis-je.

Puis, m'adressant à miss Denneville :

— Par quel hasard vous retrouvé-je ici?

— Plus tard, je vous dirai tout.

— Un mot seulement...; et nous fûmes interrompus de nouveau. Je ne me décourageai point. — Vous êtes donc attachée à cette maison?

— Oui.

— En quelle qualité.

— Comme institutrice des filles de lady Wel...

Cette réponse fut à peine articulée, tant elle causait d'embarras à celle qui la faisait.

Faut-il l'avouer? je ne pus l'entendre sans rire, et ce rire, quoique aussitôt comprimé, remplit de grosses larmes les yeux de mademoiselle Denneville.

— Vous êtes institutrice, vous, Anaïs?

— Ah! je le vois, reprit-elle d'un ton amer, le sort est implacable; le repentir, le courage, les sacrifices, rien ne le touche.

— Par grâce, calmez-vous, lui dis-je en la voyant près de se trahir; ne craignez rien de moi; je vous jure... sur l'honneur. Jamais on ne saura... Quand pourrai-je vous parler?

— Demain, de grand matin, près de la terrasse qui borde le Gange.

A peine ces mots finissaient, que la maîtresse de la maison ayant donné le signal, les femmes se retirèrent; alors les hommes se mirent à boire, à politiquer, et moi je rêvai, en buvant comme les autres, au singulier hasard qui me faisait rencontrer dans l'institutrice des filles de lord Wel..., ma dernière intimité parisienne; car vous avez déjà deviné que cette miss Denneville, ajouta M. de L..., n'était autre que la personne charmante qui m'avait coûté tant de louis.

Ma première idée fut que lord Wel..., séduit

par la beauté, l'esprit et les talents d'Anaïs, avait imaginé ce moyen de la voir sans cesse chez lui ; mais le caractère connu de lord Wel..., son respect pour les mœurs et pour sa famille, ne me laissèrent pas longtemps ce soupçon, et je me perdis en conjectures jusqu'au moment de me rendre au pied de la terrasse.

Anaïs m'y attendait depuis les premiers rayons du jour. Son empressement me parut d'un bon augure, et, tout à la puissance d'un tendre souvenir, je voulus la serrer dans mes bras avant de rien entendre.

— Vous avez le droit de m'insulter, dit-elle en me repoussant avec dignité, mais sans affectation dramatique. Hélas ! sans l'avoir autant mérité que vous le supposez, j'ai votre mépris ; mais s'il ne dépend pas de moi d'y échapper, je puis au moins ne pas l'accroître ; et comme ce mépris est ma plus grande douleur, vous trouverez tout simple que je préfère la mort à une nouvelle ignominie.

En disant cela, Anaïs se tourna vers le fleuve, comme pour m'expliquer mieux sa pensée. Un autre aurait sans doute traité ces mots de discours à effet, et il aurait persisté dans ses désirs ;

moi je crus reconnaître l'accent de la vérité dans cette menace faite du ton le plus simple.

— Écoutez-moi, dit-elle en me conduisant vers un banc abrité par deux platanes et entouré de magnolias odorants; écoutez-moi et croyez-moi, car je ne vous dirai que la vérité.

» Je suis née de bons bourgeois de province, négociants de leur état, et ruinés par la Révolution. Une sœur de ma mère ayant pris soin de moi lorsque le chagrin et la maladie m'enlevèrent mes parents, je fus amenée à Paris, où ma tante espérait faire un bon mariage; trompée par l'homme qui devait l'épouser, elle s'enfuit un jour avec un jeune lieutenant-colonel, et me laissa à la merci d'une vieille servante; celle-ci crut m'assurer le sort le plus heureux en me livrant à la femme chez laquelle vous m'avez vue.

» On me donna une gouvernante sévère, des maîtres de français, d'anglais et d'italien. Je devins, en peu d'années, fort bonne musicienne, et celle qui chantait le mieux de toutes les élèves de ce singulier pensionnat. Lorsque j'arrivai à quinze ans, on me sépara de mes compagnes; ma vieille gouvernante fut dès lors mon unique société, et je n'ai compris que depuis les conversations étranges qu'elle avait avec moi : c'était un mélange de pruderie et d'immoralité au-dessus de mon innocence. La seule chose qui me fut bien démontrée, c'est que n'ayant ni parents ni fortune, je serais mariée subitement, au caprice de la maîtresse, et qu'il me faudrait obéir aveuglément à ma destinée. Quoi! disais-je, on ne me fera point connaître mon mari avant de l'épouser ? Si, peut-être bien une heure avant d'être à lui, répondait la vieille gouvernante : allez, mon enfant, c'est tout autant qu'il en faut pour savoir à qui l'on a affaire. Mon ignorance lui répondait de ma soumission; vous savez jusqu'où j'ai porté l'une et l'autre.

» Mais, à peine ai-je été éclairée sur ma position et sur le honteux métier pour lequel on m'avait si chastement élevée, que, prenant en horreur tout ce qui m'entourait, je résolus de m'enfuir de cet antre de corruption, au risque de mourir de froid et de faim à la porte d'une église. Deux jours après votre départ, munie d'un tout petit paquet, et portant à mon cou la chaîne d'or que vous m'avez laissée, cette chaîne dont vous aviez détaché votre montre, et que vous... Enfin, je gagnai sans obstacle la rue Royale; je me rappelai qu'un médecin fameux y demeurait; il avait été appelé auprès de moi à une époque où je faillis mourir : je lui devais la vie; il me sembla que je pouvais lui demander de m'aider à la passer honorablement. On m'indiqua sa maison ; j'entrai avec plusieurs malades qui venaient le consulter. On me fit asseoir dans un salon d'attente : je tremblais assez vivement pour qu'on me crût la fièvre. Une personne, touchée de ma pâleur, voulut me céder son tour pour que j'eusse plus tôt ma consultation. Mais les secours que j'allais demander exigeaient trop de réflexion; j'attendis. Quand je fis au docteur B... l'aveu de ma triste situation, je me sentis près de suffoquer. Il eut pitié de moi; il me plaça chez une lingère qui faisait un grand commerce de mousseline de l'Inde. Je ne sais si ce fut pour m'éprouver; mais alors on me fit parvenir plusieurs propositions qui auraient tenté plus d'une pauvre fille : j'y résistai sans peine ; car j'éprouvais une horreur invincible à la seule idée d'une association de ce genre.

» Ma conduite, mon caractère, inspirèrent à la maîtresse lingère le désir de m'emmener avec elle,

» — Venez avec moi à Calcutta, me dit-elle ; mes affaires m'obligeront à y faire un long séjour, vous en profiterez pour trouver quelque condition meilleure que celle que vous avez chez moi ; et, puisque vos parents se sont ruinés pour vous faire acquérir tant de talents, vous pourrez donner des leçons de musique, et peut-être même devenir la dame de compagnie de quelque riche Anglaise. Sa prédiction ne fut pas longue à s'accomplir. Recommandée par tous les amis qu'elle avait dans ce pays-ci, on m'offrit bientôt plusieurs places : je choisis la meilleure. Je croyais la remplir dignement en consacrant tous mes soins à l'éducation des filles de lady Wel..., et je commençais à oublier ma faute involontaire, quand votre apparition m'a rendue à toute la honte d'un souvenir dont je rougirai éternellement.

— Eh ! pourquoi le maudire, ce souvenir qui me rend si heureux ? m'écriai-je en essuyant les larmes qui tombaient des yeux d'Anaïs ; qui sait si ce souvenir ne sera pas la source d'un bonheur pur et durable ?

— Non, reprit-elle ; ce que je souffre depuis que je vous ai revu ne me laisse aucune espérance.

— Mais si je consacrais toute ma vie à vous consoler? dis-je avec l'accent le plus pénétré; car le récit d'Anaïs, sa beauté, sa candeur sauvée de tant de corruption, m'avaient rendu amoureux passionné. Je me sentais capable de toutes les folies pour reconquérir mes droits sur cette femme adorable; mais, loin de profiter de mon entraînement, elle exigea de moi un sacrifice au-dessus de mes forces.

— Puisque vous me conjurez de ne point m'éloigner de chez lady Wel..., comme j'en avais formé la résolution, il faut, dit-elle, pour que j'y consente, me donner votre parole de ne jamais parler aux autres ni à moi de ce qui s'est passé entre nous; il faut me traiter avec la plus parfaite indifférence, sinon je pars dès ce soir, et vous ne serez plus exposé à me rencontrer.

Il y avait une volonté si ferme dans son regard, dans son accent, que je promis tout ce qu'elle exigea.

Les jours qui suivirent cet entretien, je ne trouvai pas une seule occasion de la voir; renfermée avec ses élèves, elle ne descendait plus le soir dans le salon, et se dispensait sans cesse, sous un nouveau prétexte, de les suivre dans le monde, où j'aurais pu la rencontrer. Ne pouvant m'expliquer cette obstination à me fuir, je finis par demander à lady Wel... la raison qui me privait du plaisir de voir chez elle mon aimable compatriote.

— Elle est bien souffrante depuis quelque temps, répondit-elle; j'en suis inquiète, et je voudrais qu'elle prît plus de soin de sa santé; mais elle est si exacte à remplir sa tâche auprès de mes enfants, que nous ne pouvons obtenir d'elle de prendre un seul jour de repos; et pourtant nous serions bien affligés de la voir en danger; c'est une personne si bonne, si distinguée! En vérité, nous l'aimons tous comme si elle était de la famille.

J'étais ému au dernier point en entendant cet éloge; il justifiait mon amour, et par cela même l'augmentait encore.

— N'est-il point ici de médecin qui pourrait lui inspirer quelque confiance? repris-je.

— Si vraiment, mais elle n'en veut consulter aucun; et ce qui redouble notre inquiétude, c'est que dans l'état de dépérissement où nous la voyons, elle prétend se porter fort bien, et n'avoir besoin d'aucun secours. Entre nous, j'ai peur qu'il n'y ait un grand chagrin caché sous cet excès de résignation ; cela ressemble au spleen.

— Elle est si heureuse près de vous, milady, repris-je en rougissant, qu'elle y perdrait le souvenir de toutes ses peines.

— Ah! les agréments d'une vie douce ne triomphent pas toujours d'un sentiment... Pourtant cela m'étonne ; car, lorsqu'elle est entrée ici, elle ne paraissait troublée d'aucun regret ; la gaieté de mes enfants la faisait sourire ; elle semblait calme et heureuse... Il faut...

— Si c'est ainsi, interrompis-je, elle reprendra bientôt sa bonne humeur en recouvrant la santé. Insistez, madame, pour qu'elle consulte le docteur R..., qui vient d'arriver de France : je le connais beaucoup ; et si vous le permettez, je le lui recommanderai.

Lady Wel..., saisissant cette idée, chercha un motif pour attirer miss Denneville dans le salon, et je la vis le soir même à l'heure du thé.

— J'ai tant fait, me dit lady Wel..., qu'elle s'est déterminée à entendre parler du médecin de son pays ; dites-lui que vous le connaissez pour un véritable savant.

Je m'approchai d'Anaïs ; le cœur me battait si vivement, que je fus quelque temps dans l'impossibilité d'articuler un mot.

— D'après ce que m'a répété lady Wel..., me dit-elle, j'ai craint que, impatienté de ma résolution, vous ne fissiez quelque démarche imprudente, et je suis venue vous conjurer de nouveau de m'oublier ; car, vous le savez, c'est à cette condition que je reste ici.

— Oui, j'ai promis de vous obéir, répondis-je en cherchant à me donner l'air d'un indifférent qui supplie pour une grâce à laquelle il attache peu de prix. J'ai promis de ne plus vous parler de moi ; mais comme ma vie dépend d'un mot de vous, ce mot il faut que je l'entende ; il faut que vous me promettiez de revenir demain au pied de la terrasse qui borde le Gange, sinon, je ne réponds pas de ce que la passion peut me faire faire. Je n'ai plus ma tête. Si vous saviez quels projets insensés me viennent à l'idée ! vrai, j'ai besoin d'être guidé, d'être plaint surtout, et vous seule pouvez me sauver des extravagances que je médite.

— Ah ! mon Dieu ! taisez-vous, dit-elle avec effroi ; si l'on vous entendait !...

— Accordez-moi ce dernier entretien, ou je vous rends responsable de...

— Eh bien, oui, dit-elle d'une voix étouffée, oui; mais, par grâce, éloignez-vous.

J'avais trop peur de la voir se rétracter, pour désirer en entendre davantage; je me levai, ma place fut aussitôt prise par lord Wel..., qui vint demander à miss Denneville si ce que je lui avais dit du docteur français ne la déterminerait pas à le consulter. Je devinai la question à l'embarras qui se peignit sur le visage d'Anaïs lorsqu'il fallut répondre; l'entretien se prolongea par instances réitérées de lord Wel... Enfin, il vint dire à sa femme que miss Denneville s'était rendue à la raison, et qu'elle recevrait le docteur dans quelques jours si elle était encore souffrante.

Cet entretien d'une demi-heure, auquel l'intérêt le plus pur avait donné lieu, eut un effet cruel sur ma destinée. Dans cette partie de l'Inde, comme dans toutes les provinces de l'Europe, le commandant, celui qui représente le pouvoir, est le point de mire de toutes les ambitions, l'âme de tous les amours-propres; c'est à qui pourra surprendre ou captiver sa confiance;

c'est à qui en sera connu et préféré. La portion de femmes galantes, qui fait le fond de la société de tous les pays, se croit des droits à ses infidélités, et malheur à lui s'il dédaigne leurs agaceries, car elles ne manqueront pas de calomnier sa sagesse, et d'y donner pour cause quelque intrigue abominable.

C'est ce qui arriva. L'amour de lord Wel... pour sa femme, suffisamment expliqué par tout ce qu'elle possédait d'agréments et d'esprit, parut à ces dames un calcul de sa part pour mieux cacher sa véritable préférence; elles épièrent ses démarches, ses moindres preuves d'intérêt, et celui qu'il témoigna pour l'état de santé de miss Denneville suffit pour fixer leurs malignes conjectures, et pour les porter à une action des plus viles.

Cependant le jour commençait à poindre, Anaïs ne venait point. Cette fois, ne voulant pas être devancé par elle, j'avais passé la nuit sous les platanes à entendre les flots du Gange se briser sur la grève. Ne pouvant m'empêcher de comparer cette nuit à celle où j'avais connu Anaïs, je tombai d'abord dans un accès de rage contre ma passion extravagante, contre ma situation ridicule; je voulais partir sans la voir, ou me venger de ce que j'appelais ses caprices vertueux, en la traitant avec le mépris le plus injurieux. Puis, rougissant d'un si honteux projet, je ne pensais plus qu'à obtenir de sa pitié ce que j'aurais tant voulu devoir à son amour. Mais elle tardait bien à venir, et les suppositions que peut enfanter l'inquiétude remplacèrent bientôt toute autre idée dans mon esprit.

En cet instant, la brise, qui s'éleva, m'apporta les parfums des daturas qui bordaient la terrasse, et les bruits confus qui venaient de la maison; j'entendis craquer la rampe d'un pont chinois qui conduisait au pavillon; bientôt la petite porte du jardin s'ouvrit, je vis Anaïs se soutenant à peine et n'ayant pas la force de refermer la porte; je courus l'aider, la soutenir, et je la conduisis vers le banc.

— Votre émotion est la mienne, m'écriai-je; oui, je la reconnais; Anaïs, vous m'aimez ! Ah ! ne me refusez pas le bonheur de vous entendre le dire; croyez que ma vie sera le prix de cet aveu, que vous en pourrez disposer comme de la vôtre. Anaïs, acceptez-la.

— Non, dit-elle en cachant sa tête dans ses

mains; non, je vous aime trop pour accepter un si grand sacrifice ! votre honneur m'est plus cher qu'à vous-même, et jamais je ne consentirai à le voir flétrir par une alliance indigne de vous. M. de L..., vous, le mari d'une pauvre fille prostituée !...

— Arrêtez, m'écriai-je, je vous défends d'insulter mon amour, de calomnier celle que j'aime... La victime d'un infâme trafic, la femme assez noble pour s'être affranchie, par sa vertu, son courage, d'un joug honteux, a plus de droits à notre estime que celle dont le cœur n'a jamais combattu.

— Cela est vrai, dit-elle; mais cette justice, le monde ne la rend jamais. Pour que cette femme avilie retrouve l'estime, il faut qu'elle renonce au bonheur; il faut que sa conversion soit désintéressée; et je le sens, mon ami, je perdrais à mes yeux le mérite de tout ce que j'ai souffert, si je pouvais accepter une si grande récompense.

Je ne saurais vous répéter tout ce que la passion me fournit d'arguments, de prières, pour combattre une résolution si noble. J'étais aimé, j'avais l'éloquence que donne une exaltation vraie; mais je ne pus rien obtenir d'Anaïs, car c'était dans son amour même qu'elle puisait sa force à me résister.

Au moment où elle s'apprêtait à me quitter, malgré mes prières, malgré mon désespoir, un coup de vent poussa vers la grève un corps inanimé : c'était celui d'une jeune fille que ses parents, trop pauvres pour lui donner les honneurs du bûcher, avaient ensevelie dans le fleuve sacré, selon la coutume du pays (1). La vue de cette belle morte, dont les cheveux, accrochés aux débris d'un canot, la fixaient là près de nous, comme un pressentiment funèbre, me glaça d'effroi. Je tombai à genoux, et m'attachant par un mouvement involontaire au bras,

(1) Lorsque le bûcher est éteint, on l'arrose de lait, et les cendres sont transportées dans les fleuves sacrés, tels que le Gange, la Crirhna et autres. Souvent même on abandonne les cadavres au courant des eaux, où ils servent de pâture aux crocodiles ; souvent aussi lorsqu'un Indou est près de mourir, ses parents, ses amis l'exposent sur les bords de ce fleuve, et le flux enlève et engloutit le moribond avant qu'il ait rendu le dernier soupir. Celui-ci, au lieu de se retirer, emploie ses forces défaillantes à se rapprocher du fleuve, afin d'avoir le bonheur d'expirer dans ses eaux saintes.

(*Voyage dans l'Inde*, par M. BRIAND.)

au vêtement d'Anaïs, je me traînai à ses pieds en la conjurant par tout ce qu'il y a de sacré sur la terre de ne pas m'abandonner.

— Vous le voyez, dit-elle en me montrant le cadavre; eh bien, si vous manquez à votre promesse, si vous abusez de cet amour que tous mes efforts n'ont pu dissimuler, si vous me rendez à l'ignominie; ou si, méconnaissant le dévouement qui m'inspire, vous voulez m'en punir en trahissant mon secret, c'est ainsi que vous me reverrez.

— Anaïs, grâce, Anaïs, m'écriai-je, ne m'accable pas d'un affreux soupçon, d'une menace plus horrible encore; je jure de tout sacrifier à ta volonté barbare; oui, tout, jusqu'à mon amour. Puisque tu veux mon malheur, le tien, qu'ils s'accomplissent; que je meure du regret d'avoir été heureux... heureux un seul instant, et pour expier ce moment d'ivresse par une éternité de douleur... Anaïs, peux-tu exiger cet indigne serment?... Ah! reviens; dis que c'est blasphémer, que tu ne le veux pas; que ton courage expire à l'idée d'un tel supplice; oh! reviens!

Mais elle ne m'entendait plus; le bruit de

plusieurs voix l'avait fait rentrer subitement dans le jardin ; la crainte de la compromettre m'empêcha de la suivre.

Je restai longtemps encore à cette même place où elle m'avait enivré de désespoir et de joie ; car, en dépit de sa volonté, de ma raison même, l'aveu de son amour était pour ma souffrance ce qu'est la foi dans l'immortalité de l'âme pour les agonisants. Je comptais sur cet amour pour me la rendre, et ce mélange de chagrin, de colère, d'espoir et d'adoration, me plongeait dans une agitation qui tenait de la folie.

Cependant je résolus de ne point paraître chez lady Wel... que je n'eusse repris un peu d'empire sur moi ; je me dis malade pour me dispenser de recevoir ou de rendre aucune visite. Je passais toute la journée enfermé, et je ne sortais la nuit que pour venir prendre l'air sur les bords du Gange, au pied de la terrasse, où j'espérais toujours qu'une attraction invincible devait la ramener.

Plusieurs jours s'écoulèrent ainsi ; elle ne revint point, et je conçus un ressentiment tel, que je partis peu de temps après avec un jeune Anglais de mes amis, dans l'intention de parcourir diverses contrées de l'Inde, au delà du Gange. Mais arrivé à Bénarès, je n'eus pas le courage de poursuivre ma route ; j'inventai je ne sais quelle raison puissante pour laisser partir seul mon compagnon de voyage, et dès que je l'eus embarqué avec sa petite caravane, je retournai à Calcutta.

J'avais mis tant de faste dans les apprêts de mon départ, j'avais tant parlé de ma longue absence, et cela dans l'espoir de désoler Anaïs, que j'éprouvais une sorte de honte à me remontrer si tôt aux yeux des gens qui venaient de recevoir mes adieux. Ne voulant rentrer dans la ville que lorsqu'il ferait nuit, j'envoyai mon nègre, mon cher Zaméo, en avant, avec la recommandation de tenir mon retour secret aussi longtemps qu'il serait possible.

Je me fis descendre à quelque distance du fort Williams, et, côtoyant les bords du fleuve, j'arrivai bientôt près des murs du jardin de lord Wel...

L'obscurité commençait à se répandre sur tous les objets ; ils avaient encore leurs formes, mais ils n'avaient plus de couleur. On ne reconnaissait plus les fleurs qu'à leurs parfums, et la nature des arbres qu'au bruit de leur feuillage ; car c'était l'heure où la brise vient relever la tige des plantes accablées par l'ardeur du jour. J'éprouvais une sorte de langueur pleine de charme à me retrouver sur ces bords fleuris, à cette place que j'avais pensé ne plus revoir. Cette longue absence, imposée par l'orgueil, il me semblait l'avoir réalisée ; je me sentais ému comme au retour d'un long voyage, quand on se demande : « Seront-ils heureux de me revoir, ceux que j'aime tant ! »

Tout en m'abandonnant à ma douce et triste rêverie, je m'appliquai à deviner les sentiments qui occupaient en cet instant l'âme d'Anaïs : Elle me pleure peut-être, pensai-je ; elle m'en veut de n'avoir pas mis plus de persévérance à combattre sa résolution ; elle médit de mon courage à m'éloigner d'elle, tandis que je suis là, auprès de la maison qu'elle habite, peut-être uniquement séparé d'elle par ce mur de jardin ; car c'est l'instant où elle aime à se promener. La nuit est si belle ! Ah ! si le regret, le souvenir l'amenaient de ce côté... si je voyais tout à coup flotter son voile sur la terrasse, si je voyais son ombre gracieuse se dessiner sur la grève... si j'entendais cette porte céder aux efforts de sa main craintive ; si, conduite par le même sentiment qui me ramène, elle venait...

En ce moment, un bruit étrange me fit tressaillir. Je me retournai vivement du côté de la rive :

— Encore ! m'écriai-je en apercevant un objet dont je ne pouvais distinguer la forme, que les flots jetaient avec un bruit sourd sur la grève, et venaient presque aussitôt ressaisir pour le rendre au courant. C'est quelque pauvre Indou, pensai-je.

Et, reportant mes yeux vers la terrasse, je cherchai à reprendre le cours de mon rêve d'amour et d'espérance ; mais le même bruit se fit entendre et me glaça de terreur. Honteux du tremblement qui s'emparait de moi, je voulus le vaincre en marchant vers l'objet de mon effroi ; c'était un corps dont la chevelure recouvrait le visage. Comme je m'en approchais, la force du courant l'éloigna de nouveau. Quelque chose de blanc resta sur la rive ; je m'en saisis, et je ne saurais peindre ce qui se passa en moi lorsque je m'aperçus que je tenais un voile de mousseline... un voile qui ne pouvait être celui d'une pauvre femme, car il était richement brodé. Alors une horrible pensée frappa mon esprit ; le désir de disputer au fleuve ce corps que je voyais, comme un point noir, paraître et disparaître au caprice des flots, cet affreux désir me fit jeter mon habit pour m'élancer plus vivement dans le Gange, et me donna le courage de parvenir jusqu'à ce corps flottant. Poussé par un mouvement convulsif, ma main se cramponna à ses cheveux ; tout mon sang se retira vers mon cœur en sentant l'impression d'une chaîne d'or parmi la touffe de cheveux épars sur le sein de la morte ; je la traînai sur l'eau jusqu'au rivage ; là, succombant à l'émotion, à la fatigue, mes forces m'abandonnèrent.

Il faisait jour lorsque je revins à moi ; j'étais entouré de plusieurs personnes qui cherchaient à me ranimer. Un chirurgien qui venait de me saigner sans que je l'eusse senti, lord Wel... et sa femme aussi étaient là ; ils me firent transporter chez eux.

Dès que la pensée me revint :

— Où est-elle ? m'écriai-je ; pourquoi me l'avoir enlevée ?

Alors la douce main de lady Wel... se posa sur ma bouche.

— Calmez-vous, dit-elle ; quand vous serez en état de m'entendre, vous saurez tout.

Heureusement pour moi, la fièvre la plus dangereuse me tint plusieurs jours entre la vie et la mort. Quand je revins de cette crise terrible, j'étais dans l'état de faiblesse où l'on peut tout apprendre sans craindre un excès d'émotion, et lady Wel... me confia les dénonciations anonymes qu'elle avait reçues sur le compte d'Anaïs ; calomnies infâmes imaginées par les misérables femmes qui en étaient jalouses, et qui espéraient convaincre lady Wel... qu'Anaïs était la maîtresse de son mari. Mais cette imputation, dont elle pouvait facilement se justifier, ne l'aurait pas portée à un acte de désespoir, si des insinuations perfides, si ce mot, qui fait le fond de tous les écrits anonymes : *On sait quel métier elle a fait avant de venir ici*, ne lui avaient pas laissé croire que son secret était connu ; et que moi, grand Dieu ! moi qui l'adorais, je l'avais indignement révélé !...

Ici l'émotion la plus profonde empêcha M. de L... de continuer.

— Quoi ! m'écriai-je, elle est morte avec cette horrible idée !

— Tenez, reprit-il en tirant de sa poche un petit portefeuille, lisez cette lettre ; depuis que lady Wel... me l'a remise, elle ne m'a jamais quitté.

« J'avais trop présumé de mon amour en pensant qu'il obtiendrait de vous de garder un secret d'où dépendait ma vie. Vous l'avez trahi, peut-être sans y penser, par une légèreté, hélas ! trop excusable. Il est si naturel d'oublier ce qui ne commande pas le respect ! Aussi je vous pardonne, Charles ; je fais plus, je rends grâce au manque de foi qui me sauve d'un malheur plus cruel encore que ceux qui me tuent ; car, ces malheurs, j'en suis innocente. Mais en cédant à votre amour, en acceptant votre honte ou la mienne, je me placerais volontairement au rang de ces femmes dont l'avilissement m'inspire tant d'horreur. Et comment résister plus longtemps à vos prières, à vos larmes ? Comment échapper à votre mépris ?... Charles, je préfère vos regrets ; oui, vous pleurerez cette pauvre Anaïs, dont vous aurez été le premier, l'unique sentiment. Vous viendrez plus d'une fois sous les platanes de la terrasse. Ah! puissé-je, portée par les eaux du Gange, venir mourir là, où j'ai entendu de votre bouche tant de douces paroles; là, où j'ai cru être aimée, respectée; où toutes les illusions du bonheur m'ont un moment éblouie pour me replonger plus cruellement dans le vrai de ma situation. Hélas! ce vrai, c'est l'irrévocable arrêt du monde, c'est le souvenir qui nous sépare, c'est ma mort. Charles, votre pitié, un soupir, un regret, voilà tout ce que je réclame de vous... de vous que j'aime tant, et que je ne reverrai plus! »

J'avais les yeux pleins de larmes en rendant cette lettre à M. de L... Il la prit, me serra la main en détournant la tête, puis il me quitta sans rien dire.

LE TÉLESCOPE

I

C'était, il y a quelques années, dans un de ces bons châteaux où la fortune permet encore une riche hospitalité; où l'on s'arme, contre la monotonie d'une douce existence, de tous les plaisirs qui peuvent la troubler; où l'on joue la comédie pour s'envier les plus petits succès, montrer ses ridicules et médire de ceux des autres; où l'on chasse à se courbaturer, où l'on joue à se ruiner, où l'on devient méchant par bavardage et confiant par ennui. Nous revenions d'une longue promenade où la loi des convenances avait obligé chacun à donner le bras à la personne qui lui était la plus indifférente; tant il est reçu en bonne compagnie, qu'on ne doit jamais montrer la préférence dont qui que ce soit ne doute. Les rôles d'un vaudeville nouveau venaient d'être distribués, à la satisfaction de deux acteurs et en dépit de tous les autres; on n'avait point de répétitions à faire; les journaux n'avaient pas apporté une seule nouvelle qu'on pût discuter; on avait dit du dernier roman tout le mal qu'on en pouvait dire : que faire pour ceux que le whist ou l'écarté n'occupait point?

— Priez M. de Norcelles, dis-je, de vous raconter quelque histoire; il aime les voyages, les aventures; je suis sûre qu'il en sait de ravissantes, sans compter celles qui lui sont arrivées. Mais, celles-là, il serait peut-être indiscret de les lui demander.

— Et pourtant, madame, je ne pourrais vous en raconter d'autres, répondit M. de Norcelles, car, à l'exemple de nos auteurs modernes, je ne sais bien parler que de moi; ma mémoire, mon éloquence ont besoin d'être appuyées sur un fait personnel; alors les moindres détails se représentent à mon esprit, et je deviens intéressant à force d'être vrai.

— Soyez tout ce que vous voudrez, dit la châtelaine, pourvu que vous nous amusiez.

— Pour cela, je n'en réponds pas.

— N'importe, racontez toujours : on ne court jamais grand risque à écouter un homme d'esprit.

Sensible à cette aimable flatterie, M. de Norcelles s'établit près de la grande table qui était au milieu du salon; les jeunes femmes prirent leur ouvrage; chacun se rapprocha de lui, et se disposa à l'écouter. Il commença ainsi :

— Je venais de conduire ma mère dans une jolie habitation, à la porte de Genève, sur les bords du lac; là j'espérais qu'un air pur, une vie calme, et les soins du fameux docteur Butigny, triompheraient de la longue maladie dont les médecins de Paris n'avaient pu deviner la cause, et qui me menaçait du plus grand des malheurs; car ma mère, c'était la femme la plus aimable et l'ami le plus dévoué !... comprenant toutes les supériorités, toutes les faiblesses du cœur; exaltant les unes, tolérant les autres; elle avait des paroles pour toutes les douleurs, et tant d'indulgence pour les plaisirs qui n'étaient plus de son âge!

M. Vanderven, un savant qui avait surveillé mon éducation depuis la mort de mon père; madame de Verdiac, femme d'esprit qui ne pouvait se disposer à vieillir, et un de mes cousins, sage étourdi de vingt ans, vif et froid, inconséquent dans ses discours, très-calculé dans ses actions; voilà les seuls amis que j'avais pu décider à nous accompagner.

D'abord, tout occupé de la santé de ma mère, je ne m'aperçus pas de l'ennui qui me gagnait; mais le traitement opéré par Butigny ayant dissipé mes inquiétudes, je m'aperçus que mes promenades sans but, mes conversations sans intérêt, enfin ma vie sans mystère, me devenaient insupportables. Dans ce calme plat, j'allais jusqu'à regretter les tortures que m'avait fait endurer la coquetterie féroce de madame de Rennecy. Je désirais qu'un nouveau caprice l'amenât à Genève, quitte à maudire encore son naturel factice et son égoïsme caressant.

La crainte de fatiguer ma mère par de longues visites m'empêchait d'inviter plusieurs de nos voisins, qui auraient peut-être jeté un peu de variété dans notre existence monotone. M. de Bonst..., l'ancien ami de madame de Staël, était le seul qui vînt nous voir habituellement.

Un jour qu'il dînait avec nous, il nous raconta quelques-uns de ces traits, plus bizarres que polis, qui indisposèrent si souvent les sérieux Génevois contre l'auteur de *Child-Harold*.

— Je venais quelquefois ici, ajouta-t-il, à l'époque où lord Byron s'établit dans la maison blanche que l'on aperçoit sur l'autre bord du lac ; et comme les Anglais qui occupaient la vôtre étaient fort curieux de savoir ce qui se passait chez le poëte fashionable, ils avaient fait l'acquisition d'un télescope excellent, qui doit être encore dans le belvédère, et à la faveur duquel ils pénétraient dans les secrets d'intérieur du noble lord de la manière la plus indiscrète.

— Que cela devait être amusant ! dit ma mère, et que j'aurais facilement passé ma vie à regarder celle-là.

— Quoi ! vous vous seriez exposée à voir toutes les choses que lui-même ose à peine raconter ? s'écria madame de Verdiac d'un air prude.

— Bon, je suis courageuse, reprit en riant madame de Norcelles, et puis voir un grand génie en robe de chambre, c'est toujours intéressant !

— Quand ce n'est point désolant, reprit M. de Bonst... Si vous saviez que de vilaines scènes on voyait d'ici quand le maître et ses amis étaient ivres !

— Cela est possible ; mais aussi, quand on apercevait lord Byron rêvant sous ces tilleuls, les yeux fixés sur ce beau lac, on jouissait d'avance du plaisir qu'on aurait à lire ce qu'il méditait ; on s'associait à ses idées ; la mélancolie peinte sur son beau visage exprimait alors les sentiments profonds de cette âme blessée, seule avec ses regrets, et cherchant à se délasser des fatigues de la vanité par le travail et la gloire, Quel spectacle amusant à contempler !

— C'est dommage qu'un esprit aussi supérieur se soit trouvé marié à l'esprit le plus positif ! dit M. Vanderven : si Byron avait été compris par sa femme, il n'aurait fait aucune des choses qu'on lui reproche.

— Ni des poésies qu'on admire, dis-je ; c'est la révolte d'un cœur aimant ; c'est le besoin de se dire à soi-même ce que le vulgaire n'entend pas, qui fait parler le poëte. Sans les humiliations de sa mère pour le pauvre boiteux, Byron n'eût été qu'un *dandy* moins stupide que les autres; sans la sévérité mesquine de sa femme, il aurait pris la vie en patience, et son bonheur bourgeois nous aurait coûté tous ses chefs-d'œuvre. Croyez-moi, le génie ne peut se passer de malheur; et c'est probablement l'instinct de cette nourriture indispensable qui lui fait rechercher, à son insu, les situations les moins propres à sa félicité, les attachements les plus anthipathiques à sa nature; il sent que du combat continuel de la pensée élevée avec le froid calcul, des désirs ardents avec l'impossible, il doit naître l'exaltation la plus éloquente; et de là viennent ces associations bizarres, ces choix incompréhensibles qui font l'étonnement de tout le monde.

Après avoir longtemps causé sur ce sujet, je proposai à M. de Bonst... de monter jusqu'au belvédère pour juger de l'effet du télescope. Je fus surpris de sa portée. L'ayant dirigé sur la maison blanche, dont les fenêtres étaient ouvertes, j'aperçus l'intérieur des appartements comme si j'en étais à deux pas; je vis la petite table sur laquelle écrivait Byron autrefois, les rayons vides de sa bibliothèque, et le coussin de soie sur lequel dormait son chien.

— Depuis lui, demandai-je, personne n'a donc habité cette maison?

— Si vraiment; mais les habitants en ont respecté jusqu'à ce jour l'arrangement. On dit qu'elle vient d'être louée par une famille russe. Tenez, voici probablement la nouvelle locataire, ajouta M. de Bonst..., regardez sur le balcon du premier; vos bons yeux auront bientôt distingué si c'est une jolie femme.

A ces mots, je m'emparai du télescope avec une impatience toute romanesque; mais je le repoussai bientôt en m'écriant : Ah! mon Dieu! elle est vieille et affreuse! Maudit soit l'instrument qui peut ainsi rapprocher la laideur!

— Attendez un peu, reprit M. de Bonst..., cette femme n'est peut-être pas seule. Dans ma jeunesse, j'aimais beaucoup à rencontrer une vieille femme, une grand'mère surtout; c'était pour moi le garant de la présence d'une jeune fille, et ce présage ne m'a jamais trompé.

Pendant que M. de Bonst... parlait, je respirais à peine; l'apparition d'une figure angélique qui venait de se placer à côté de la vieille captivait tous mes sens.

— En effet, répondis-je d'une voix émue...

oui... souvent on rencontre... près d'une personne âgée... puis je ne sais quel sentiment m'empêcha de continuer. Était-ce la honte d'une émotion trop vive, la pudeur d'une espérance déraisonnable, ou ce besoin de mystère qui fait qu'on aime à se créer un secret? Enfin, je gardai pour moi cette charmante découverte.

Rappelé dans le salon par la visite du docteur Butigny, on me questionna sur le télescope, sur l'étendue de pays qu'on apercevait du belvédère; je répondis avec distraction, et je pris sérieusement de l'humeur lorsque madame de Verdiac et Albert formèrent le projet de se servir dès le lendemain du télescope pour faire une descente dans l'ancienne demeure de lord Byron.

Dès que je pus m'échapper, je remontai au belvédère; mais la nuit commençait à tomber. Le balcon sur lequel j'avais vu les deux femmes était désert; cependant les fenêtres du salon s'éclairèrent, et je vis passer, comme une ombre légère, celle dont la taille élégante était restée dans mon souvenir; bientôt après, je la vis repasser, soutenant la vieille femme qui marchait avec peine; un domestique les précédait, un flambeau à la main; une femme de chambre les suivait, portant un oreiller et un châle. Qu'est-ce que tout cela pouvait me faire ? Je me le demandai, et, malgré le peu d'intérêt de ces démarches insignifiantes, je ne pouvais arracher mes yeux du télescope et distraire mon imagination de ces personnages inconnus.

II

Les jours qui suivirent, je passai dans mon observatoire tous les moments que ne réclamait point ma mère ; j'étais surtout exact à l'heure du soir où la belle Russe faisait apporter sa harpe sur le balcon, probablement pour distraire la vieille malade par des accords harmonieux ou par les accents d'une voix divine ; car, malgré le profond silence qui m'entourait, ces accords, cette voix, mon imagination me les faisait entendre, et mon cœur en tressaillait. Chaque soir, pour n'être pas interrompu dans ma contemplation, j'inventais plusieurs petites ruses qui réussissaient assez bien. Je faisais seller mon cheval ; puis, sortant de la cour avec fracas, je laissais mon cheval à quelque distance ; je rentrais à pied par la petite porte du jardin, et regagnais le belvédère par l'escalier de service. Mon domestique m'attendait chez quelque paysan, et j'allais le rejoindre quand la nuit, avancée, ne me permettait plus de voir ce qui se passait de l'autre côté du lac.

On doit présumer que, pour être ainsi dominé par ce télescope, il fallait qu'il m'eût initié à de grands mystères ; eh bien, non, je n'en savais guère plus que le premier jour ; mais la quantité de suppositions nées de la moindre démarche, et cette connaissance des habitudes domestiques d'une maison, m'en avaient, pour ainsi dire, rendu moi-même l'habitant. Je savais à quelle heure on entrait dans la chambre de celle que j'appelais ma sylphide ; si elle avait paisiblement dormi, je la voyais bientôt arriver près de la fenêtre avec ses beaux cheveux épars qu'elle parfumait avant de les tresser, puis une vieille femme de charge venait l'avertir du réveil de sa maîtresse ; alors je voyais ma sylphide passer dans la chambre à côté, s'asseoir près du lit, prendre une main décrépite, la baiser tendrement, puis lire de grandes feuilles qui devaient être des journaux. Une fois, parmi plusieurs lettres qu'un domestique venait d'apporter, il y en eut une qui la fit pleurer. Je la vis porter son mouchoir à ses yeux ; alors je n'y tins plus, et je résolus de savoir, à quelque prix que ce fût, la cause de ses larmes.

Je me souvins tout à coup de plusieurs personnes que je connaissais à Genève, je me fis tout haut de grands reproches sur mon impolitesse à ne pas leur avoir rendu visite, et j'allai sans préambule les accabler de questions sur les habitants du château Byron.

Arrivés depuis peu sur les bords du lac, n'ayant fait de visite à personne, on ne les connaissait point. Seulement, quelques Anglais de leur voisinage prétendaient que la maison avait été louée à une vieille comtesse russe, qui avait amené avec elle une jeune femme qu'on disait être sa nièce, et un médecin allemand. Ces renseignements ne pouvaient me satisfaire, j'en allai chercher d'autres près de la maison même qu'elles habitaient; mais je ne fus pas beaucoup plus heureux; les gens du village me dirent qu'on les voyait passer en calèche tous les trois chaque jour, jamais un étranger de plus. Ceux qui demandaient à visiter la maison du poëte célèbre essuyaient un refus poli, motivé sur l'état de souffrance où se trouvait la comtesse Noravief; c'était le nom de la tante. Pour savoir celui de la nièce, je me rendis à la poste à l'heure du courrier; c'est le moment où les domestiques de tous les étrangers viennent prendre les lettres adressées à leurs maîtres. J'eus bientôt reconnu parmi eux celui qui recevait chaque matin les ordres de l'adorable nièce : un coup d'œil jeté sur une des lettres que le directeur lui donnait, et que le soin de chercher de quoi payer le port l'empêcha de prendre tout de suite, m'apprit qu'elle se nommait la princesse Alexine Olowska.

Elle est donc mariée? pensai-je avec regret; puis, me rappelant qu'il était d'usage en Russie de joindre le titre de la famille au nom des jeunes personnes, je rentrai avec plaisir dans mon incertitude.

Alexine! répétai-je, que ce nom me plaît; que je suis heureux de le savoir! Enfin je pourrai donc lui parler, l'accuser de ma folie; car ce sentiment, qui me préoccupe à tous les instants du jour, ces battements de cœur que j'éprouve lorsque je l'aperçois à une lieue de distance, ma profonde douleur quand je la vois pleurer, tout cela est de la démence; qu'en peut-il résulter? saura-t-elle jamais?...

— D'où viens-tu donc si tard, Enguerrand ? me dit alors une voix que je reconnus pour être celle de mon cousin. Nous t'attendons depuis une heure pour nous mettre à table. Ma tante commençait à s'inquiéter; elle prétend que tu es depuis quelque temps triste, rêveur; elle a peur que tu ne sois malade d'ennui; car, il faut l'avouer, la vie que nous menons ici n'est pas fort divertissante.

Je ne pus entendre ces mots sans éprouver une sorte de remords. Inquiéter ma mère pour une cause semblable, c'était un tort sans excuse ; et je me promis d'employer ma raison à chasser une image qui exerçait sur moi un tel empire. Ma longue absence avait tourmenté ma mère; je n'aspirai plus qu'à me faire pardonner, en lui consacrant mes soins et ma pensée entière. En effet, j'étais tout à elle, lorsque Albert me dit :

— Sais-tu ce que nous avons fait ce matin, pendant que tu courais la campagne ? Nous sommes montés tous trois au belvédère, et nous avons découvert, grâce au télescope, une petite scène fort dramatique qui s'est passée dans le château Byron, ainsi qu'on l'appelle ici.

— Qu'est-il donc arrivé? m'écriai-je.

— Oh! presque rien, reprit Albert. Une femme qu'on a emportée évanouie ou morte, ma foi, on peut s'y tromper de si loin.

— Quelle était cette femme?

— Vraiment, je n'en sais rien; mais si le télescope ne flatte pas, elle paraît jeune et belle.

— Ah! mon Dieu, m'écriai-je pâle d'effroi... Puis, m'apercevant de l'étonnement qui se peignit dans les yeux de ma mère à cette exclamation, je m'efforçai de paraître plus calme.

— C'est quelque personne malade à qui l'on aura apporté une mauvaise nouvelle, dit madame de Verdiac; car elle semblait tenir une lettre quand on l'a transportée du balcon dans l'appartement.

— Sans doute une infidélité de quelque charmant traître, reprit Albert. Ah! nous n'en faisons jamais d'autres; heureusement qu'il s'ensuit d'ordinaire plus d'évanouissements que de morts. Cependant, cet événement, vu de si loin, m'inspire une curiosité toute particulière; il fallait que ce fût quelque chose de grave, car toute la maison paraissait en rumeur; les domestiques allaient et venaient avec un air effaré; un gros homme faisait des gestes menaçants, pendant que plusieurs femmes secouraient la belle évanouie. Vrai, c'était fort amusant; et cela m'a donné l'idée du plaisir qu'éprouve un sourd à la représentation d'un mélodrame.

— Beau plaisir, répliquai-je en me levant de table. Puis, saisissant le premier moment où personne n'avait les yeux sur moi, je volai au belvédère.

III

Une extravagance en entraîne toujours une autre : je m'étais livré avec tant d'entraînement à ma passion pour un être presque idéal, qu'il ne dépendait plus de moi d'en arrêter le cours. L'indiscrétion de me mêler des intérêts d'une famille qui m'était étrangère, l'inconvenance de parler à une femme des chagrins qu'elle éprouve, quand elle ne vous les a point confiés; l'offre d'un dévouement sans bornes de la part d'un homme dont on ne soupçonne même pas l'existence; enfin, la crainte de voir traiter mon amour de ridicule, rien ne me détourna du projet d'écrire ces mots à la princesse Olowska :

« Madame,

« L'état où vous étiez hier cause une inquiétude mortelle à un homme qui vous est inconnu, qui vous le sera peut-être éternellement, et dont vous êtes pourtant l'unique pensée. Par pitié pour un sentiment dont rien ne peut vous donner l'idée, rassurez-le ; quelques accords de votre harpe ce soir, près de la fenêtre où vous venez chanter habituellement, suffiront pour le rendre à la vie. Il faut être insensé, direz-vous, pour oser m'adresser une semblable prière. Eh bien, oui, madame, c'est un insensé qui vous implore ; mais ce pauvre fou est un homme d'honneur dont vous n'avez rien à craindre, car son respect pour vous l'emporte sur sa folie. »

Cette lettre, portée par mon fidèle Raimond à Genève, à l'heure de l'arrivée du courrier, fut remise aussitôt par le directeur de la poste au domestique de la princesse. J'avais une grande impatience de savoir comment elle serait reçue ; mais les jalousies des fenêtres restèrent baissées tout le jour, et aucun mouvement ne se fit dans la maison pendant le peu d'heures que je pus rester à mon observatoire, car ma mère avait invité ce jour-là quelques personnes à dîner, et il fallait bien que je leur fisse les honneurs de la maison ; heureusement, l'agitation que j'éprouvais me rendit bavard et presque enjoué ; je ne sais quelle secrète espérance m'animait ; la singularité de ce romanesque me semblait devoir exciter la curiosité et peut-être l'intérêt d'Alexine, enfin, j'étais sous l'influence d'un heureux pressentiment.

On parla de la quantité de voyageurs qui remplissaient la Suisse, de la difficulté de se procurer des logements et de la nécessité où s'était trouvé un prince russe de passer la nuit dans sa voiture.

— Je crois lui avoir trouvé un asile ce matin, dit M. de Bonst... Dès que j'ai raconté sa disgrâce à l'aimable et hospitalière comtesse Br..., elle a fait partir un domestique pour s'informer de la réalité du prince; car il nous en vient souvent de contrebande, puis elle lui a fait offrir un des pavillons qui tiennent à son jardin.

— C'est le trait d'une bonne compatriote, dis-je. Puisse-t-elle en être récompensée par un hôte amusant!

— A propos, j'oubliais de vous dire qu'elle sait toute l'histoire des habitantes du château Byron. C'est un vrai roman.

— Ah! contez-nous-la, dit ma mère, en affectant autant de curiosité qu'elle lisait d'impatience dans mes yeux.

— Pour moi, je vous tiens quitte de tout ce qui regarde la vieille, dit Albert; mais pour la belle Tartare..., dont la blonde chevelure rappelle si bien les héroïnes du Nord...

— Cette belle Tartare, reprit M. de Bonst... en riant, est tout simplement la fille d'un excellent et pauvre gentilhomme français, qui, se trouvant l'année dernière en Russie avec elle, lui a fait faire un brillant mariage, dont la solennité a pensé être fort tragique.

— Quelque rival de mauvaise humeur, dit Albert, qui aura voulu disputer la fiancée à à coups de pistolet, n'est-ce pas?

— Mon Dieu! qu'Albert est ennuyeux avec sa manie de vouloir tout deviner! dit ma mère.

Combien je lui sus gré de cette réflexion!

— Il s'agit bien de rival, vraiment!... La pauvre jeune fille, arrivée depuis peu de temps à Saint-Pétersbourg, n'y voyait que les vieux amis de sa tante, chez qui elle demeurait. C'est la comtesse Noravief qui a arrangé ce mariage, en reconnaissance de celui qui l'avait fixée en Russie, et qui la rendait maîtresse d'une grande fortune. Elle se serait bien gardée de présenter à sa nièce aucune personne qui pût la détourner d'épouser le prince Olowsky. C'est celui-là qui est un vrai Tartare, ajouta M. de Bonst... en s'adressant à Albert : devinez ce qu'il a fait au sortir de la messe nuptiale?

— Ah! mon Dieu! vous me faites frémir, dit ma mère en souriant.

— Vous verrez qu'il a battu sa femme, dit Albert.

— Mieux que cela, reprit M. de Bonst... il l'a poignardée.

— Quelle horreur! s'écria tout le monde... Moi seul, je ne dis mot.

— Fort heureusement, la blessure, quoique profonde, n'était point mortelle; mais elle a mis longtemps la princesse en danger, et l'on prétend qu'elle en conserve encore une pâleur extrême.

— Quel motif a pu porter son mari à ce crime?

— Un excès d'amour. On assure qu'en parlant de la beauté de sa future, de la crainte qu'il avait de n'être point aimé d'elle, il se mettait dans une fureur horrible, et que son valet de chambre avait déjà surpris en lui quelques signes d'aliénation; dans cette idée, il avait cru de son devoir d'en parler au père de la jeune fiancée ; mais celui-ci prétendit reconnaître sa propre jeunesse dans ces sortes d'extravagances, et le mariage n'en fut pas différé d'un jour. Celui fixé pour la célébration, les gens du prince l'entendirent faire des menaces étranges : l'un d'eux l'avait vu saisir, avec un geste théâtral, le poignard turc qui faisait partie d'un faisceau d'armes suspendu près de son lit; un autre l'avait entendu proférer ces mots à voix basse, et d'un air égaré :

— Je l'empêcherai bien de jamais me trahir !

Enfin, tous se reprochaient de n'avoir point prévu que ces actes de déraison pouvaient le conduire à quelque autre plus funeste. Après le coup de poignard, il fut reconnu, par tous les médecins, que le prince était dans un état complet d'aliénation : on le conduisit chez le docteur le plus renommé pour la guérison de cette affreuse maladie; la jeune princesse a été depuis confiée aux soins de sa tante; et c'est pour la rétablir des suites de cet affreux événement qu'on lui a ordonné de voyager en Suisse. Le docteur C..., qui vient d'être appelé en consultation près d'elle, avec le médecin russe de sa tante, prétend qu'il ne reste plus de sa blessure qu'une grande faiblesse, et une terreur telle, qu'elle s'évanouit au moindre souvenir qui lui rappelle son assassin. Elle a pensé mourir l'autre jour, à ce que dit le docteur C.., en recevant la nouvelle que le prince était guéri de sa démence, et qu'il serait bientôt en état de se mettre en route pour venir la rejoindre.

— Et l'on souffrirait, m'écriai-je, qu'elle retombât au pouvoir de ce fou furieux !

— Que voulez-vous ! elle est sa femme, répondit M. de Bonst...; et si les gens de l'art affirment l'avoir guéri, il faudra bien,..

— Jamais ! jamais ! repliquai-je avec feu. On sait ce que c'est qu'un fou guéri ; c'est un malade affaibli par les saignées, qui n'attend que le retour de ses forces pour retomber dans ses accès. L'assassinat est sa monomanie ; s'il la revoit, il la tuera, vous dis-je. Je n'en veux pour preuve que la terreur qu'il lui inspire : cette terreur est un avis du ciel.

— En vérité, je crois que rien que d'en parler, le mal se gagne, dit Albert ; car te voilà dans une fureur inconcevable.

En effet, j'étais hors de moi ; ce que je venais

d'apprendre me livrait à tant de sentiments contraires, que, malgré le ridicule de paraître ainsi animé à propos d'une inconnue, je dis une foule de choses qui excitèrent l'étonnement et le rire de tout ce qui était là; ma mère seule m'écoutait d'un air triste; son cœur devinait mon trouble; elle reconnaissait l'accent vrai d'un sentiment passionné dans ces mots que chacun traitait d'extravagances; et l'inquiétude qui se peignit alors sur son visage me rendit tout à coup silencieux.

— Le diable m'emporte si je ne crois pas Enguerrand amoureux de la belle assassinée, s'écria Albert; et si elle était plus accessible, je soupçonnerais...

— Lui, amoureux en perspective! interrompit madame de Verdiac; ah! vraiment, il n'est pas si dupe!

Et la conversation s'établit sur moi sans que j'y prisse aucune part. La soirée s'avançait; je ne pensai plus qu'au moyen de m'échapper, pour aller guetter la réponse à ma lettre. Enfin, je suis libre... il fait nuit; le télescope immobile est braqué depuis le matin sur la fenêtre d'Alexine; mais le tonnerre gronde, la pluie tombe par torrents, et la plus profonde obscurité règne dans le château Byron.

L'espoir s'était affaibli dans mon cœur à mesure que le moment de le voir réaliser s'approchait, et je rendais grâce à l'orage d'opposer à mes vœux un obstacle naturel, tant j'en redoutais un, né de la volonté d'Alexine. Triste, découragé, à la vue de ce ciel noir qui répandait son ombre sur les deux rives, je restais absorbé dans mes pensées, oubliant même le télescope. Mais la pluie a cessé, l'orage semble se porter sur les hauteurs du Jura. Il fait retentir les montagnes; on croirait qu'elles s'écroulent. Tout à coup, un éclair me montre la cime du Mont-Blanc, un second va sans doute éclairer la colline qui borde l'autre côté du lac; je pourrai du moins apercevoir le toit où Alexine repose. Je me rapproche du télescope... Oh! ciel!... est-ce bien elle?... Pendant cette seconde lueur, mes yeux ne m'ont-ils pas trompé?... Oh! mon Dieu, le bruit du tonnerre s'éloigne... Ne viendra-t-il plus d'éclair?... Et je retombe dans cette sorte d'anéantissement qui succède à la fièvre; c'est l'effet de mon transport au cerveau, pensai-je... Mais le ciel s'embrase de nouveau... et je m'écrie: Oui, c'est elle... c'est sa harpe... elle brave l'orage pour me répondre... elle a pitié de ce pauvre inconnu... Ah! ce moment de bonheur lui donne ma vie.

Et me voilà dans un vrai délire d'amour et de joie. Je guette le moindre éclair, pour apercevoir encore cette ombre adorable, que la lumière du fond de l'appartement, jointe au feu du ciel, me fait apparaître comme un divin fantôme. L'orage a fui, les éclairs sont éteints, et je regarde encore. Le jour me retrouve au belvédère, saluant par mes vœux et ma reconnaissance, l'asile de celle qui fait battre mon cœur. Jeunes gens du siècle, esprits raisonnables, philosophes positifs, moquez-vous de ma joie romanesque; je suis assez vengé en pensant que vous ne l'éprouverez jamais.

IV

Alexine avait exaucé ma prière ! c'était m'autoriser à lui en adresser une autre; je connaissais sa situation, ses peines, je pouvais lui en parler, et m'attirer sa confiance par mon respect; je pouvais devenir son défenseur contre une autorité barbare. Enfin, mon imagination créait cent moyens de la servir, de me dévouer pour elle. J'avais reconquis un avenir.

Lorsque je me retrouvai le lendemain avec ma mère et nos amis, je fus un peu embarrassé de ma bonne humeur, après avoir été si maussade la veille ! Tout le monde me paraissait aimable, j'étais de l'avis de chacun. Seulement, quand madame de Verdiac proposa de diriger la promenade accoutumée sur la route de Copet, je décidai ma mère à venir voir la charmante habitation de madame Hen..., à Genève, me doutant bien que l'esprit et la grâce des maîtres de la maison la retiendraient quelque temps chez eux, que cela me donnerait celui de déposer moi-même à la poste la lettre que je venais d'écrire à la princesse Olowska, et de prendre des informations sur ce prince russe dont l'arrivée me causait une vive inquiétude.

Ma lettre contenait une foule de choses ennuyeuses à redire, mais qui devaient intéresser Alexine, n'eût-elle que la curiosité d'apprendre par quel moyen prestigieux un homme qu'elle ne connaissait point, qu'elle n'avait jamais vu, pouvait être si bien instruit, non-seulement de ce qui la regardait, mais encore de ses actions les plus intimes.

Le soir, de retour au belvédère, avec quel plaisir je l'aperçus tenant ma lettre d'une main, et soutenant sa tête de l'autre, dans l'attitude d'une personne qui cherche à s'expliquer une chose incompréhensible; d'abord, avec un signe d'impatience, elle jeta la lettre sur une petite table qui se trouvait près d'elle. Alors, sa femme de chambre entra, lui dit quelques mots accompagnés de grands gestes. Alexine se leva précipitamment pour la suivre, puis, revenant sur ses pas, je la vis reprendre la lettre qui était restée ouverte, la plier, la mettre sous sa pèlerine, puis courir vers la porte,

Quatre jours se passèrent ensuite sans que je pusse la revoir. Sa chambre, dont les fenêtres étaient presque continuellement ouvertes, semblait inhabitée; le soir, aucune lumière ne l'éclairait. « Hélas ! pensai-je, je me serai trahi dans cette longue lettre, elle aura deviné le moyen qui me rapproche d'elle; et sa prudence me punit de mon indiscrétion. Quelle faute impardonnable ! mais je l'aimais trop pour n'en pas commettre. »

Dans mon regret d'avoir perdu le bonheur qui faisait depuis un mois l'intérêt de ma vie, je projetai de quitter la Suisse, elle me semblait déserte, il n'y avait plus rien à voir pour moi. Je parlai des eaux d'Aix; ma mère, qui prenait ma tristesse et les variations subites de mon humeur pour un commencement de maladie, s'empressa d'approuver ce projet, et prétendit qu'elle-même serait enchantée de ce petit déplacement; car elle avait confiance dans les eaux d'Aix pour achever sa guérison. Les ordres sont donnés pour hâter le départ, mais, avant de m'éloigner de ce belvédère où j'ai éprouvé tant d'émotions différentes, je veux jeter un dernier regard sur le château Byron.

Toutes les fenêtres en sont ouvertes; c'est l'heure où le soleil est le plus ardent; mais il est voilé de nuages. Quelle est donc cette lueur rougeâtre qui colore l'intérieur du salon? Bonté divine! ce sont des cierges allumés... Ils entourent un cercueil...; voilà le prêtre..., l'eau bénite... : elle est morte!...

Et mes yeux se fermèrent; je tombai à genoux, respirant à peine, dans l'état d'un homme qui perd tout ce qui l'attachait à la vie.

V

Cette première impression ayant été produite par la crainte, la réflexion me ramena bientôt à l'espérance. Ce cercueil pouvait être celui de la comtesse Noravief; son âge, sa maladie devaient le faire supposer; et il fallait n'avoir, ainsi que moi, qu'une pensée, pour que celle-là ne me fût pas venue plus tôt à l'esprit. Une femme en pleurs, qui vint se prosterner au pied du cercueil, me sortit presque au même instant de cette affreuse incertitude : c'était Alexine, priant de toute la ferveur de son âme pour le repos céleste de l'amie qu'elle pleurait. Avec quel sentiment religieux je la contemplai dans sa douleur pieuse! Qu'elle était belle..., et que je l'aimais !

Hélas! son silence, la raison qui l'avait empêchée de rentrer dans son appartement pour y prendre un instant de repos, cette espèce d'immobilité de la maison entière; la mort de la comtesse expliquait tout. Mais pouvais-je m'éloigner d'Alexine, quand ce malheur la privait de son appui dans un pays étranger, et peut-être de la seule protection qu'elle eût contre l'autorité d'un fou furieux? Non, dis-je, le ciel ne m'a inspiré un amour si déraisonnable, en apparence, que pour le salut d'un être faible, innocent, et dont la vie, sans cesse menacée, réclame mon secours. Je ne l'abandonnerai pas ; mes conseils, mon bras, ma fortune, ma vie, j'emploierai tout pour la délivrer d'un joug terrible. Ah! ces faiblesses de l'âme, ces mouvements du cœur qu'on ne peut réprimer, c'est le secret de Dieu.

J'étais venu dans le belvédère pour y faire mes adieux à Alexine; je voulais qu'un dernier mot écrit, en regardant par intervalle son habitation, lui peignît ce que cette vue m'avait causé de trouble, et mes regrets de voir payer un amour si désintéressé par un dédain cruel. Mais, au lieu de reproches, de plaintes et d'adieux, j'écrivis :

« Ce deuil qui vous accable, cette mort qui vous soustrait à une autorité chérie, ne vous livrent-ils point à celle que vous avez tant de raisons de craindre? Ah! si le moindre danger vous menace, oubliez le sentiment dont j'ai osé vous parler, ne voyez plus en moi qu'un frère dévoué, disposez de toutes les actions de ma vie. Je suis libre, ou plutôt je l'étais; car, depuis que j'ai vu vos larmes inonder la lettre d'un assassin, et tomber sur le cercueil d'une seconde mère, je suis enchaîné à votre destinée. Vous secourir, pleurer vos peines, vous en éviter, s'il se peut, de nouvelles : voilà ma mission, et les seuls vœux que je forme.

« C'est Moritz, le batelier, qui vous a conduite dernièrement à Meillerie, que je charge de ce billet. Il passera la nuit dans sa barque, en face de votre jardin. Ah! ne le laissez pas revenir sans un mot qui m'autorise à vous défendre! »

Je redescends à la hâte, les gens de la maison m'arrêtent à chaque instant pour me demander quelque ordre relatif au départ; je ne sais que répondre; mais Raimond me suit, il veut savoir à quelle heure il faut commander les chevaux de poste pour le lendemain matin.

— Demain? dis-je, je ne saurais partir.

— Comment ? monsieur; mais madame la marquise vient de m'ordonner de fermer les malles ; elle veut être en route de grand matin, pour éviter la chaleur...

— Ma mère?... repris-je...; ah! oui, il faut que je la prévienne...; une lettre que j'attends...; une affaire indispensable...; enfin, Raimond..., le départ est remis; cours en prévenir madame de Verdiac...; en disant cela, j'entre dans la chambre de ma mère.

— Ne me questionnez pas, lui dis-je; mais accordez-moi ce que j'attends de votre bonté; c'est pour moi que vous vous décidiez à braver la fatigue d'un voyage à Aix; eh bien, restez ici pour moi. Ce n'est pas tout, il faut que vous seule ayez le droit de me trouver capricieux, ridicule; je sens que je n'aurais pas la patience d'endurer les reproches, les plaisanteries amères que je mérite, et que nos amis ne m'épargneraient pas en cette circonstance; ainsi donc, soyez encore mon ange préservateur de tous malheurs comme de toutes contrariétés. Dites à madame de Verdiac, à Albert, que vous êtes plus souffrante, que vous ne pourriez, sans imprudence, vous mettre en route de quelque temps. Le docteur Butigny sera de cet avis, je vous l'affirme; enfin, par cette complaisance, vous me rendrez un service important, et je bénirai une fois de plus cette indulgence inépuisable qui vous fait ressembler à la Providence même.

— Quoi ! répondit-elle, avec un sourire mêlé d'inquiétude, sans savoir la cause de ce changement subit?...

— Vous la saurez, ma mère; mais aujourd'hui, sais-je quelque chose moi-même... Demain, oui, demain, mon sort sera décidé... vous approuverez ma folie, ou vous m'aiderez à m'en guérir. Adieu, il faut que je rejoigne Moritz; qu'il traverse le lac... Oh ! que vous êtes bonne ! ajoutai-je en baisant la main de ma mère, car j'avais lu dans ses yeux qu'elle consentait à ce que je désirais d'elle.

VI

Je me rendis au port de Secheron; Moritz amarrait ses barques. Quel voyageur, quel riverain du lac de Genève ne connaît point Moritz ? Ce compagnon des promenades sur l'eau du poëte anglais; qui n'a pas entendu, avec un vif intérêt, le récit de ses visites nocturnes au château Chillon; dans ces souterrains, où le batelier tenait deux flambeaux à la lueur desquels Byron écrivait ses strophes admirables. « Tu vois, disait-il à Moritz, ce chiffon de papier? Eh bien, si je te le donnais, il ferait ta fortune. » Rien n'était plus vrai; mais ce que l'on ne conçoit pas, c'est que le don de ce chiffon de papier immortel n'ait pas suivi la réflexion du poëte.

Avant d'être son guide, Moritz avait souvent conduit Napoléon et Joséphine sur ce beau lac ; et c'était encore à lui que se confiait la rêverie du célèbre auteur de Corinne. Riche de tant de souvenirs, la conversation de Moritz était souvent préférée à celle des beaux esprits voyageurs, et j'aimais tant à l'écouter, que nous étions les meilleurs amis du monde. Aussi n'hésita-t-il point lorsque je lui demandai de passer la nuit pour faire ma commission.

— Vous me croirez si vous voulez, monsieur, mais je n'aborde jamais sur la rive, auprès de cette habitation, dit Moritz en me montrant le château Byron, sans avoir le cœur gros.

C'était un original, c'est vrai. Il me tirait des coups de pistolet à côté de l'oreille pour voir si je broncherais ; cela ne m'amusait pas du tout. Il me faisait ramer des nuits entières pendant qu'il parlait aux étoiles ; c'était fatigant. Mais aussi jamais il ne vidait sa bouteille de vin de Bordeaux sans m'en donner un verre ; puis il trinquait avec moi, et buvait à mes amours. Ah ! si j'avais bu aux siennes, je n'aurais pas été longtemps sans voir danser les montagnes autour du lac. C'était un diable à quatre celui-là ! il m'a donné à porter plus d'une fois des petits billets comme celui-ci vraiment ; et c'est dommage que le pauvre homme ne soit plus là pour vous dire si je m'entends à les faire parvenir.

J'eus d'abord l'idée d'accompagner Moritz ; cette nuit passée dans l'attente m'aurait paru plus douce, bercé par les flots du lac, et distrait par les récits du compagnon de Byron. Mais la crainte d'être aperçu des gens de la princesse, et de donner à une simple démarche l'apparence d'une aventure compromettante, me détermina à revenir chez moi guetter le moment où Moritz aborderait sur la rive droite du lac.

Comme je lui répétais au moins pour la dixième fois mes instructions, et les moyens les plus sûrs d'arriver à faire remettre mon billet à la princesse ; je m'aperçus que, préoccupé d'une idée, il ne m'écoutait pas.

— C'est singulier, disait-il en se parlant à lui-même, il faut que les personnes qui habitent cette maison-là aient quelque chose de bien particulier, et qui inspire une étrange curiosité ; car j'ai reçu avant-hier presque autant d'argent qu'aujourd'hui, pour conduire au milieu de la nuit, et au même endroit, un monsieur que j'ai été prendre aux bains que la comtesse B... a fait construire au bas de ses jardins.

— Que dis-tu ? demandai-je avec anxiété, tu as conduit un homme, l'autre nuit, au château Byron ?...

— Oui, monsieur, et je serais bien embarrassé de vous en faire le portrait, tant il était entortillé dans son grand manteau. Cependant, à la manière leste dont il a sauté dans ma barque, c'est un jeune homme, je le parie.

— Et tu ne sais pas quel motif le conduisait à cette heure de l'autre côté du lac ?

— Non, monsieur, j'ai tenté plusieurs fois de le faire parler ; il me répondait rarement et par un signe de tête ; j'aurais pu le croire muet, s'il ne m'avait ordonné, de la manière la plus nette, de le laisser tranquille.

— Qu'est-il devenu après que tu l'as eu débarqué ?

— Ma foi, monsieur, je n'en sais rien ; seulement, je dois croire qu'il ne s'est pas amusé pendant sa promenade, car il avait l'air de bien mauvaise humeur au retour. Je l'ai entendu murmurer des mots, dans un langage que je ne connais pas, mais d'un ton de colère qui est le même dans toutes les langues.

— C'est lui..., je n'en puis douter..., m'écriai-je, c'est lui...

— Un de vos amis, peut-être?

— Non, le prince Olowsky..., un Russe nouvellement arrivé... Ah! si je pouvais le rencontrer..., avec quel plaisir je...

— Rien de plus facile, monsieur, il m'a dit d'aller le prendre demain pour traverser le lac, au soleil couchant..., et sans doute nous débarquerons au même endroit.

— Eh bien, va l'attendre une heure avant celle qu'il t'a prescrite, et questionne les gens de la comtesse B.... sur le nom, les habitudes de ce mystérieux promeneur; écris le nom qu'on te dira sur cette carte; remets-la à Raimond qui se trouvera assis sur le banc, à la petite porte du jardin de la comtesse B.... En prenant ce soin, il dépend de toi d'éviter peut-être un grand malheur.

— Si c'est ainsi, je le veux bien, reprit Moritz; car je n'aime pas à me mêler de ces sortes d'affaires qui finissent trop souvent par des coups de pistolet, et si vous me promettez...

— L'heure s'avance, interrompis-je, dans l'embarras de répondre; pars, songe qu'il faut que tu sois arrivé avant qu'on ferme la grille du château. A demain, je t'attendrai; viens de bon matin; soit que tu me rapportes ou non une réponse, j'ai à te parler.

Alors, quittant brusquement Moritz, je revins près de ma mère. Je la trouvai étendue sur un canapé, entourée de nos amis. Madame de Verdiac s'empressa de me dire :

— Ne vous inquiétez pas; elle est plus souffrante, il est vrai; mais le docteur a dit qu'il n'y avait pas lieu de s'alarmer d'un petit mouvement de fièvre. Seulement, comme il serait imprudent de l'exposer à la fatigue de la voiture dans cet état d'indisposition, nous avons décidé qu'il fallait remettre notre départ à la semaine prochaine. Puis, se trompant sur l'expression de reconnaissance qui se peignit dans mes yeux; cela vous attriste, vous contrarie sans doute, ajouta-t-elle? mais l'intérêt de votre mère vous fera supporter patiemment ce retard; elle mérite bien qu'on se sacrifie pour elle de bonne grâce.

— Ah! moi seul sais tout ce qu'elle mérite d'amour et de reconnaissance, dis-je en serrant sur mon cœur la main que me présentait ma mère. Et je courus au télescope pour découvrir le petit fanal de la blanche voile de Moritz parmi les barques des pêcheurs qui revenaient à la ville.

VII

Avec quelle attention mon œil suivit ce point lumineux qui semblait une étoile brillante! Il s'arrête : la lumière que le fanal répand sur la rive permet d'apercevoir Moritz s'élançant du bateau et se dirigeant vers la colline; bientôt il se perd dans l'ombre; mes yeux se reportent alors sur la maison; le salon est rentré dans l'obscurité; le cercueil a disparu; une seule lampe éclaire la chambre d'Alexine.

Je calcule, ma montre à la main, le temps qu'il faut à Moritz pour arriver jusqu'à la grille; il me semble voir la barque vaciller; il est de retour; mais mon regard ne peut plus pénétrer dans l'intérieur du château : la fraîcheur de la nuit a fait fermer les fenêtres de chaque chambre, excepté de celle que la mort vient de rendre inhabitée. Longtemps je contemple la faible lueur qui me dit qu'on veille au château Byron; puis mes paupières s'appesantissent, mon esprit courbaturé par tant de suppositions, de projets, de pressentiments, s'engourdit; et je m'endors, la tête durement appuyée sur la table qui soutient le télescope.

Les rayons du soleil, dardant sur les vitraux du belvédère, me réveillent; je cherche aussitôt la barque; elle est encore sur la rive; mais Moritz où est-il? Serait-ce cet homme qui s'entretient sous les peupliers avec une femme? Elle a un manteau noir; son chapeau, son voile sont noirs aussi; c'est quelqu'un de sa maison : ah! si c'était elle-même!... Et mon cœur bat avec violence.

Peu d'instants après, la femme prend le chemin de la colline; elle gravit avec peine le sentier pierreux qui semble blesser ses pieds délicats, tandis que Moritz rentre dans sa barque, et rame de toutes ses forces pour regagner le port, où je cours l'attendre.

— Tu l'as vue! dis-je avant qu'il pût m'entendre; tu l'as vue! Et sautant dans la barque pendant que Moritz se disputait avec des pêcheurs dont les bateaux venaient frapper le sien, et l'empêchaient de prendre sa place accoutumée, je l'accablai de questions.

— Patience! patience! répondait-il; il faut avant tout que j'apprenne à ces gaillards-là que Moritz ne se laisse pas aborder par des coups de gouvernail, et qu'ils auront affaire à moi, s'ils ne vont pas planter leur pieu plus loin.

— Me rapportes-tu une réponse?

— Je suis à vous tout à l'heure; mais, tenez, en voilà encore un qui vient me barrer le chemin! Veux-tu bien filer ton câble, et amarrer ta *liquette* à l'autre bout du port, grand paresseux!

Enfin, Moritz, plus heureux que moi, se fait écouter; on lui obéit comme au roi du lac.

— Cette femme en deuil qui t'a parlé, lui dis-je, c'était elle, n'est-ce pas!

— Qui elle? J'ai effectivement vu une femme vêtue de noir, qui avait...

— Un manteau, un voile?

— C'est cela; mais où donc étiez-vous monsieur, pour savoir...

— Ne t'inquiète pas. Que t'a-t-elle dit?

— Mais puisque vous l'avez si bien vue, vous avez bien pu l'entendre...

— Non; dis-moi bien vite.

— Eh bien, elle m'a d'abord demandé de quelle part je venais : je m'attendais à cela; aussi je lui ai répondu tout net qu'on m'avait recommandé de ne pas le dire.

— Toi qui es si intelligent, tu n'a pas su distinguer si c'était la femme de chambre ou la maîtresse qui te parlait.

— Ma foi, monsieur, elle avait la voix si douce, et le ton si suppliant, que ça ne m'a pas l'air d'une personne accoutumée à commander.

— Tu ne t'y connais pas. Après.

— Si on vous a fait promettre de ne pas dire le nom, on ne vous a pas défendu de donner quelques détails sur la personne qui vous envoie.

— Madame, a-t-elle dit comme s'il lui en coûtait de prononcer ce mot, madame ne peut répondre au billet que vous avez apporté, qu'autant qu'elle saura qu'il vient de quelqu'un... de...

— Oh ! qu'à cela ne tienne, ai-je interrompu en devinant sa pensée; je puis vous affirmer que c'est un homme de bien comme il faut, et dont, par rapport à l'honneur, je répondrais comme de moi-même; d'abord il est très-beau garçon; puis il est riche, brave et généreux; avec ces qualités-là on n'est jamais à craindre.

— Je vous crois, Moritz ; vous êtes un honnête homme ; vous ne voudriez pas vous charger des commissions d'un jeune étourdi ; aussi je vous confie sans crainte ce mot de réponse.

— En disant cela, elle me donna le billet que voici.

Le récit de Moritz continua toujours ; mais je m'étais emparé de la lettre, et rien ne pouvait m'en distraire. La voici : je l'ai lue si souvent que je la sais par cœur :

« Qui donc êtes-vous, pour connaître ainsi mes malheurs ? pour voir couler les larmes que je cache à tous les yeux ? quel est le pouvoir surnaturel qui vous instruit de toutes mes actions, qui vous fait lire dans mes plus secrètes pensées ? Si ce miracle est l'effet d'un sentiment généreux, d'une pitié sincère, j'en rends grâces au ciel ; car dans l'isolement où la mort de ma tante me plonge aujourd'hui, l'idée qu'une âme amie veille sur moi me soutient, me console ; ne pouvant expliquer d'où me vient cette protection, tantôt j'adopte les croyances du pays où je suis condamnée à vivre, tantôt me rappelant ce que j'ai entendu dire du somnambulisme, je me crois soumise à une volonté occulte ; mais quelle que soit la cause de cette protection nécessaire à mon cœur, l'arrivée prochaine du frère dont je suis séparée depuis tant d'années, m'empêche de la réclamer. C'est à lui de m'encourager, c'est à lui de me défendre; je ne puis accepter que de lui les secours dont j'ai besoin pour me soustraire, ou pour me résigner à la plus cruelle existence. Mais il est un autre secours que le blâme du monde ne saurait atteindre; c'est la certitude d'intéresser un être supérieur; de vivre, de souffrir dans sa pensée, d'être sans cesse présente à sa seconde vue, à ce regard magnétique qui pénètre tous les secrets de la vie matérielle et spirituelle. Ah ! si comme tout me le fait croire, le ciel vous a donné ce don prestigieux, la feinte est inutile; vous voyez dans mon cœur, vous connaissez la terreur qui le domine, vous savez qu'il est tendre, reconnaissant; digne d'éprouver et d'inspirer une affection dévouée; mais vous savez aussi que je mourrais plutôt que d'ajouter un remords à toutes les douleurs qui m'accablent.

« ALEXINE. »

L'aveu le plus passionné ne m'aurait pas

rendu plus heureux que cette lettre écrite pour m'ôter tout espoir; il me semblait que ce frère dont Alexine attendait protection contre l'autorité d'un mari insensé, devait naturellement être de mon parti, et accueillir tous les moyens que je rassemblais dans ma tête, pour faire casser le mariage de sa sœur; car ce mariage scellé par un assassinat, était nul devant Dieu, et devait l'être devant les hommes.

Passant de l'espoir aux convictions les plus folles, j'allai jusqu'à me croire la puissance de volonté qu'Alexine me supposait; ce n'était plus au télescope que je devais de connaître ses actions et les pensées qui en naissaient naturellement; je me sentais doué de cette seconde vue qui défie l'ombre et l'espace; je voyais battre son cœur; j'entendais les soupirs qu'exhalait sa poitrine oppressée; ses craintes, ses désirs, ses combats, ses remords; je les suivais d'un œil avide, comme le joueur passionné étudie les chances du sort, et suit des yeux le roulement de cet or qui doit assurer sa fortune.

Enfin, je me croyais tel que mon imagination m'avait créé, et, dans cette confiance de mon pouvoir surnaturel, l'impossible n'était plus pour moi qu'un vain mot, et l'on verra jusqu'où cette exaltation a porté mon audace.

Le soir même, Raimond m'apporta la carte que j'avais donnée à Moritz, avec ces mots tracés au crayon :

« C'est le prince Olowsky. »

— Mon manteau, mes pistolets, demandai-je aussitôt à Raimond sans prendre garde à son air étonné.

— Quoi, monsieur va se battre? dit-il avec effroi.

— Eh! non, repris-je, mais je vais me promener dans les montagnes cette nuit, et l'on dit qu'il est prudent... Au reste, tâche qu'on ne sache point ici que je fais cette promenade nocturne : cela inquiéterait ma mère.

— Je vais donc faire seller les chevaux?

— C'est inutile; cette maudite ville dont on ferme les portes, ne permet pas...

— Mais je suivrai monsieur, du moins?

— Non, je n'ai pas besoin de toi.

Et le pauvre Raimond leva les yeux au ciel, comme pour lui demander de veiller sur son maître.

VII

Moritz ne devait conduire le prince qu'à la nuit close; j'avais le temps de traverser le lac, avant qu'il s'embarquât; je choisis le batelier le plus jeune, le plus leste, pour me mener, je ramai avec lui pour arriver plus tôt; puis, craignant un témoin importun, je payai double le loyer de sa barque jusqu'au lendemain, et je l'envoyai souper et coucher au village voisin.

Me voici donc seul, étendu sur la voile pliée de cette petite nacelle dont le phare ne s'allumera point; car je veux attendre sans être aperçu.

Certes, le moment était propre aux sages réflexions; mais la solitude qui calme les agitations de l'amour-propre, ou triomphe des sentiments faibles, exalte les cœurs passionnés; et cette heure passée dans l'attente d'une scène que mon imagination composait de cent manières, m'avait monté la tête au point que j'étais prêt à tout pour punir le prince Olowsky des mots outrageants que je lui faisais dire.

Enfin, le bruit des rames m'apprit que sa barque approchait; je la vis à la lueur des étoiles se diriger vers la rive à quelque distance des saules qui cachaient la mienne.

Je m'élançai à terre, et je courus vers le sentier qui conduit au château Byron. A peine j'y étais parvenu, que je tressaillis en entendant les pas d'un homme.

Cette émotion, vrai frémissement de conscience, me parut une indigne faiblesse; et c'est à l'envie de la surmonter que je dus l'audace de crier d'une voix de tonnerre :

— Où allez-vous?

— Qui êtes-vous, pour oser me le demander?

— Un homme qui veut vous épargner un nouvel assassinat.

— Ah! malheureux ! s'écria le prince en cherchant un appui près d'un tronc d'arbre, que me rappelez-vous? Est-ce elle qui vous envoie pour la venger d'un crime involontaire? Si c'est Alexine qui veut ma vie, frappez-moi, je ne la défendrai pas.

— Me croyez-vous donc un vil assassin? repris-je furieux d'un tel soupçon. Ah ! je saurai bien vous punir d'en avoir eu un moment la pensée.

— Me punir? répéta-t-il en se redressant fièrement, me punir, vous ! Apprenez qu'elle seule a ce droit, et que le prince Olowsky ne se laisse insulter par personne.

— Eh bien, soit ! La nuit n'est pas tellement obscure qu'on ne puisse voir à quatre pas : voici deux épées, des pistolets, choisissez.

— J'accepte, dit le prince en prenant une des épées que je lui présentais; prenez garde à vous... à vous, qui, sans doute, aimez la vie; car moi je la hais trop pour la perdre; mais que je sache au moins avec qui je me bats, quel motif vous porte à m'insulter.

— L'horreur d'un meurtre abominable, l'effroi de voir cette main encore sanglante, porter un nouveau coup sur celle dont l'existence sans cesse menacée ne vous appartient plus.

— Qu'osez-vous dire ! Alexine, la femme qui porte mon nom n'est plus à moi? quel homme assez fat, ou assez téméraire, tenterait de me la disputer ? ah ! si votre amour allait jusqu'à la déshonorer ainsi... je...

— Moi, déshonorer la femme la plus pure ! m'écriai-je hors de moi ; rétractez cette parole infâme avant que j'en tire vengeance, rétractez-la, vous dis-je. En prononçant ces mots, tremblant de rage, ma main se cramponnait au bras d'Olowsky, comme la serre d'un vautour au flanc de sa proie.

— Non, reprit-il avec colère, un amant seul peut s'égarer au point de me parler de la sorte ; nul autre ne serait assez imprudent pour la perdre ; c'est donc pour un rival qu'elle me repousse. Sa terreur est une feinte, sa vertu, un mensonge ; elle se riait avec lui de mes regrets, de mon malheur... ah ! cette pensée me rend à toute ma fureur ; défendez-vous, misérable !

— Et, si j'étais son frère ! m'écriai-je, dans la honte et le remords d'attirer le mépris sur Alexine.

— Son frère, répéta-t-il en jetant au loin son épée, ah ! maudit soit l'affreux sentiment qui m'a fait l'outrager ! moi, le bourreau de sa sœur ! j'allais tremper cette épée dans son sang... ah ! pardon ! pardon ! criait le malheureux prince, en pressant mes genoux ; pardon pour cet amour qui a troublé ma raison ; pour cette ivresse du cœur, ce moment horrible qui me voue aux remords sans être criminel; punissez-moi, disposez de ma vie, elle vous appartient. Mais avant que je meure, obtenez-moi d'elle un instant de pitié, qu'elle entende mes regrets, qu'elle voie ces pleurs qui me justifient; je jure de ne point braver l'effroi que je lui inspire. O vous, son frère, implorez-la pour moi !

Ce qui se passa en moi pendant ce moment, je ne saurais le définir, car rien dans mon caractère n'explique la résolution que je pris alors de maintenir le prince dans son erreur, et de me résigner à ce rôle de frère, jusqu'au moment où je pourrais lui prouver l'innocence de mes rapports avec sa femme. D'abord la crainte de compromettre Alexine m'inspira seule; puis l'accent vrai et touchant de ce malheureux, qui m'implorait avec tant de chaleur, acheva de m'entraîner; sans prévoir à quoi je m'engageais par ce mensonge, je m'abandonnai à un sentiment généreux, qui redoubla en voyant l'état où tant d'émotions diverses plongèrent Olowsky.

Quand je voulus le relever, je sentis sa tête s'appesantir sur mon bras; il avait perdu connaissance. Alors j'appelai Moritz de toutes mes forces; ma voix retentit dans le silence de la nuit, et je vis bientôt Moritz accourir vers nous. Une gourde remplie d'eau-de-vie, qui ne le quittait pas, m'aida à ranimer un instant le pauvre Olowsky, tant affaibli par les saignées ; mais il retomba bientôt dans un profond anéantissement. Son regard immobile, son pouls, dont les battements inégaux annonçaient la fièvre, me firent craindre un accès violent, et je traversai le lac en proie à des sentiments bien différents de ceux qui m'animaient quand je le passai pour aller défier un rival.

Quand nous arrivâmes aux bains de la comtesse de B...., Moritz me conjura d'accompagner les bateliers qu'il venait de réveiller pour porter le prince jusqu'à la maison, afin, disait-il, d'expliquer comment ce monsieur s'était trouvé mal ; car un semblable accident arrivé au milieu de la nuit pouvait lui susciter quelque mauvaise affaire. J'étais fort embarrassé de donner un motif raisonnable à ma rencontre avec le prince ; j'imaginai une partie de pêche aux flambeaux, pendant laquelle il se serait évanoui. Enfin, comme je lui donnais des soins fort empressés, M. de S..., le médecin qui se trouvait chez la comtesse B...., crut facilement à mon récit, et me proposa de passer le reste de la nuit près du malade ; j'y consentis ; mais désirant me trouver seul avec le prince, lorsque la potion qu'il venait de prendre aurait ranimé ses forces, j'engageai le docteur à aller se remettre au lit.

Que de réflexions m'assaillirent auprès de cet homme souffrant confié à mes soins, de ce malheureux, possesseur d'un bien qui réunissait à lui seul tous les vœux de mon cœur ! Que de projets, de sacrifices, d'ambitions, de regrets amers passèrent par mon esprit, pendant ces heures silencieuses !...

Un soupir douloureux m'annonça le réveil d'Olowsky. Il paraissait calme ; à ma vue, il fit un mouvement de surprise ; puis, cherchant à rassembler ses souvenirs, il sourit en me tendant la main ; je pris cette main amaigrie par de longues souffrances, je la serrai cordialement, et réclamant du prince toute la confiance que doit inspirer un homme d'honneur, je lui fis jurer d'écouter sans l'interrompre l'aveu que j'avais à lui faire, et je lui racontai franchement comment, sans lui avoir jamais parlé, sans être connu d'elle, j'étais devenu passionnément amoureux d'Alexine.

Pendant cette singulière confidence, j'observais les différentes impressions qu'elle faisait naître ; c'était un combat entre le doute et la sécurité, entre la loyauté qui rassure, et la jalousie qui craint tout ; enfin, le sentiment d'honneur, qui est la sympathie des âmes nobles, l'emporta.

— Je vous crois, dit le prince, malgré tout ce qu'il y a d'incroyable dans ce que vous venez de me dire ; mais pour m'affermir dans cette confiance, il faut un sacrifice : le repos d'Alexine, le mien, le vôtre en dépendent.

— Qu'allez-vous exiger? repris-je en retirant la main qu'il pressait dans la sienne.

— Vous le devinez assez, et je vois que j'avais trop présumé de vous.

— Enfin, que faut-il faire? demandai-je avec impatience.

— Il faut employer l'ascendant que vous donne auprès d'elle cette prétendue puissance occulte qu'elle vous suppose, pour obtenir mon pardon, pour la convaincre qu'en se fiant à mon amour elle n'a plus rien à craindre, que son bonheur est mon unique vœu, que j'y consacrerai ma vie entière ; alors, je croirai que son honneur, sa tranquillité vous sont chers ; alors, je vous regarderai comme le plus loyal, le plus généreux des hommes.

— Au nom de son bonheur, dites-vous ? Ah ! vous pouvez tout exiger, s'il est vrai qu'elle puisse être heureuse en...

Le prince ne me laissa point achever, empressé de m'apprendre ce qu'il attendait de mon dévouement, et de profiter ainsi de l'élan généreux qui me portait à le servir, il me remit la lettre qu'il espérait faire parvenir la veille à la princesse; lorsque je l'arrêtai près du château Byron.

— J'ai juré de ne point violer sa retraite, ajouta-t-il, et je tiendrai ma parole ; mais que je la voie un instant ! qu'elle consente à entendre ma prière, mes serments, et je m'engage sur l'honneur à la fuir si elle me l'ordonne. Vous serez le garant de cette cruelle promesse.

En finissant ces mots, Olowsky tomba dans un état de faiblesse alarmant. Je courus appeler le docteur de S.... Après avoir tâté le pouls du malade, il me dit à voix basse : « Voici un homme, qu'on a presque tué pour le guérir ; à force d'opium et de saignées, les médecins de son pays l'ont mis dans un si misérable état, que la moindre crise doit l'emporter.

— Comment se peut-il que les gens de l'art ?..

— Ah ! ce n'est pas leur faute : lui-même me disait dernièrement que, dans ses moments lucides, il leur répétait sans cesse : « Il faut me tuer, ou me guérir. »

— Pauvre malheureux ! m'écriai-je sincèrement attendri sur son sort, et décidé à l'adoucir par tous les sacrifices possibles.

VIII

Dès que le prince fut ranimé, je revins chez moi déterminé à m'acquitter sans délai du nouveau devoir que je venais de m'imposer. Malgré tout ce que ce devoir avait de pénible, je suis trop franc pour ne pas avouer la secrète joie qui faisait battre mon cœur en pensant que j'allais parler à Alexine, l'entendre; que j'allais lire sur ses traits charmants l'impression que produirait ma présence; car je ne voulais pas me présenter comme l'émissaire de l'homme qu'elle redoutait, c'était à l'inconnu, à ce frère idéal, qu'elle parait d'un pouvoir merveilleux, qu'elle devait accorder un moment d'entretien : en conséquence, j'écrivis à la princesse un petit mot bien respectueux, bien rassurant, dans lequel je m'annonçais comme ayant à lui parler d'un intérêt grave, et j'attendis avec une impatience folle la réponse qui devait autoriser ma visite.

Elle arriva enfin : on consentait à me recevoir, mais sans me prescrire d'heure. Il était midi passé : je fis seller les chevaux ; puis m'habillant avec une sorte de recherche (car les petits sentiments de vanité se mêlent souvent aux plus nobles), je pris la route de Genève, pour me rendre plus tôt au château Byron.

La grille était ouverte; j'étais attendu : mon empressement étant ainsi deviné me donnait l'espérance d'un accueil favorable, et pourtant je tremblais comme un coupable en suivant le domestique qui devait m'annoncer. Il ouvre la porte du salon : j'aperçois une jeune femme vêtue de noir ; elle travaille à un métier de tapisserie; mais sa taille est petite, sa chevelure est brune. Ce n'est pas elle. Je salue et garde le silence; on fait avancer un siége ; on me propose de m'asseoir : je m'incline de nouveau, et je reste debout dans l'attitude d'une personne qui attend quelqu'un. Mes yeux se fixent sur une porte ouverte : c'est celle de la chambre d'Alexine. La jeune personne veut m'adresser la parole : elle s'embarrasse dans sa phrase; je l'interromps en lui demandant si je puis avoir l'honneur de parler à madame la princesse Olowsky. A cette question, qui prouve assez que je ne me méprends pas, Alexine paraît : l'émotion que j'éprouve alors semble se refléter sur son beau visage ; elle rougit; ses yeux, levés un instant sur moi, se baissent aussitôt, et, dans son trouble, elle oublie de me saluer, et peut à peine articuler quelques mots polis, mais sans aucun sens.

Ah! combien sa gaucherie gracieuse, son tremblement timide me ravissaient! Que je lui savais bon gré de manquer, en cette occasion, à l'usage du monde, et de manquer d'empire sur elle pour me cacher ce que cette entrevue lui causait!

Qu'elle était belle!

Retrouvant tout mon courage dans sa faiblesse, je m'approche d'elle comme pour ne pas être entendu de sa demoiselle de compagnie, et je lui remets la lettre du prince. Elle reconnaît l'écriture; je la vois pâlir : un étonnement mêlé de crainte se peint dans ses yeux; celui dont elle ne connaît que l'amour, cet inconnu qui s'offre pour la défendre contre son mari se fait le messager de l'homme qu'il veut combattre : elle n'y comprend rien.

— Comment se fait-il, monsieur, dit-elle enfin

d'une voix émue, que cette lettre soit tombée entre vos mains?

Je ne répondis point, un regard porté sur la personne qui se trouvait là expliqua mon silence.

— Ma chère Euphémie, dit la princesse en prenant un volume sur la cheminée, faites-moi le plaisir de faire porter ce livre au docteur.

Dès que nous nous trouvâmes seuls, ce fut à mon tour d'être embarrassé ; car je tremblais d'effrayer Alexine par l'exaltation des sentiments qui m'agitaient ; le bonheur d'être près d'elle, l'espoir d'avoir jeté quelque trouble en son âme ; la résolution d'immoler l'intérêt le plus cher à l'honneur, la joie, le regret, tout m'enivrait ; j'avais la fièvre !

— Oui, madame, dis-je alors en répondant à sa pensée, celui qui vous parle aujourd'hui pour la première fois, celui dont vous êtes l'existence, est le même qui vient vous implorer pour un malheureux digne de votre pitié ; je le haïssais plus que vous ne le haïssiez vous-même, car il avait attenté à vos jours ; mais si, dévoré du désir de vous venger, ma colère s'est changée en pitié, votre ressentiment doit céder à son malheur. Son crime involontaire est votre ouvrage; pardonnez-lui, écoutez sa prière. Ah! je n'ai jamais mieux conçu comment l'excès d'un sentiment inspiré par vous peut conduire à la démence !

En disant ces mots, d'un ton que je voulais rendre calme, je sentais qu'à l'aspect de cet être adorable ma tête s'égarait. Pendant que je parlais, Alexine s'efforçait de lire la lettre qu'elle venait d'ouvrir ; mais, toute à mes paroles, ses yeux seuls lisaient, et je voyais qu'en m'entendant plaider ainsi la cause de son mari, elle se disait intérieurement :

— Il ne m'aime donc pas?

Avec plus de générosité, j'aurais dû la laisser dans cette croyance; mais mon héroïsme n'allait pas jusqu'à la vertu; je pouvais me sacrifier, mais non laisser ignorer l'étendue du sacrifice. Pauvre humanité ! Elle-même, cette femme angélique, dont la pureté était empreinte sur le front virginal, ne se défendit pas alors d'un mouvement de dépit. Je vis tout à coup changer l'expresssion de son visage; ce fut avec une froideur affectée qu'elle me répondit :

— Je n'ai jamais eu, monsieur, la pensée

d'accuser le prince Olowsky d'un malheur qui n'est pas sa faute; cet accident m'a laissé, il est vrai, une terreur jusqu'à présent invincible; les souffrances qui m'en sont restées, la profonde tristesse qu'un tel événement devait jeter sur ma vie m'ont décidée à la passer loin du monde, dans une solitude complète, ajouta-t-elle en appuyant sur ces derniers mots, et je crois plus sage de ne rien changer à ce projet; cependant si vous pensez que le prince...

— Moi, madame? interrompis-je, oubliant la sévérité du devoir que je m'étais imposé; moi! oser vous détourner d'un projet dont votre repos dépend? moi, vous conseiller de vous livrer à celui?... Non, madame, je n'ai pas tant de vertu; et, s'il faut vous l'avouer, tout mon courage expire à la seule idée de votre condescendance; accusez-moi d'inconséquence, de trahison même; car j'avais juré de le servir, de vous rendre à lui, et je me sens frémir de rage à cette seule pensée. Dans ma folie, à moi, dans cette folie mille fois plus coupable que la sienne, je m'étais flatté d'un héroïsme impossible : vous seule pouviez me l'inspirer. Si j'avais lu un regret dans vos yeux; si touchée de mon amour, il avait un moment fait battre votre cœur, alors tout me serait devenu possible; oui, ajoutai-je en me rapprochant d'Alexine, car une larme coulait sur sa joue; oui, vous m'auriez donné jusqu'au courage de vous perdre pour...

— Oh! mon Dieu, dit-elle en levant ses yeux humides vers le ciel, je pouvais être aimée!...

— Ah! vous le serez toujours! m'écriai-je en m'emparant de sa main; quel que soit votre sort, le mien vous est soumis; je serai, à votre gré, le plus malheureux ou le plus heureux des hommes, le plus coupable ou le plus vertueux.

— Mais, serait-ce possible? disait Alexine comme en rêvant; m'aimer sans me connaître...

— Eh! connaît-on son Dieu pour l'adorer? N'est-ce pas notre amour qui nous répond de son indulgence? Ah! le mien est trop vrai pour redouter votre colère. Alexine, ne me cachez pas ce qu'il vous inspire; il y va de ma vie, de mon honneur, peut-être : pour savoir mourir, il faut se croire aimé.

— Qu'exigez-vous? répondit-elle d'une voix à peine articulée, je ne m'appartiens point; ah! si l'on n'avait pas disposé de ma vie...

— Dis qu'elle serait à moi! m'écriai-je en

tombant à ses pieds ; dis que cet amour qui m'enivre a pénétré ton cœur. Dis que tes vœux secrets, une puissance inconnue, t'entraînent vers moi ; que tu pleures sur le sort qui nous sépare, que tu te fies à mon honneur, que tu m'aimes, enfin ; ah ! dis-le, car je le sais...

— Éloignez-vous d'ici ! reprit-elle en me repoussant avec effroi, mais d'une voix empreinte de toutes les émotions de l'amour ; ah ! n'abusez pas de ce pouvoir qui vous livre tous les secrets de mon cœur. Voyez, je pleure, je tremble, oui, j'ai peur de vous aimer, vous que je ne connais pas, vous qui me faites dire ce que je n'ai dit de ma vie ; oh ! mon Dieu, prenez pitié de moi !

Et son regard suppliant, ses mains jointes comme pour la prière, tout en elle implorait cette puissance occulte dont elle croyait reconnaître l'empire. J'étais dans l'ivresse d'un bonheur inespéré, dans cette espèce d'enchantement où plonge un premier aveu ; et le ciel sait ce que serait devenue ma raison, si l'arrivée de la jeune Euphémie ne l'eût rappelée.

La crainte de compromettre Alexine me rendit aussitôt ma présence d'esprit, je pris alors le ton suppliant pour obtenir d'elle une réponse favorable au prince; je lui peignis l'état de souffrance où je l'avais laissé, et j'ajoutai, d'un accent pénétré :

— Après ce que je viens d'entendre, madame, vous comprenez qu'il ne m'est pas permis de retourner auprès du prince, sans lui rapporter l'assurance que vous consentez à le voir ?

— Oui, je le verrai, dit-elle en faisant un effort sur elle-même; et vous pouvez lui affirmer que rien ne saurait m'empêcher de remplir mes devoirs envers lui.

A ces mots elle rentra dans sa chambre, et je m'éloignai du château Byron, le cœur plein de bonheur, de désespoir et d'amour.

IX

— Elle vous recevra, dis-je au prince Olowsky.

Et ce mot, vrai talisman, eut la puissance de le rétablir en moins de deux jours.

— Je la reverrai, répétait-il sans cesse, elle me pardonnera. Ah! je mourrai de joie en baisant ses pieds... Mon ami, ajoutait-il en se tournant vers moi; oui, l'ami le plus noble, le plus dévoué, que de reconnaissance je vous dois! car l'homme qui s'est conduit ainsi ne me trahira jamais, n'est-ce pas?

— Jamais, répétai-je en serrant sa main. Puis je le quittai pour qu'il ne devinât point tout ce que me coûtait cette promesse.

Alors seulement ma situation m'apparut dans tout ce qu'elle avait de pénible; je reconnus avec honte la part que l'état de maladie du prince Olowsky avait eue dans mon dévouement pour lui; j'aime à croire que la raison, l'honneur, auraient suffi pour me résigner à un si grand sacrifice ; mais une espérance que je n'osais m'avouer le rendait si facile !

Vous qui m'écoutez, vous êtes sans doute à l'abri de semblables faiblesses ; vous savez être nettement vertueux ou coupables ; quant à moi, le diable se mêle toujours un peu dans le bien que je fais, et souvent un bon sentiment ennoblit mes fautes.

Je venais de me lier par un serment irrévocable, ma conduite était tracée : il fallait renoncer à l'amour d'Alexine, et cela, au moment même où j'en obtenais l'aveu. Cette pensée me plongea dans un accablement profond d'où je ne sortis que pour me livrer à des projets insensés ou à des imprécations violentes contre ma destinée. Ma souffrance était trop vive pour échapper au cœur de ma mère ; elle m'en parla avec cette douceur qui promet l'indulgence, et je trouvai quelque soulagement à lui confier ce qui m'avait amené à ce degré de malheur.

Pendant cet entretien, on me remit un billet du prince Olowsky. Il espérait, écrivait-il, être en état de se rendre le lendemain matin au château Byron, et me suppliait de l'y accompagner C'é-

tait mettre ma générosité à une trop rude épreuve ;
je répondis que la santé de ma mère ne me permettait pas de la quitter en ce moment. J'écrivis ensuite une longue lettre à Alexine, dans laquelle je lui avouai que cette puissance qui m'instruisait si souvent de ses actions n'était autre que le télescope, car j'aurais eu honte d'abuser de sa crédulité et de mêler la ruse la plus innocente même, à l'amour que je ressentais pour elle. Je finissais par la conjurer au nom d'un cruel souvenir, de ne pas revoir son mari sans témoin ; car on devait craindre l'effet de ce bonheur si impatiemment désiré sur un cerveau à peine guéri. La jalousie n'avait pas moins de part que la prudence dans cette recommandation, j'en conviens. Depuis que l'avais vu la joie briller dans les traits d'Olowsky, il me semblait que l'expression un peu dure de son visage s'était adoucie ; je lui trouvais une foule d'avantages qui, joints à son caractère noble, passionné, devaient le faire aimer. Les yeux d'un rival sont toujours si flatteurs !

Un peu avant l'heure où je présumai que le prince arriverait chez Alexine, je montai au belvédère ; il faisait un temps admirable.

J'aperçus Alexine écrivant près de la fenêtre; une lettre ouverte était sur sa table, ce devait être la mienne, elle me répondait peut-être. Un domestique entre; elle se lève précipitamment, serre les papiers dans un pupitre, et court s'asseoir sur la terrasse.

— Elle sait que je la vois, pensai-je, et je me sentis ému de reconnaissance.

Au moment même, un homme se jeta à ses pieds, les baigna de larmes; elle lui tendit la main; mais quand il voulut presser cette main sur son cœur, ses forces l'abandonnèrent; il tomba inanimé sur le sable. On vint à son secours; Alexine soutenait sa tête décolorée tandis que le docteur russe lui faisait respirer des sels : bientôt après, je vis qu'on transportait le prince dans la chambre autrefois habitée par la comtesse Noravief. Alexine allait, venait, donnait des ordres. Un domestique à cheval passa rapidement sur la route; il se rendait sans doute à Genève, pour aller chercher les secours nécessaires. L'effroi, le désordre qui semblait régner dans la maison me dit assez que le prince était en danger; je m'en affligeai sincèrement, car je le pressentais, la terreur, l'éloignement d'Alexine pour Olowsky céderaient à la pitié, et j'avais plus à craindre de son malheur, que de son amour et de ses droits.

Dans mon inquiétude sur cet événement, j'envoyai Raimond demander des nouvelles du prince, je lui dis de tâcher d'en savoir par la princesse elle-même. Voici la lettre qu'il me rapporta :

« Vous savez ma pensée. Quel que soit le hasard ou la puissance qui vous ait dévoilé mon cœur, vous savez le trouble que vous y avez jeté ; ne soyez pas moins généreux pour moi que vous l'avez été pour celui qui réclame aujourd'hui mes soins et ma vie. Un ordre de l'empereur le rappelle à Saint-Pétersbourg, sous peine de perdre tous ses biens ; il va s'y rendre, et moi je l'accompagne. Par grâce, ne nous suivez pas !

« Adieu ; cette prière vous dit assez ce que vous êtes pour moi. »

Ne plus la voir, mettre l'Europe entre elle et moi, se sentir glacé d'avance par l'oubli qui doit naître d'un semblable éloignement, c'était plus qu'il n'en fallait pour me livrer au désespoir.

Raimond, effrayé de l'agitation où cette lettre

me plongeait, tenta de me calmer en m'apprenant que le prince était retombé dans un accès de démence qui avait duré plusieurs heures; mais cette démence, loin d'avoir un caractère furieux, tournait à la mélancolie noire, et, dans ses moments lucides, il disait tant de choses touchantes, qu'il attendrissait tout le monde. Les médecins, ajouta Raimond, prétendent que lorsque la folie dégénère en cette sorte de mélancolie, elle est incurable; mais qu'on peut vivre fort longtemps dans cet état déplorable.

C'était prononcer mon arrêt; mais avant de subir cette mort de mon âme, je voulus revoir encore une fois Alexine.

Quand j'arrivai le lendemain au château Byron, l'aspect de deux voitures auxquelles on attelait des chevaux de poste me frappa comme l'eût pu faire un convoi funèbre. J'eus de la peine à recueillir assez de force pour demander à être conduit près du prince Olowsky. Je le trouvai étendu sur un canapé et gardé par deux valets de chambre, dont l'un me dit :

—Vous pouvez approcher, monsieur, le prince est calme.

Et il se retira, en faisant signe à son camarade de le suivre.

A peine Olowsky m'eut-il aperçu, qu'il me tendit les bras.

— Ah! mon ami, que je vous devrai une douce mort! dit-il d'une voix faible.

Et je me sentis presser sur son cœur. Au même instant, la porte s'ouvrit; Alexine resta immobile de surprise en me voyant. L'émotion me suffoquait; je ne pouvais proférer un mot.

— Elle a pardonné, continua le prince en se tournant vers Alexine; et c'est à vous que je dois tant de...

— Calmez-vous, interrompit-elle en s'approchant du prince; le docteur exige que vous ne parliez pas. Songez que la moindre agitation peut vous rendre la fièvre et nous empêcher de partir...

— Ce départ est-il donc nécessaire? dis-je en fixant mon regard sur Alexine.

— Indispensable, répondit-elle d'une voix ferme et les yeux pleins de larmes.

Je baissai la tête, comme accablé sous le poids d'une sentence de mort.

— Tenez, ajouta-t-elle en me présentant une

boîte cachetée, voilà un souvenir qui vous prouvera notre estime à tous deux et qui vous empêchera d'oublier tout ce que nous vous devons.

Elle respirait si difficilement en disant ces derniers mots, que je les entendis à peine.

On allait et venait autour de moi, je ne voyais rien, mon existence était comme suspendue.

Le prince m'embrassa avant de se faire transporter dans sa voiture : à peine si je m'en aperçus. Le coude appuyé sur le montant du canapé, je soutenais ma tête brûlante, ma main cachait mes yeux, j'étais anéanti. Tout à coup je sens une main inondée de larmes, j'entends ces mots : « Je t'aime ; adieu ! » Mes bras enlacent Alexine, je la sens frémir sur mon cœur. Une voix l'appelle ; elle m'ordonne de la laisser partir, j'obéis.

Le lendemain de ce jour cruel, j'étais sur la route de Grenoble, les yeux fixés sur le portrait qu'Alexine m'avait donné en partant, sur ce portrait charmant qu'elle avait destiné à sa tante ; et j'allais chercher, dans les austérités du couvent de la Trappe, les seules consolations à mes regrets déchirants. C'était offenser ma mère, c'était l'abandonner ; le ciel n'a pas permis que je devinsse coupable, et la mort du prince Olowsky...

— En vérité, on n'a pas une plus belle mémoire, interrompit en souriant une jolie femme qui avait écouté le récit de M. de Norcelles avec un vif intérêt : pas une action, pas un mot d'oublié ! Convenez que j'ai bien fait de vous rendre aussi malheureux, et qu'avec plus de bonté, je ne m'appellerais pas aujourd'hui madame de Norcelles.

— Ce serait bien dommage, reprit Enguerrand en baisant la main d'Alexine.

LE CHALE ET LE CHIEN

J'habitais alors l'immense château du L..., situé au bas de la colline d'Écouen. Ce manoir gothique, aux doubles cours, aux vieilles tourelles, bâti autrefois par un prince de la maison de Condé, et encore décoré d'illustres tableaux de famille, avait un aspect féodal qui ramenait aux temps des croisades, des vœux, des apparitions et des récits miraculeux. Assis, le soir, autour du grand foyer, dont les plus jeunes occupaient les coins enfumés, nous nous amusions à raconter des histoires surprenantes. Les mieux écoutées étaient toujours celles des plus crédules; les doutes, les plaisanteries ironiques, les bons mots d'esprits forts étaient interdits aux auditeurs, et la rédaction du conteur y gagnait. Méhul était l'Homère du genre ; son imagination mélancolique, sa foi dans le surnaturel, la noble simplicité de ses expressions, charmaient à tel point, que les moins sensibles à ces sortes de récits en restaient longtemps émus. Le premier consul était un de ceux qui se plaisaient le plus à frémir à ces sortes d'histoires; et dans le petit salon de la Malmaison, dans cette charmante retraite où les arts fraternisaient alors avec la gloire, un récit fantastique de Méhul succédait souvent à celui d'une bataille ; c'était passer d'un merveilleux à un autre.

Ce soir-là, Méhul, ayant mal à la poitrine, prétendit qu'on devait faire pour lui ce qu'il faisait si souvent pour nous, et il réclama une histoire.

— J'en sais bien une, dit alors M. de la B..., mais vous n'y croirez pas.

— Pourquoi cela ? dis-je.

— Parce que je l'ai vue et que je n'y crois pas moi-même.

— Je le pense bien, reprit Méhul, un voltairien comme vous doit douter de tout.

— Foi d'honnête homme, répliqua M. de

la B...., j'ai cherché à me l'expliquer de cent manières sans pouvoir y parvenir ; cependant je suis bien persuadé de l'impossibilité d'un pareil miracle ; mais le fait est là, sinon pour me démentir, au moins pour me confondre.

Cette préface redoubla notre curiosité, nous rapprochâmes nos sièges pour rendre le cercle plus intime, et seulement éclairés par la flamme du sarment qui pétillait dans la haute cheminée, nous attendîmes avec impatience que M. de la B... commençât.

Je revenais du Piémont, où j'avais rencontré un jeune homme doué d'une figure intéressante, d'un esprit distingué et de cette sorte de politesse qui se change bientôt en cordialité quand on voyage ensemble. Une longue route, des ennuis, des fatigues, quelques dangers bravés courageusement par tous les deux, nous avaient unis de goût, de cœur et d'esprit ; il arrivait de Naples, où il avait été pour se distraire d'un chagrin dont le nom n'est pas difficile à deviner. J'avais la discrétion de ne pas lui en parler, sorte de barbarie qu'on prend pour de la délicatesse ; il s'ensuivait que la moitié du temps il me répondait sans m'avoir écouté, et que je le choquais par une gaieté intempestive.

Enfin nous trouvant un jour à Turin, dans une galerie de tableaux, je le vis tout à coup fondre en larmes à la vue d'une madone d'André del Sarto, dont l'expression est ravissante ; je pensai qu'elle lui rappelait la femme qui causait sa tristesse, et je le lui dis franchement. Cette indiscrétion mit fin au supplice qu'il s'imposait depuis longtemps, et il soulagea son cœur par la confidence de toutes les douleurs qui l'oppressaient.

Frédéric, né de parents fort riches, avait achevé son éducation en Allemagne, principe fort à la mode chez les gens de finance, qui s'imaginent qu'en parlant bien la langue de ce pays, on peut traiter plus facilement avec les juifs millionnaires qui régissent l'Europe. Francfort avait d'abord été choisi pour sa première station ; il devait y apprendre toute la diplomatie du commerce, et la maison Betman, à laquelle il était recommandé, lui offrait mille ressources en ce genre ; mais dans cette maison opulente on donnait des fêtes, où les plus jolies femmes de la ville joutaient de tous leurs moyens pour troubler le repos des pauvres invités. C'était là que Frédéric avait rencontré une jeune personne, belle, d'une famille noble, et ruinée par la guerre avec la France, une de ces créatures que le ciel destine à l'amour, et qu'on ne peut voir sans émotion.

Après quelques mots tendres, accueillis avec toute la candeur d'une âme pure, Frédéric crut pouvoir la demander en mariage, sans s'inquiéter de l'avis de sa famille. Sa demande fut bien reçue du père de la jeune Odille (c'est ainsi qu'il la nommait) ; mais, voulant savoir si les parents de Frédéric consentiraient à lui voir prendre une femme sans fortune, le père d'Odille avait écrit à ce sujet, et la réponse, insolemment dédaigneuse qu'il en avait reçue, l'avait déterminé à partir subitement pour Cologne, où il se proposait de marier sa fille à un riche négociant, depuis longtemps ami de sa famille.

Le désespoir de Frédéric, en apprenant le départ de sa bien-aimée, ne peut se comparer qu'à celui qu'il éprouva peu de temps après en apprenant qu'elle venait d'épouser M. Vander S... Cependant il feignit de vouloir s'en venger par des liaisons scandaleuses, et quand il crut tou le monde convaincu qu'il avait perdu le souvenir d'Odille, il commença le voyage des bords du Rhin, et s'arrêta bientôt à Cologne.

M. Vander S... n'avait point entendu parler de Frédéric, et, charmé de faire honneur aux lettres dont il était muni, il lui offrit tous les avantages d'une douce hospitalité. Odille ne cacha point à son mari qu'elle avait connu Frédéric à Francfort. Sa franchise n'alla pas plus loin ; elle aurait craint d'alarmer inutilement son mari en lui parlant d'un amour qu'elle croyait éteint dans le cœur de Frédéric. Elle se trompait ; jamais cette passion n'avait été plus vive ; la langueur qui se peignait dans les yeux d'Odille, sa résignation à remplir ses devoirs, ses soins constants à faire honorer le mari qu'elle ne pouvait aimer, la rendaient mille fois plus séduisante que n'aurait fait tout l'art de la coquetterie. Frédéric en perdait la raison.

Un jour qu'il la trouva seule, il osa lui dire combien il souffrait de son indifférence : c'était se mentir à lui-même, car il savait bien être aimé ; mais en amour les injustices rapportent toujours quelque chose. Odille se justifia en pleurant ; elle conjura Frédéric de ne plus lui parler de son amour ou de la fuir, car elle était décidée à tout sacrifier à ses devoirs, ou plutôt à sa reconnaissance pour l'honnête homme qui l'avait épousée. Frédéric consentit à la fraternité qu'elle lui proposait, à la vérité, un peu comme le voleur qui accepte l'aumône de celui qu'il s'apprête à dévaliser. Pourtant il la rassura si bien, qu'elle s'abandonna à la plus douce confiance, et goûta pendant quelque temps le bonheur d'être aimée et d'aimer sans remords ; mais, tout en paraissant se soumettre aux ordres d'Odille, Frédéric ne perdait pas une occasion de lui être agréable.

En revenant un soir, avec plusieurs personnes de ses amies, de la promenade qui borde le Rhin, elle aperçut la plus jolie petite levrette blanche qu'on puisse voir, et s'écria :

— Que je voudrais que ce joli chien fût à moi !

— Il appartient à cet Anglais que vous voyez là-bas, dit quelqu'un, je le rencontre souvent en allant à Deutz, où demeure son maître ; c'est un voyageur, je pense.

Le lendemain, de grand matin, Frédéric se rend à Deutz, et prend les détours les plus ingénieux pour amener l'Anglais à lui céder son chien; mais celui-ci répondait :

— J'ai rapporté mon cher *Fido* de Florence, je ne saurais m'en procurer un semblable dans vos pays glacés; j'y suis attaché, et je le garde. Si l'on vous proposait, monsieur, de céder le beau cheval arabe que vous montez là, ajouta l'Anglais en passant sa main sur la crinière du cheval de Frédéric, vous n'y consentiriez pas facilement, convenez-en. Je n'en ai jamais vu de plus joli.

— Eh bien, troquons d'amis, reprit Frédéric, votre chien pour mon cheval.

— Vous feriez un trop mauvais marché.

— Qu'en savez-vous ? répliqua Frédéric en souriant.

— Ah ! si mon chien doit vous rapporter...

Un regard malin termina la phrase. Ce marché avait un caractère d'originalité qui devait séduire un Anglais. Il l'accepta, à condition que Frédéric reprendrait son cheval, si l'acquisition de Fido ne lui rapportait pas tout ce qu'il en attendait.

Quelles douces exclamations! quel transport de reconnaissance accueillirent le joli Fido lorsque la femme de chambre d'Odille le fît entrer avec elle chez sa maîtresse. Les volets sont à peine ouverts, qu'il saute sur le pied du lit, comme s'il était chargé de la réveiller par un souvenir de celui qui l'aime, puis il pleure; on voit qu'il regrette un ami. Cette preuve de sentiment est récompensée par des caresses. On le flatte, on l'appelle de tous les noms qu'on voudrait donner à un autre; et Frédéric, assis dans le salon qui précède la chambre d'Odille, entend avec ravissement ces mots tendres qu'il croit ne pouvoir s'adresser qu'à lui.

Depuis ce moment, Fido devint l'interprète des sentiments, des reproches, qu'on n'aurait pas osé se dire; on l'accablait de soins, il était frileux comme tous les chiens nés dans les climats chauds, et la peur de le voir succomber au froid de nos hivers, avait engagé Frédéric à lui donner pour couverture un grand châle de cachemire que lui avait vendu un juif de Cologne, lequel châle aurait figuré dignement dans une corbeille de mariée. Rien n'est secret dans une petite ville; le mari d'Odille apprit bientôt que le beau cheval de Frédéric avait payé un caprice de sa femme. Il en résulta quelques reproches d'autant plus pénibles qu'ils étaiént accompagnés de tout ce qui peut en atténuer l'amertume ; c'était plutôt un avertissement qu'un soupçon jaloux ; mais il n'en fallut pas davantage pour éclairer Odille sur le danger qui la menaçait. Frédéric reçut en même temps l'aveu de l'empire qu'il exerçait et l'ordre de s'éloigner d'elle. Pour prix de son obéissance, il fallut lui permettre d'écrire, lui promettre de répondre, ce qui ne l'empêcha pas de partir désespéré.

Un an s'était écoulé depuis cette cruelle séparation, Frédéric l'avait employé à voyager en Sicile et dans les plus belles parties de l'Italie, faisant dans chaque principale ville un assez long séjour pour y recevoir une lettre d'Odille. Depuis que Venise a perdu sa splendeur, son tribunal secret et ses masques, il est d'usage de passer son carnaval à Rome : c'est une espèce de devoir imposé aux voyageurs, et qu'ils remplissent avec plaisir.

Pendant ces huit jours de saturnales, toute affaire sérieuse est suspendue ; on ne pense qu'à rire, à plaire ou à se rencontrer ; le printemps, qui commence à se faire sentir, jette, pour ainsi dire, un parfum d'amour sur toutes ces démonstrations de joie; les anémones, les bouquets de violettes sont lancés de toutes parts, à travers une grêle de dragées, et parviennent toujours à la femme la plus jolie, au char le plus élégant.

Dans cette fièvre générale, il n'y a pas moyen de cacher sa pensée; la femme honnête y montre sa préférence, l'autre, sa jalousie, et chacun s'y dévoue, à son insu, à ce qu'il aime.

La tristesse de Frédéric ne tint pas contre ce prestige, et quand il vit, à la file du Corso, la belle duchesse L... détacher son bouquet et le lancer dans la calèche où il se trouvait seul, il ne put s'empêcher de presser ce bouquet sur ses lèvres, après l'avoir adroitement retenu.

Le soir même, au bal de l'ambassadeur de France, la duchesse se plaignit d'une violente migraine, pria Frédéric de faire avancer sa voiture, et tous deux y montèrent. C'est ainsi que se traite une affaire d'amour dans un pays où on s'y connaît, ajouta le conteur; et j'en demande bien pardon à ces dames; mais le manque de préface ne nuit pas plus au charme de ces sortes d'histoires qu'à nos récits modernes : c'est une économie de phrases, voilà tout.

Frédéric fut d'abord très-heureux de son suc

cès auprès de la belle duchesse L..., puis très-repentant de son infidélité; une lettre était là, sur son cœur ; il devait y répondre, sa conscience d'amant s'y refusa. Il est des profanations impossibles à un homme délicat, et Frédéric aima mieux laisser Odille dans l'inquiétude que de la rassurer en la trompant ; puis, comme nous voulons toujours nous justifier des torts qui nous amusent, Frédéric se persuada qu'il y avait de la vertu de sa part à chercher tous les moyens de se distraire d'un amour coupable, et quand cet argument ne lui parut pas assez fort, il y joignit une supposition offensante, et se peignit Odille inconstante comme lui.

Frédéric s'aperçut bientôt que la duchesse L... lui ménageait un successeur dans l'aide-de-camp d'un général français qui venait d'arriver à Rome, et, pour lui épargner les embarras d'une rupture, il partit sans lui faire d'autre adieu qu'une recommandation pressante de ne pas faire languir son rival.

Il espérait trouver des lettres d'Odille à Florence, et, sans même supposer qu'elle eût pu se lasser de lui écrire sans recevoir un mot de lui, il s'indigna de son silence, et résolut de l'imiter.

Dès lors il tomba dans un découragement profond, se traînant de ville en ville en voyageur ennuyé, qui se fait montrer ce que chaque endroit possède de curieux, sans y porter le moindre intérêt; car il ne sait plus à qui rendre compte de ses impressions; pour quoi en éprouverait-il?

C'est dans cette disposition d'âme que je le rencontrai à Turin. A peine m'eut-il raconté ce que je viens de vous dire, que je formai le projet de le tirer de l'état de langueur qui devait finir par éteindre toutes ses facultés.

— Puisque cette charmante Odille ne peut vous appartenir, lui dis-je, il faut travailler sérieusement à l'oublier, et vous créer des occupations qui vous empêchent d'y rêver sans cesse; le ciel vous a fait naître avec tous les éléments du bonheur, ne vous amusez pas à détruire vous-même une si belle destinée, acceptez mes conseils, mon amitié, et je vous promets de vous rendre un jour à l'existence d'un homme dont l'esprit et les talents doivent faire un jour honneur à sa patrie.

— Je m'abandonne à votre charitable amitié, répondit Frédéric en se jetant dans mes bras, délivrez-moi de son souvenir, et je vous devrai plus que la vie.

A dater de ce moment, je réglai l'emploi de nos journées, le plan de notre voyage ; il fut convenu que nous prendrions le chemin le moins habité pour traverser les Alpes et nous rendre dans le nord de la Suisse, que nous ne connaissions ni l'un ni l'autre, et que nous reviendrions par la route de Strasbourg.

A force de fatiguer, d'endoctriner et d'amuser mon jeune ami, j'étais parvenu à le distraire un peu du souvenir qui l'oppressait, parfois même ma gaieté réveillait la sienne ; il se moquait de ma philosophie, moi, je riais de son exaltation mélancolique ; je voulais tout voir, lui, tout sentir ; j'étais bavard, lui, rêveur ; et, malgré ces contrastes, nous vivions le mieux du monde ensemble.

Ainsi trottant, causant et disputant, nous venions d'arriver à Bâle, à l'auberge des *Trois-Rois*, la moins bonne et la plus chère, sans contredit, de toute la Suisse. C'était dans la saison où les Anglais s'emparent, pour ainsi dire, des treize cantons, et il ne restait de libre qu'une petite chambre à deux lits séparés par une ruelle, et tapissée de toile bleue, à carreaux blancs, que je crois voir encore. Les épais rideaux de chacun de ces lits, tombant des quatre côtés, en faisaient comme deux petits cabinets à part; cependant il aurait été impossible d'y proférer un mot sans qu'il fût entendu du lit voisin.

Après un mauvais souper, abreuvé d'un vin du Rhin qui sentait la futaille, le tout servi dans un énorme salon, dont les balcons, suspendus sur le fleuve, permettent de jouir de la plus belle vue, du bruit le plus assourdissant; nous remontâmes nous coucher.

J'avais longtemps marché, j'étais accablé de fatigue, je m'endormis bientôt profondément. A je ne sais quelle heure de la nuit, je fus réveillé par une voix qui semblait appeler. Je ne distinguai pas bien le nom qu'elle prononçait; mais ne doutant pas que cette voix ne fût celle de Frédéric, je lui demandai s'il était souffrant, s'il avait besoin de quelque chose.

— Non, me répondit-il; mais c'est vous qui m'appeliez sans doute, car j'ai entendu plusieurs fois prononcer mon nom. Vous m'avez même dit autre chose que je n'ai pas compris; car j'avais peine à m'éveiller. Il ne doit pas être plus de minuit ou une heure, et dans le premier sommeil...

— Que dites-vous donc? vous rêvez encore, mon ami, je n'ai pas ouvert la bouche; mais je vous ai fort bien entendu, moi... Peut-être parlez-vous en dormant; cela s'est vu quelquefois.

— Je ne sais si j'ai parlé en dormant; mais je suis bien sûr de vous avoir entendu m'appeler très-distinctement.

— Vous verrez que je suis devenu somnambule! Enfin, soit! vous vous portez bien, moi aussi; achevons notre nuit.

Et je me rendormis, laissant Frédéric bien convaincu que je lui avais parlé.

Peut-être une heure après, j'entendis de nouveau agiter le rideau du lit de Frédéric, puis ce mot : *adieu!* prononcé à voix basse. Il me vint à l'idée que mon camarade de voyage s'amusait à mes dépens, et qu'il n'était pas seul; mais, en ami discret, je me promettais d'attendre le jour, pour lui prouver que je n'avais pas été sa dupe, lorsqu'il me demanda à son tour pourquoi je lui disais *adieu*, et si j'avais le projet de partir avant le jour pour me rendre sans lui à Schaffhausen.

— Vous plaisantez, lui dis-je, partir sans vous!

je n'en aurais pas la mauvaise pensée, lors même que vous resteriez ici plus longtemps pour y goûter les plaisirs d'une aimable compagnie, ajoutai-je en riant.

— Moi, rester ici plus longtemps! s'écria Frédéric, que le ciel m'en préserve! Il me semble que j'y étouffe; j'éprouve une agitation qui ressemble à la fièvre; il me semble qu'un fantôme me poursuit, qu'il me parle, et pourtant le sommeil m'accable; je ne puis ouvrir les yeux, je fais des rêves effroyables.

Ces mots m'expliquant assez le bruit qui m'avait réveillé deux fois, je cessai de croire que nous fussions plus de deux dans la chambre. Le silence se rétablit, Frédéric tomba dans un profond assoupissement et mon sommeil ne fut plus troublé du reste de la nuit.

Nous avions recommandé au domestique de venir frapper à six heures du matin à notre porte. Exact à l'ordre, il venait de nous réveiller en sursaut; au même instant un cri d'effroi me fait tressaillir, je me précipite hors de mon lit, j'ouvre les rideaux de Frédéric et je l'aperçois pâle, haletant, les yeux égarés, faisant de vains efforts pour me parler, et me montrant d'une main tremblante un petit chien à moitié caché sous les palmes d'un châle bleu.

Je devine que ce chien est celui d'Odille, et, sans comprendre comment il a été apporté là, je cherche à calmer Frédéric, en lui disant que sans doute sa maîtresse est à Bâle, qu'il va la revoir; mais le pauvre jeune homme, accablé sous le poids d'une émotion qui tenait de la terreur, ne m'entendait plus; il avait perdu connaissance.

J'eus beaucoup de peine à le faire revenir à la vie, ensuite à la raison; son imagination frappée n'admettait aucun moyen naturel pour expliquer ce fait, et j'avoue qu'en trouvant notre porte fermée en dedans à double tour, je me vis moi-même très-embarrassé d'expliquer l'entrée de Fido dans notre chambre.

— Cette voix qui m'appelait, répétait Frédéric, avec l'accent de la plus vive douleur, c'était la sienne; cet adieu, c'était le dernier, je ne la verrai plus! ah! je le sens à mon désespoir, elle est morte!...

Traitant ses pressentiments de folie, je visitai tous les coins de notre chambre, soulevant la tapisserie qui recouvrait les murs, détachant des panneaux entiers de boiserie; enfin ne trouvant aucune issue par laquelle on aurait pu pénétrer secrètement chez nous, je fis monter l'aubergiste. En écoutant mon récit et les questions dont je l'accablais, il se mit à sourire d'un air qui semblait dire : Monsieur veut s'amuser. Cette incrédulité, que j'aurais sans doute témoignée comme lui à sa place, me causa une impatience extrême, et je le menaçai sérieusement de répandre sur sa maison les bruits les plus désavantageux, s'il ne m'aidait à découvrir la cause de cette mystification ; c'est ainsi que je nommai le fait que je ne pouvais comprendre, par suite du système établi parmi les hommes depuis l'enfance du monde, et qui consiste à injurier tout ce qui dépasse leur intelligence.

Cependant je persistai à croire à la présence d'Odille, et nous employâmes une semaine entière en perquisitions inutiles, soit à Bâle, soit aux environs. Il fut bien constaté que nulle femme ressemblant à madame Van der S... n'était descendue aux *Trois-Rois*, que personne de la maison ni de la ville n'avait aperçu ni le joli chien ni le beau châle; et quand nous eûmes perdu tout espoir d'en apprendre davantage, nous

nous remîmes en route pour Cologne; c'est là seulement que Frédéric devait tout savoir : c'est là qu'il devait recouvrer ou perdre le repos pour jamais.

Pendant cette longue route, Fido fut l'objet de tous ses soins; il remarquait comme un sinistre présage que ce petit animal était triste; cependant il en avait été reconnu et caressé ; mais il ne pouvait le faire jouer comme autrefois. J'avais beau lui dire que le chien était malade, Frédéric s'obstinait à le croire malheureux.

Il était onze heures du soir lorsque nous arrivâmes à Cologne, les portes de la ville étaient fermées, il nous fallut attendre quelques moments le porte-clefs. Pendant ce peu de minutes, Frédéric fut saisi d'un tremblement nerveux qui m'inquiéta. « Elle est morte! disait-il, je le sens à l'horreur qui s'empare de moi à l'aspect des murs de cette ville; je n'y trouverai plus qu'un tombeau. » Et des larmes brûlantes s'échappaient de ses yeux; j'étais moi-même atteint d'une tristesse invincible et ne trouvais pas un mot pour le rassurer.

Enfin la voiture s'arrête à l'hôtel D...; le maître de la maison vint à notre rencontre, et le premier mot de Frédéric fut : madame Van der S... est morte, n'est-ce pas ?

— Hélas ! oui, répondit l'aubergiste, monsieur a sans doute appris cette nouvelle à Aix-la-Chapelle ; c'est là qu'elle a rendu le dernier soupir, dans le cinquième mois de son veuvage : ah ! la pauvre jeune femme méritait un meilleur sort !... Mais j'oublie que ces messieurs ont peut-être mal dîné à Bonn ce matin, et je vais leur préparer un bon souper.

L'aubergiste aurait pu parler une heure encore sans que nous eussions l'idée de l'interrompre. Frédéric, atterré par ce coup qu'il avait pressenti, semblait frappé d'une insensibilité complète. Moi, je me sentais sous le poids d'une puissance mystérieuse qui confondait ma raison.

Sans pitié pour la douleur de mon ami, je voulus tenter toutes les recherches qui pouvaient apporter quelques lumières sur cet événement inexplicable, je fis venir la femme de chambre qui avait soigné Odille jusqu'à ses derniers moments. Nous sûmes par elle que sa maîtresse avait succombé au chagrin de ne plus recevoir de nouvelles de Frédéric, surtout après lui avoir appris la mort de M. Van der S... Ce cruel silence lui avait paru l'aveu de l'abandon et de l'inconstance de celui qu'elle aimait ; et sa vie n'ayant plus d'aliment, s'était éteinte dans les larmes, le jour même où le châle et le chien furent déposés sur le lit de Frédéric.

Voici ce que j'ai entendu, ajouta M. de la B... en répondant à notre étonnement, voilà ce que j'ai vu, et ce que je suis forcé de croire, en dépit de ma raison et des lumières du siècle.

LA PRINCESSE DE CONTI

Mon père avait beaucoup connu, dans sa jeunesse, une certaine madame Bar..., qui avait été première femme de chambre et confidente de la princesse Élisabeth de Bourbon-Condé, mariée à Louis-Armand Conti.

Comme toutes les vieilles femmes, madame Bar... aimait à raconter, et M. de L..., qui était grand amateur d'histoires scandaleuses, lui parlait sans cesse de ce temps qu'elle appelait le beau temps de la régence, dans l'espoir de l'amener au récit de quelque aventure galante de cette époque, moyen qui lui réussissait toujours. A force de conter, la mémoire et les faits s'épuisent, et madame Bar... dit un soir à mon père qu'elle était au bout de ses histoires; qu'il ne lui en restait plus qu'une dont elle avait promis de garder le secret, car son ancienne maîtresse y jouait le premier rôle, et le souvenir religieux qu'elle lui conservait ne lui permettait pas de révéler cette aventure étrange. Une telle restriction devait redoubler la curiosité de M. de L...; il prouva à madame Bar... que l'amour de la princesse de Conti pour le marquis de La Fare ayant été connu de la cour et de la ville, un chapitre de plus à ce roman ne pouvait qu'ajouter à l'intérêt, sans y donner plus de publicité.

— Non, répondait madame B...; le principal acteur de cette petite pièce vit encore, et je serais désolée que mon indiscrétion l'autorisât à être lui-même aussi bavard que moi; et ce serait dommage; car, tant qu'a vécu la princesse, et même depuis sa mort, il a gardé religieusement le secret qu'il lui avait promis : c'est un exemple trop noble pour ne pas le suivre.

A toutes ces bonnes raisons, mon père en opposa de mauvaises qui l'emportèrent, et madame de Bar... lui livra le secret dont elle avait été la seule confidente.

Trente ans après, mon père se trouvant à dîner chez M. de Varennes, avec le vieux Laplace, le vieux maréchal de Richelieu, et quelques autres débris du siècle de Louis XV, ne tint pas au désir de vérifier l'exactitude du récit de madame Bar... Ce n'était pas chose facile pour un jeune homme que l'amitié du maître de la maison et la protection de M. de Voltaire recommandaient seules à la bienveillance du maréchal, que d'adresser une question à ce sujet au héros de l'aventure ; c'était se rendre coupable d'une inconvenance, et se perdre par là même à jamais dans l'esprit de M. de Richelieu : il fallait donc se faire ordonner l'indiscrétion qu'on brûlait de commettre. Voilà comme M. de L... s'y prit : il affecta, tout le temps du dîner, une préoccupation extrême et des distractions ridicules ; il était certain que M. de Varennes voudrait en savoir la cause.

— Mais à quoi pensez-vous donc, mon cher ami ? dit celui-ci ; vous mettez du sel dans votre crème au chocolat ; de l'eau dans votre vin de Champagne ; vous ne répondez à personne ; vous avez l'air de rêver : à quoi pensez-vous donc ?

— Belle question ! répond le maréchal ; il

pense à ses amours : à son âge, on n'a rien de mieux à faire.

— Je vous en demande pardon, monsieur le maréchal ; ce n'est pas aux miennes que je pensais en ce moment.

— Vous allez voir que c'est aux nôtres.

— Précisément, reprit M. de L.....

— Ah! la bonne duperie ! Je vous assure qu'à votre âge je ne pensais pas aux amours du grand siècle. Mais vous nous direz, j'espère, laquelle de nos anciennes folies vous préoccupe ainsi ?

— Je n'oserais, monseigneur.

— Du courage, dit M. de Varennes ; monsieur le maréchal est indulgent, et puis ses exploits en tous genres ont fait tant de bruit dans le monde, qu'il est habitué à en entendre parler.

— Oui, c'est la manière d'en faire pénitence en ce monde, dit le maréchal d'un air hypocrite ; voyons, je suis prêt à m'humilier, d'ailleurs ce sont de vieux péchés : de quelle époque date celui-là ?

— Mais, répondit en hésitant M. de L..., du temps où madame la princesse de Conti aimait le marquis de La Fare.

— Ah ! malheureux, s'écria le maréchal, vous me rappelez la plus indigne action et la plus piquante aventure de ma vie !... Comment se peut-il qu'un secret si fidèlement gardé soit connu de vous ? Je jure sur l'honneur que jamais nul mot de ma part... ; mais peut-être, mon cher, ne savez-vous pas tout ?

— Il faut en juger, dit M. de Varennes ; allons, mon cher ami, ne vous faites pas prier.

— Quoi, vous exigez que je fasse agir et parler monsieur le maréchal, là, en sa présence, au risque de lui faire dire une foule de choses dont il n'a jamais eu l'idée ; ce serait d'un ridicule, d'une impertinence intolérables. Non, je ne puis...

— Je m'engage à vous écouter comme si vous parliez d'un autre, reprit le maréchal, surtout mon cher, n'épargnez pas le jeune duc, je vous promets que le vieux ne s'en fâchera pas.

Alors M. de L... fut contraint de raconter l'histoire, et comment il l'avait apprise de la femme de chambre même de la princesse.

C'était dans le temps où l'on vantait la vertu de la femme qui restait fidèle à sa première faiblesse ; les parents les plus rigides l'offraient alors pour modèle à la jeune mariée qu'on présentait à la cour du régent, et l'attachement de madame la princesse de Conti pour le marquis de La Fare, était un de ces sentiments qui commandaient le respect aux disants, en excitant l'envie des *roués* de la cour.

Mais s'il est plus commode de s'aimer ainsi tout haut, il est bien difficile de prolonger un amour sans mystère, galant sans romanesque et coupable sans remords. Il faut nécessairement que l'infidélité et la jalousie l'empêchent de succomber à l'ennui. Quel argument en faveur des obstacles et des bonnes mœurs !

La princesse de Bourbon-Condé, en épousant son cousin le prince de Conti, s'était sincèrement promis d'être sage, et sans doute elle se serait tenu parole, sans le torrent de débauche qui entraînait alors les plus chastes, et débordait sur tous les rangs. A cette époque, le mépris à l'envers qui tombait sur toute femme assez mal partagée du ciel, pour n'avoir pas au moins une intrigue, obligeait la plus réservée à s'en créer une, heureuse encore si son choix l'honorait.

Il faut dire, à la justification de la princesse

de Conti, que son mari était contrefait, brutal, et à moitié fou ; il n'entrait jamais le soir dans la chambre à coucher de sa femme, sans être muni de deux pistolets chargés qu'il déposait sous l'oreiller nuptial, comme les garants de l'obéissance qu'il exigeait d'elle. On prétend même, qu'une nuit, fatiguée de subir cette singulière tyrannie, la princesse s'arma à son tour d'un fusil pour lui répondre, et le menaça si bien de s'en servir contre lui, qu'à dater de ce moment, il l'a laissée tranquille (1).

Le fils du poëte, l'ami de Chaulieu, le marquis de La Fare, brave, spirituel, brillant, et de ce petit nombre d'hommes qui conservaient encore quelque tradition du servage galant de la cour de Louis XIV, fut celui dont l'amour troubla le

(1) Voici comment la duchesse d'Orléans, mère du régent, parle de la jeune princesse de Conti, dont la fille, Henriette de Bourbon, fut la mère de *Philippe-Egalité*.

« C'est une personne pleine d'agréments, qui joue à la beauté le tour de prouver clairement que la grâce est préférable à la beauté. Quand elle veut se faire aimer, on ne peut y résister ; elle a des manières agréables, de la douceur et point de mauvaise humeur, et dit toujours quelque chose d'obligeant. Elle n'aime point son mari, et ne saurait l'aimer : il est trop répugnant tant par son humeur contrariante que par sa figure, etc.

cœur de la princesse de Conti : longtemps cet amour noble, délicat, combla tous les vœux de La Fare. Joindre les douceurs d'un bonheur intime à tous les avantages du rang et de la fortune, c'était trop de biens pour ce monde.

Cette union si douce devait être troublée, car elle était la satire vivante des amours éphémères qui régnaient à la cour.

La comtesse de M***, l'une de ces femmes si communes en France, dont la vanité sait prendre tous les masques, afficha tout à coup une passion violente pour M. de La Fare ; c'était une sorte de maladie de langueur ou de fureur qui lui prenait toutes les fois qu'elle était, pour ainsi dire, mordue de la rage d'enlever un mari ou un amant aux délices d'un amour fidèlement partagé. Cette soif d'un triomphe dont les pleurs d'une pauvre délaissée faisaient tout le prix, avait si bien le caractère de l'amour le plus passionné, que le moins présomptueux des hommes pouvait s'y laisser prendre. Les longs regards, les soupirs comprimés, les demi-mots... les reproches, les larmes ; enfin, toutes les séductions et tous les sacrifices, jusqu'à celui de l'amant qu'elle aimait encore ; la comtesse de M*** se servit de ces grands et petits moyens pour amener M. de La Fare à trahir la princesse de Conti.

On ne fait tant de mal que pour s'en vanter : bientôt toute la cour apprit cette nouvelle intrigue par les exigences de la comtesse de M***. qui voulait être accompagnée de M. de La Fare aux spectacles, à l'église, au bal, à la promenade, enfin partout où elle pouvait faire remarquer sa conquête, et se l'attacher par les émotions visibles qu'elle affectait d'éprouver au moindre mot de M. de La Fare.

La princesse, avertie par ces négligences involontaires, par ces joies imprudentes, ces dépits mal dissimulés qui sont le cortége de toutes les infidélités naissantes, confia ses soupçons à M. le duc de Richelieu, il lui conseilla la patience, lui qui savait si bien ce que pouvait durer une intrigue sans amour. Mais la princesse, qui aimait trop pour écouter un avis sage, se plaignit avec amertume. On lui répondit avec colère : M. de La Fare nia fortement, et sans convaincre. Dans cette scène entre la jalousie et la mauvaise foi, la princesse montra tant de chaleur, de grâce, d'esprit, de sensibilité, que le duc de Richelieu, qui était présent, redoubla d'admiration pour elle.

M. de La Fare, n'ayant aucune bonne raison à opposer aux reproches de la princesse, eut recours au procédé dont les infidèles savent tirer un double parti : il sortit brusquement : ce qui venge des injures de l'une, en permettant d'aller recueillir les tendresses de l'autre.

— Vous le voyez, dit la princesse, quand elle se trouva seule avec M. de Richelieu, il se rit de mes soupçons, de mes larmes ; et s'il feint d'en être irrité, c'est pour me quitter une heure plus tôt et donner cette heure à la comtesse. Ah ! que je voudrais savoir s'il me trompe ! vous qui êtes notre ami à tous deux, vous qui savez tout ce qui se passe, dites-moi franchement ce que vous croyez de cette prétendue coquetterie ; ne craignez pas de m'éclairer ; il faut que mon supplice cesse, que je rentre dans la confiance, ou que je m'affranchisse pour jamais.

— Et c'est moi que Votre Altesse daigne choisir pour lui rendre un pareil service ? dit le duc.

— Oui, justifiez-le, si vous le pouvez, ou démontrez-moi sa trahison ; vous êtes dans sa confidence, j'en suis sûre.

— Grâce au ciel, madame, j'ai cet embarras de moins ; mais il existe un autre obstacle qui me rend tout aussi inhabile à vous servir.

— Seriez-vous plus dévoué à la comtesse de M... qu'à moi ?

— Je le devrais, répondit le duc en souriant.

— En effet, je crois qu'elle vous a aimé.

— Un jour, comme tous les autres.

— Et vous a-t-elle paru bien séduisante ?

— D'honneur, je ne m'en souviens plus.

— Cela n'est pas croyable.

— Que voulez-vous, madame, mon cœur seul a de la mémoire.

— On dit qu'elle a une coquetterie...

— Qui s'augmente à mesure que ses charmes diminuent ; c'est dans l'ordre.

— Vous ne la trouvez donc pas fort jolie ?

— Surtout quand je la compare, madame.

— Vrai ? Vous m'enchantez.

— Regardez-la ; elle n'a plus ni jeunesse, ni fraîcheur, et, sans le génie de la parure, je vous affirme bien qu'elle ferait peu de dupes.

— Dites donc cela à M. de La Fare, je vous en prie.

— Oh ! il s'en apercevra bien !

— J'aimerais mieux qu'il le sût d'avance.

— Je suis désolé de ne pouvoir me conformer aux désirs de Votre Altesse, en cette circonstance; mais j'ai une conscience, sans que cela paraisse.

— Et bien, qu'est-ce qui peut vous alarmer?

— La crainte d'être dirigé par un intérêt peu noble : si je dis du mal de la comtesse de M... à La Fare, il m'en croira jaloux; je changerai par là son caprice en passion, et ma loyauté ne me permet pas de le porter à devenir si coupable.

— Pourquoi cela?

— Parce qu'il perdrait sans retour le bonheur que je lui envie, madame, et que je ne serais pas assez honnête homme pour m'en affliger.

Ces derniers mots, accompagnés d'un regard tendre, firent rêver la princesse; elle garda quelques instants le silence; mais, comme frappée tout à coup d'une idée :

— Je le vois, dit-elle en souriant d'un air triste, vous avez pitié de ma peine, et vous imaginez ce moyen de me distraire.

— Je n'imagine rien, madame, répondit le duc de Richelieu d'un air offensé, et sans la préoccupation qui vous domine, vous ne me feriez pas l'injustice de douter de... Mais j'en ai déjà trop dit, et Votre Altesse permettra...

— Ah ! point de ces grands airs, monsieur le duc, ils ne m'abusent pas, et ils vous font perdre tout ce que votre esprit a d'aimable et de piquant.

— Au fait, je hais autant que vous mon sérieux, reprit-il en venant se rasseoir, et si Votre Altesse veut bien autoriser ma franchise, je lui démontrerai sans peine que, pris comme vengeance ou comme consolation, mon amour ne peut lui nuire.

— Quelle folie ! Et que dirait mademoiselle de Charolais si j'avais la faiblesse de vous croire ?

— Elle dirait que je lui préfère la plus belle, la plus aimable personne du monde, reprit le duc en baisant respectueusement la main de la princesse.

En ce moment, on annonça madame la duchesse de Bourbon, et M. le duc de Richelieu se retira, assez content de l'effet de ses dernières paroles.

Depuis ce jour, il consacra tous ses soins à la princesse de Conti, qui, croyant s'être aperçue que ces soins donnaient un peu d'humeur à M. de La Fare, les encourageait par toutes ces légères faveurs dont se nourrit l'espérance. Ah! qu'elle aimait véritablement M. de Richelieu, lorsque, lui donnant le bras pour passer d'un salon à l'autre, elle voyait M. de La Fare se retourner avec impatience, comme pour échapper à une impression pénible! Qu'elle se donnait de peine alors pour feindre l'inconstance!

Un matin que M. de Richelieu se plaignait des avantages vains attachés à son rôle, et menaçait de le quitter, sous prétexte que son amour l'emportait de beaucoup sur son amour-propre, le bijoutier de la princesse vint rapporter un portrait d'elle, peint par le meilleur élève de Petitot, et dans le costume négligé où M. de La Fare la trouvait le mieux à son goût; elle avait fait monter cette miniature sur un portefeuille à secret destiné à M. de La Fare. L'indiscrétion du peintre avait mis ce dernier dans la confidence de cette charmante surprise; mais la rupture survenue entre la princesse et le marquis laissait le portrait sans maître. On devine toutes les instances de M. de Richelieu pour en devenir possesseur.

Moins les femmes accordent au sentiment qu'elles inspirent, plus elles se compromettent d'ordinaire pour conserver le servage qui les flatte. La conquête du héros galant de l'époque méritait bien quelque sacrifice, et la princesse fit celui de son portrait.

Mais à peine eut-elle commis cette imprudence, que M. de Richelieu, ne doutant pas qu'une semblable faveur ne fût le garant d'une plus grande encore, pris des airs de confiance et de bonheur qui mirent le désespoir dans l'âme de M. de La Fare. Cette femme qu'il avait trahie sans cesser de l'aimer, ce bien dont la perte redoublait la valeur, il se sentait prêt à braver toutes les humiliations, tous les périls pour le reconquérir; en vain la comtesse de M... redouble d'efforts pour le captiver, l'idée qu'il lui doit son malheur la lui fait prendre en haine; il l'accable de reproches, de dédains; ne pouvant plus résister à ses regrets, à ses transports jaloux, il vient se jeter aux pieds de la princesse, lui peint ses tourments, ses remords avec tant de sincérité, d'éloquence, que bientôt l'amour offensé le rassure et pardonne.

Dans l'ivresse du raccommodement, la princesse oublie le duc de Richelieu ; mais d'un trop noble caractère pour dissimuler avec lui, elle lui raconte ce qui s'est passé entre elle et M. de La Fare, elle laisse voir sa joie d'avoir retrouvé le cœur du seul homme qu'elle eût jamais aimé, et finit par supplier M. de Richelieu de ne point troubler cette joie par une inquiétude ; c'était redemander à demi-mot son portrait.

— Je vous entends, madame, dit-il sans marquer ni surprise, ni dépit ; vous voulez que la clémence soit toute de votre côté ; rien n'est mieux raisonné ; car les coupables sont impitoyables pour les torts dont ils donnent l'exemple ; mais si un intérêt bien éclairé vous porte à m'ordonner ce sacrifice, j'ai un intérêt beaucoup plus grand à m'y refuser, et Votre Altesse voudra bien souffrir que je mette au moins une condition à...

— Eh ! laquelle s'il vous plaît ? interrompit la princesse d'un ton digne.

— La plus impertinente, madame, comme je ne puis la dire, il faut bien que vous la deviniez.

— Quoi ! lorsque ma confiance en vous vous

livre le secret de mon cœur, lorsque vous savez qu'il est tout à un autre ?

— Et c'est parce que votre cœur est à La Fare malgré ses infidélités, qu'il est juste que j'aie quelque chose pour ma constance.

— La bonne extravagance ! s'écria la princesse, en tâchant de tourner la proposition en plaisanterie ; mais, mon cher duc, vous n'y pensez pas ?

— Moi, madame, je ne pense qu'à cela, et le ciel sait jusqu'où va la puissance d'une idée dont rien ne peut distraire. Au reste, que redoutez-vous en me laissant ce portrait ?

— Rien de votre probité, sans doute ; mais vous recevez tant de personnes indiscrètes... et puis La Fare a vu commencer ce portrait, il sait qu'il existe, c'était son bien... et il le redemande, dit-elle avec embarras.

— Raison de plus pour le lui rendre, reprit le duc, en s'emparant de la main de la princesse.

— Certainement ; mais vous y mettez un prix par trop ridicule.

— Ah ! si vous saviez, madame, tout ce que ce portrait est pour moi ; que d'injures, que de serments passionnés je lui adresse chaque jour ;

avec quelle impatience j'attends le moment de me retrouver tête-à-tête avec lui? Vrai, quel que soit le prix exigé pour ce trésor, il ne peut surpasser celui que j'y attache.

— Mais songez donc que je ne vous aime pas.

— Vraiment! si vous m'aimiez, je n'aurais rien à demander.

— Quelle insolence extrême! dit la princesse en ne pouvant s'empêcher de sourire; puis reprenant son air sérieux, c'est assez plaisanter, ajouta-t-elle, je vous en préviens; si vous persistez dans cette folie, je préfère tout avouer à La Fare; aussi bien la vérité ne m'accuse pas.

— Sans contredit, mais il ne le croira point.

— Comment! lorsque je lui affirmerai que jamais...

— J'en demande pardon à Votre Altesse, mais La Fare ne croira pas que j'aie été si sot et si respectueux.

— En vérité! vous êtes un homme abominable, dit la princesse en retirant sa main avec colère.

— Non, madame, je suis tout simplement un homme fort amoureux qui vous a rendu l'infidèle que vous aimez, qui, en retour de ce généreux service, veut s'élever un moment jusqu'aux cieux pour retomber ensuite sur cette terre misérable, et y vivre dans le silence, les regrets et le souvenir.

Que résoudre? perdre la confiance et peut-être l'amour de celui qu'elle adorait, se brouiller avec l'homme le plus dangereux de la cour, le laisser possesseur d'un titre contre son honneur, ou bien...

— Sans doute, l'on doit supposer que la princesse réfléchit longtemps avant de se résigner au parti le plus prudent. Mais, peu de jours après cet entretien, on l'a vue pleurer tandis que La Fare, couvrant de baisers le portrait rendu, se disait le plus heureux des hommes.

Ce récit, fait par mon père, devant moi, quand j'étais enfant, est resté dans ma mémoire, comme tant de choses qu'on retient étant jeune, sans les comprendre. Mon père s'est étonné depuis, de retrouver dans mon souvenir les mêmes expressions dont il s'était servi en racontant cette aventure, et j'en conclus qu'il ne faut jamais dire devant les enfants que ce qui leur convient; car ils ont une mémoire rétroactive qui sert parfois trop à leur instruction. Plus ce qu'ils entendent leur paraît obscur, plus ils y attachent d'intérêt. C'est une énigme qui dort dans leur souvenir, jusqu'à ce que l'observation vienne, un peu plus tard, leur en donner le mot.

Avis aux pères de famille; car les mères les moins spirituelles ont un instinct qui les garantit de cette faute.

FIN.

TABLE

Avant-Propos.................................... 1
Mystère et Leçon................................ 7
La Providence de Famille....................... 67
Anaïs.. 125
Le Télescope................................... 157
Le Chale et le Chien........................... 237
La Princesse de Conti.......................... 259

FIN DE LA TABLE.

AGNY.— Imprimerie de A. VARIGAULT.

CATALOGUE
DE
MICHEL LÉVY
FRÈRES
LIBRAIRES-ÉDITEURS
ET DE
LA LIBRAIRIE NOUVELLE

PREMIÈRE PARTIE

Nouveaux ouvrages en vente. — Ouvrages divers, format in-8°
Bibliothèque contemporaine, format grand in-18. — Bibliothèque nouvelle.
Œuvres complètes de Balzac. — Collection Michel Lévy, format gr. in-18
Bibliothèque des Voyageurs, in-32. — Collection Hetzel et Lévy, in-32
Ouvrages illustrés. — Musée littéraire contemporain, in-4°
Brochures diverses. — Ouvrages divers

RUE VIVIENNE, 2 BIS
ET BOULEVARD DES ITALIENS, 15
AU COIN DE LA RUE DE GRAMMONT
PARIS
—
JANVIER — 1864

NOUVEAUX OUVRAGES EN VENTE

Format in-8.

ALFRED DE VIGNY — fr. c.
LES DESTINÉES. — Poëmes philosophiques, 1 vol............ 6 »

LÉONCE DE LAVERGNE
LES ASSEMBLÉES PROVINCIALES SOUS LOUIS XVI. — 1 vol........ 7 50

AD. FRANCK
RÉFORMATEURS ET PUBLICISTES DE L'EUROPE. — Moyen-âge et renaissance. — 1 vol............ 7 50

PREVOST-PARADOL
ESSAIS DE POLITIQUE ET DE LITTÉRATURE. — 3e série. — 1 vol.... 7 50

GEORGES PERROT
SOUVENIRS D'UN VOYAGE EN ASIE MINEURE. — 1 vol.......... 7 50

ERNEST RENAN
VIE DE JÉSUS. — 11e édit. — 1 vol.. 7 50

LORD MACAULAY
Traduit par GUILLAUME GUIZOT
ESSAIS SUR L'HISTOIRE D'ANGLETERRE 1 vol............... 6 »

L. DE VIEL-CASTEL
HISTOIRE DE LA RESTAURATION, tome VI. — 1 vol........ 6 »

MICHEL NICOLAS
ÉTUDES CRITIQUES SUR LA BIBLE (Nouveau Testament). — 1 vol.. 7 50

CASIMIR PÉRIER
LES FINANCES ET LA POLITIQUE. — 1 vol. 5 »

LOUIS REYBAUD
LE COTON. Son régime, ses problèmes, son influence en Europe. — Nouvelle série des études sur le régime des manufactures. — 1 vol.. 7 50

J.-H. MERLE D'AUBIGNÉ
HISTOIRE DE LA RÉFORMATION EN EUROPE AU TEMPS DE CALVIN — 2 vol. 15 »

M. GUIZOT
MÉMOIRES POUR SERVIR A L'HISTOIRE DE MON TEMPS. Tome VI. — 1 v. 7 50
HISTOIRE PARLEMENTAIRE DE FRANCE, 5 vol............. 37 50

SAINTE-BEUVE
POÉSIES COMPLÈTES. - Joseph Delorme. Les Consolations. - Pensées d'août. Notes et Sonnets. - Un dernier Rêve — Nouv. édit. très-augm., 2 vol. 10 »

J. B. BIOT, *de l'Institut*
ÉTUDES SUR L'ASTRONOMIE INDIENNE ET SUR L'ASTRONOMIE CHINOISE. — 1 vol. avec 2 cartes...... 7 50

DUVERGIER DE HAURANNE
HISTOIRE DU GOUVERNEMENT PARLEMENTAIRE EN FRANCE (1814-1848). — Tome V. 1 vol.......... 7 50

J. SALVADOR
HISTOIRE DES INSTITUTIONS DE MOÏSE ET DU PEUPLE HÉBREU. — 3e édit., *revue et augmentée d'une introduction.* — 2 vol......... 15 »

Format gr. in-18 à 3 fr. le vol.

MARIO UCHARD — vol.
LA COMTESSE DIANE............ 1

MAURICE SAND
CALLIRHOÉ................. 1

CHAMPFLEURY
LES DEMOISELLES TOURANGEAU..... 1

C. A. SAINTE-BEUVE
NOUVEAUX LUNDIS. 1re et 2e *séries*... 2

EDGAR POE
Traduction CHARLES BAUDELAIRE
EUREKA.................. 1

GUSTAVE FLAUBERT
SALAMMBÔ. 5e *édition*......... 1

MERY
LES AMOURS DES BORDS DU RHIN.... 1
L'Auteur des Horizons prochains
LES TRISTESSES HUMAINES, 3e édit... 1

ALEXANDRE DUMAS
THÉATRE COMPLET. Tomes I à V... 5

CH. DE MAZADE
LA POLOGNE CONTEMPORAINE...... 1

J.-C.-L. DE SISMONDI
LETTRES INÉDITES, suivies de lettres de Bonstetten, de Mmes de Staël et de Souza, avec une introduction par St-René Taillandier............ 1

GEORGE SAND
MADEMOISELLE LA QUINTINIE. — 2e éd. 1

M. GUIZOT
TROIS GÉNÉRATIONS, 1789-1814-48, 3e éd. 1

ERNEST FEYDEAU
UN DÉBUT A L'OPÉRA. — 3e *édit*... 1
MONSIEUR DE SAINT-BERTRAND, 3e éd. 1
LE MARI DE LA DANSEUSE — 3e *édit*. 1

AMÉDÉE ROLLAND
LES FILS DE TANTALE.......... 1

HENRI RIVIÈRE
LA POSSÉDÉE............... 1

AMÉDÉE GUILLEMIN
LES MONDES. — Causeries gastronomiques. — 3e *édition*........ 1

CUVILLIER-FLEURY
HISTORIENS, POÈTES ET ROMANCIERS. 2

ALFRED DE VIGNY
SERVITUDE ET GRANDEUR MILITAIRES. 8e *édition*............... 1

BIBLIOTHÈQUE NOUVELLE
Format gr. in-18, à 2 fr. le vol.

ALEXANDRE DUMAS
LE FILS DU FORÇAT............ 1

A. VERMOREL
LES AMOURS VULGAIRES......... 1

AURÉLIEN SCHOLL
SCÈNES ET MENSONGES PARISIENS, 2e éd. 1

JULES NORIAC
MÉMOIRES D'UN BAISER. 2e *édition*.. 1

LÉON GOZLAN
LE PLUS BEAU RÊVE D'UN MILLIONNAIRE. 1

ARSÈNE HOUSSAYE
LES FILLES D'ÈVE............ 1

AUGUSTE MAQUET
L'ENVERS ET L'ENDROIT........

OUVRAGES DIVERS
Format in-8

	fr. c.

J. J. AMPÈRE
CÉSAR, scènes historiques. 1 vol ... 7 50
L'HISTOIRE ROMAINE À ROME, avec des plans topographiques de Rome à diverses époques. 2ᵉ édit. — 2 v. 15 »
PROMENADE EN AMÉRIQUE. — États-Unis. — Cuba. — Mexique. — 3ᵉ édition. — 2 vol ...... 12 »

***
MADAME LA DUCHESSE D'ORLÉANS, HÉLÈNE DE MECKLEMBOURG-SCHWERIN. 6ᵉ édition. 1 vol ... 6 »

***
ALESIA, Étude sur la septième campagne de César en Gaule. (Avec 2 cartes (Alise et Alaise). — 1 vol. 6 »

***
LES TRAITÉS DE 1815. — 1 vol. . . . 2 »

J. AUTRAN
LE CYCLOPE d'après Euripide. 1 vol. 3 »
LE POÈME DES BEAUX JOURS. — 1 vol. 5 »

J. BARTHÉLEMY SAINT-HILAIRE
LETTRES SUR L'ÉGYPTE. 1 vol. . . . 7 50

L. BABAUD-LARIBIÈRE
ÉTUDES HISTORIQUES ET ADMINISTRATIVES. — 2 vol. .... 12 »

L. BAUDENS
Inspecteur, membre du Conseil de santé des armées de terre et de mer.
LA GUERRE DE CRIMÉE. — Les campements, les abris, les ambulances, les hôpitaux, etc. — 1 vol. . . . 6 »

IS. BÉDARRIDE
LES JUIFS EN FRANCE, EN ITALIE ET EN ESPAGNE, recherches sur leur état depuis leur dispersion jusqu'à nos jours, sous le rapport de la législation, de la littérature et du commerce. — 2ᵉ édition, revue et corrigée. — 1 vol 7 50

LA PRINCESSE DE BELGIOJOSO
ASIE MINEURE ET SYRIE. Souvenirs de Voyages. 1 vol 7 50
HIST. DE LA MAISON DE SAVOIE. 1 v. 7 50

J.-B. BIOT
Membre de l'Académie des Sciences et de l'Académie française
ÉTUDES SUR L'ASTRONOMIE INDIENNE ET SUR L'ASTRONOMIE CHINOISE. 1 v. 7 50
MÉLANGES SCIENTIFIQUES ET LITTÉRAIRES. — 3 vol 22 50

LE PRINCE A. DE BROGLIE
QUESTIONS DE RELIGION ET D'HISTOIRE. — 2 vol .... 15 »

CAMOIN DE VENCE
MAGISTRATURE FRANÇAISE, son action et son influence sur l'état de la Société aux diverses époques. 1 vol. 6 »

AUGUSTE CARLIER
DE L'ESCLAVAGE dans ses rapports avec l'Union américaine. — 1 vol. 6 »
HISTOIRE DU PEUPLE AMÉRICAIN — États-Unis — et de ses rapports avec les Indiens depuis la fondation des colonies anglaises, 2 vol. 12 »

J.J. COULMANN
RÉMINISCENCES. Tome I....... 5 »

J. COHEN.
LES DÉICIDES. — Examen de la divinité de J.-C. et de l'église chrét. au point de vue du judaïsme. 2ᵉ éd. revue, corrigée et considérablement augmentée. — 1 vol ..... 6 »

VICTOR COUSIN *de l'Académie française*
PHILOSOPHIE DE KANT. — 1 vol ... 5 »
PHILOSOPHIE ÉCOSSAISE. — 1 vol. — 5 »
PHILOSOPHIE SENSUALISTE. — 1 vol. 5 »

J. CRETINEAU-JOLY
LE PAPE CLÉMENT XIV, seconde et dernière lettre au père Theiner. — 1 v. 3 »

A. BEN-BARUCH CRÉHANGE
LES PSAUMES, traduct. nouv. 1 vol. 10 »

LE PRINCE L. CZARTORYSKI
ALEXANDRE 1ᵉʳ ET LE PRINCE CZARTORYSKI. — Correspondance particulière et conversations publiées, avec une introduction. — 1 vol. 7 50

LE GÉNÉRAL E. DAUMAS
LE GRAND DÉSERT : Itinéraire d'une Caravane du Sahara au pays des Nègres (royaume de Haoussa), suivi d'un Vocabulaire d'histoire naturelle et du Code de l'esclavage chez les musulmans, avec une carte coloriée. *Nouvelle édition.* 1 vol. 6 »

A. DU CASSE
DU SOIR AU MATIN. — Scènes de la vie militaire. — 1 vol .... 5 »

Mᵐᵉ DU DEFFAND
CORRESPONDANCE INÉDITE AVEC LA DUCHESSE DE CHOISEUL ET L'ABBÉ BARTHÉLEMY, précédée d'une introduction par M. de Sainte-Aulaire. — 2 vol .... 15 »

CH. DESMAZE
LE PARLEMENT DE PARIS. 1 vol ... 3 »

CAMILLE DOUCET
COMÉDIES EN VERS. — 2 vol ... 12 »

DUVERGIER DE HAURANNE
HISTOIRE DU GOUVERNEMENT PARLEMENTAIRE EN FRANCE (1814-1848), précédée d'une introduction. 5 vol. 37 50
TOME VI (*Sous presse*). 1 vol 7 50

LE BARON ERNOUF
HISTOIRE DE LA DERNIÈRE CAPITULATION DE PARIS. — Événements de 1815. — Rédigée sur des documents entièrement inédits. 1 vol. 6 »

LE PRINCE EUGÈNE
MÉMOIRES ET CORRESPONDANCE POLITIQUE ET MILITAIRE, publiés, annotés et mis en ordre par *A. Du Casse*. 10 vol .... 60 »

J. FERRARI
HISTOIRE DE LA RAISON D'ÉTAT. 1 v. 7 50

GUSTAVE FLAUBERT
SALAMMBÔ. 4ᵉ édition. — 1 vol. . 6 »

LE COMTE DE FORBIN

CHARLES BARIMORE. — *Nouvelle édition.* — 1 vol. . . . . . . 3 »

AD. FRANCK, *Membre de l'Institut.*

ÉTUDES ORIENTALES. — 1 vol. . . . 7 50
RÉFORMATEURS ET PUBLICISTES DE L'EUROPE. — Moyen-âge et Renaissance. — 1 vol. 7 50

Cte AGÉNOR DE GASPARIN, *Anc. député.*

L'AMÉRIQUE DEVANT L'EUROPE, principes et intérêts. — 1 vol. . . . . . 6 »
UN GRAND PEUPLE QUI SE RELÈVE, LES ÉTATS-UNIS EN 1861. — 1 vol. 5 »

ERNEST GERVAIS

LES CROISADES DE SAINT LOUIS. 1 vol. 6 »
CONTES ET POÈMES — 1 vol. . . . 5 »

ÉMILE DE GIRARDIN

QUESTIONS DE MON TEMPS. — 12 vol. 72 »

ÉDOUARD GOURDON

HISTOIRE DU CONGRÈS DE PARIS. 1 vol. 5 »

ERNEST GRANDIDIER

VOYAGE DANS L'AMÉRIQUE DU SUD. — Pérou et Bolivie. — 1 vol. . . . 5 »

F. GUIZOT

LA CHINE ET LE JAPON, par *Laurence Oliphant*. Trad. nouv., avec une introduction. — 2 vol. 12 »
L'ÉGLISE ET LA SOCIÉTÉ CHRÉTIENNES EN 1861. — 3e *édition*. — 1 vol. . 5 »
HISTOIRE DE LA FONDATION DE LA RÉPUBLIQUE DES PROVINCES-UNIES, par *J. Lothrop Motley*, trad. nouvelle, précédée d'une grande introduction (l'Espagne et les Pays-Bas aux XVIe et XIXe siècles). — 4 vol. 24 »
HISTOIRE PARLEMENTAIRE DE FRANCE, recueil complet des discours de M. Guizot dans les chambres de 1819 à 1848, accompagnés de résumés historiques et précédés d'une introduction; formant le complément des mémoires pour servir à l'histoire de mon temps. — 5 vol. 37 50
MÉMOIRES pour servir à l'histoire de mon temps. — 2e *édition*. 6 vol. . 45 »
LE PRINCE ALBERT, son caractère et ses discours, traduit par ***, et précédé d'une préface. — 1 vol. . 6 »
TROIS ROIS, TROIS PEUPLES ET TROIS SIÈCLES (*sous presse*). 1 vol. . . . 7 50
WILLIAM PITT ET SON TEMPS, par *lord Stanhope*, traduction précédée d'une introduction. — 4 vol. . . . 24 »

LE COMTE D'HAUSSONVILLE

HISTOIRE DE LA POLITIQUE EXTÉRIEURE DU GOUVERNEMENT FRANÇAIS : 1830-1848, avec documents, notes et pièces justificatives. 2 vol. 12 »
HISTOIRE DE LA RÉUNION DE LA LORRAINE A LA FRANCE, avec notes, pièces justificatives et documents entièrement inédits. 4 vol. . . . 30 »

ROBERT HOUDIN

LES TRICHERIES DES GRECS DÉVOILÉES. — 1 vol. . . . . 5 »

VICTOR HUGO

LES CONTEMPLATIONS. 4e *éd*. 2 vol. 12 »
LA LÉGENDE DES SIÈCLES. — 2 vol. 15 »

PAUL JANET.

PHILOSOPHIE DU BONHEUR. 2e *édition*. — 1 vol. 7 50

JULES JANIN

LES GAIETÉS CHAMPÊTRES. 2 vol. . 12 »
LA RELIGIEUSE DE TOULOUSE. 2 vol. 12 »

ALPHONSE JOBEZ

LA FEMME ET L'ENFANT, OU MISÈRE ENTRAINE OPPRESSION. 1 vol. . . . 5 »

***

ÉTUDES SUR LA MARINE :
L'escadre de la Méditerranée. — La Question chinoise. — La Marine à vapeur dans les guerres continentales. — 1 vol. 7 50

A. KUENEN

Traduction A. Pierson
HISTOIRE CRITIQUE DES LIVRES DE L'ANCIEN TESTAMENT, avec une préface par *Ernest Renan*. — 1re part., LIVRES HISTORIQUES. 1 v. 7 50

LAMARTINE

GENEVIÈVE. — Histoire d'une Servante. — 1 v. 5 »
NOUVELLES CONFIDENCES. 1 vol. . . . 5 »
TOUSSAINT-LOUVERTURE. 1 vol. . . . 5 »
VIE D'ALEXANDRE LE GRAND. — 2 vol. 10 »

CHARLES LAMBERT

LE SYTÈM DU MONDE MORAL. 1 vol. 7 50

DE LAROCHEFOUCAULD (Duc de Doudeauville)

MÉMOIRES. — Tome I à XII. — 12 v. 90 »

JULES DE LASTEYRIE

HISTOIRE DE LA LIBERTÉ POLITIQUE EN FRANCE — 1re *Partie*. 1 vol. 7 50

DE LATENA

ÉTUDE DE L'HOMME. 3e *édit*. 1 vol. . 7 50

LEONCE DE LAVERGNE

LES ASSEMBLÉES PROVINCIALES SOUS LOUIS XVI. 1 vol. 7 50

JULES LE BERQUIER

LA COMMUNE DE PARIS. — 1 vol. . . . 3 »

VICTOR LE CLERC ET ERNEST RENAN

HISTOIRE LITTÉRAIRE DE LA FRANCE AU XIVe SIÈCLE. — 2 vol. . . . . 16 »

CHARLES LENORMANT

BEAUX-ARTS ET VOYAGES, précédés d'une lettre de M. GUIZOT. 2 vol. 15 »

L. DE LOMÉNIE

BEAUMARCHAIS ET SON TEMPS, études sur la Société en France au XVIIIe siècle, d'après des documents inédits. — 2e *édition*. — 2 vol. . . . 15 »

LORD MACAULAY

Traduit par GUILLAUME GUIZOT
ESSAIS HISTORIQUES ET BIOGRAPHIQUES. — 2 vol. . . . . 12 »
ESSAIS POLIT. ET PHILOSOPHIQUES, 1 v. 6 »
ESSAIS LITTÉRAIRES. Précédés d'une Notice sur lord Macaulay, par *Guillaume Guizot*. — (S. pr.) — 2 vol. 12 »
ESSAIS SUR L'HISTOIRE D'ANGLETERRE. — 1 vol. . . . . 6 »

JOSEPH DE MAISTRE

CORRESPONDANCE DIPLOMATIQUE (1811-1817), recueillie et publiée par *Albert Blanc*. 2 vol. . . . . . 15 »

JOSEPH DE MAISTRE (suite)   fr. c.
MÉMOIRES POLITIQUES ET CORRESPONDANCE DIPLOMATIQUE, avec explications et commentaires historiques, par *Albert Blanc*. — 1 vol. . . . 6 »

LE COMTE DE MARCELLUS
CHATEAUBRIAND ET SON TEMPS. 1 vol. 7 50
LES GRECS ANCIENS ET LES GRECS MODERNES. — Études litt. — 1 vol. 7 50
SOUVENIRS DIPLOMATIQUES. Correspondance intime de M. de Chateaubriand. — *Nouv. édition.* — 1 vol. . 5 »
VINGT JOURS EN SICILE. — 1 vol. . . 5 »

J.-H. MERLE D'AUBIGNÉ
HISTOIRE DE LA RÉFORMATION EN EUROPE AU TEMPS DE CALVIN–2 vol.15 »

MÉRY
NAPOLÉON EN ITALIE. Poëme. — 1 vol. 5 »

LE COMTE MIOT DE MÉLITO
Ancien ambassadeur, ministre, conseiller d'État et membre de l'Institut
SES MÉMOIRES, publiés par sa famille (1788-1815). 3 vol. . . . . 18 »

LE COMTE DE MONTALIVET
LE ROI LOUIS-PHILIPPE (liste civile). *Nouv. édit.*, entièrement revue et consid.t augm. de notes, pièces justificatives et documents inédits, avec portrait et fac-simile du roi, et plan du château de Neuilly. — 1 vol. 6 »

MORTIMER-TERNAUX
HISTOIRE DE LA TERREUR (1792-1794), d'après des documents authentiques et inédits. Tome I à III. 3 v. 18 »

LE BARON DE NERVO
LES BUDGETS DE LA FRANCE ET DE L'ANGLETERRE. — 1 vol. 7 50
LES FINANCES FRANÇAISES SOUS L'ANCIENNE MONARCHIE, LA RÉPUBLIQUE, LE CONSULAT ET L'EMPIRE, 2 v. 15 »

MICHEL NICOLAS
DES DOCTRINES RELIGIEUSES DES JUIFS pendant les deux siècles antérieurs à l'ère chrétienne. 1 vol. 7 50
ESSAIS DE PHILOSOPHIE ET D'HISTOIRE RELIGIEUSE. — 1 vol. 7 50
ÉTUDES CRITIQUES SUR LA BIBLE. — Ancien Testament. — 1 vol. . . . 7 50
ÉTUDES CRITIQUES SUR LA BIBLE. — Nouveau Testament. — 1 vol. . 7 50

CHARLES NISARD
LES GLADIATEURS DE LA RÉPUBLIQUE DES LETTRES. — 2 vol. . . . 15 »

CASIMIR PÉRIER
LES FINANCES DE L'EMPIRE. — 1/2 v. 1 »
LES FINANCES ET LA POLITIQUE. — 1 v. 5 »
LE TRAITÉ AVEC L'ANGLETERRE. — 2e édit., rev. et augm. — 1/2 vol. 1 50

GEORGES PERROT
SOUVENIRS D'UN VOYAGE EN ASIE MINEURE. — 1 vol. 7 50

A. PHILIPPE
ROYER-COLLARD. Sa vie publique, sa vie privée, sa famille. 1 vol. . . 5 »

L. PHILIPPSON   fr. c.
Traduction de L. Lévy-Bing
DU DÉVELOPPEMENT DE L'IDÉE RELIGIEUSE dans le Judaïsme, le Christianisme et l'Islamisme. 1 vol. . . . 6 »

L'ABBÉ PIERRE
CONSTANTINOPLE, JÉRUSALEM ET ROME avec un plan de Jérusalem et une carte des côtes orientales de la Méditerranée. — 2 vol. . . . . . 15 »

LE COMTE DE PONTÉCOULANT
SOUVENIRS HISTORIQUES ET PARLEMENTAIRES, extraits de ses papiers et de sa correspondance (1764-1848). — Tomes I à III. 3 vol. 18 »

PRÉVOST-PARADOL
ÉLISABETH ET HENRI IV (1595-1598). — 2e *édition*. — 1 vol. . . . . . 6 »
ESSAIS DE POLITIQUE ET DE LITTÉRATURE. — 2e *édition*. — 1 vol. . . 7 50
NOUVEAUX ESSAIS DE POLITIQUE ET DE LITTÉRATURE. — 1 vol. 7 50
ESSAIS DE POLITIQUE ET DE LITTÉRATURE. — 3e série, 1 vol. 7 50

EDGAR QUINET
HISTOIRE DE LA CAMPAGNE DE 1815. — 1 vol. avec une carte. 7 50
MERLIN L'ENCHANTEUR. 2 vol. . . . 15 »

Mme RÉCAMIER
SOUVENIRS ET CORRESPONDANCE tirés de ses papiers. — 3e éd. 2 v. 15 »
COPPET ET WEIMAR. — MADAME DE STAEL ET LA GRANDE DUCHESSE LOUISE. — Récits et Correspondances, par l'auteur des *Souvenirs de Madame Récamier*. 1 v. 7 50

CH. DE RÉMUSAT
de l'Académie française
POLITIQUE LIBÉRALE, ou Fragments pour servir à la défense de la Révolution française. 1 vol. 7 50

ERNEST RENAN
AVERROÈS ET L'AVERROÏSME, essai historique. — 2e *édition*, 1 vol. . 7 50
LE CANTIQUE DES CANTIQUES, traduit de l'hébreu, avec une étude sur le plan, l'âge et le caractère du poëme. — 2e *édition*. — 1 vol. . . 6 »
LA CHAIRE D'HÉBREU AU COLLÉGE DE FRANCE. — Brochure . . . . . . 1 »
DE L'ORIGINE DU LANGAGE. 4e *édition*. 1 vol. . . . . 6 »
DE LA PART DES PEUPLES SÉMITIQUES DANS L'HISTOIRE DE LA CIVILISATION. — 5e éd. Broch. 1 »
ESSAIS DE MORALE ET DE CRITIQUE. — 2e *édition*. — 1 vol. 7 50
ÉTUDES D'HISTOIRE RELIGIEUSE. — 6e *édition*. — 1 vol. 7 50
HISTOIRE GÉNÉRALE DES LANGUES SÉMITIQUES. — 4e *édition* revue et augmenté. — 1 vol. 7 50
HISTOIRE LITTÉRAIRE DE LA FRANCE AU XIVe SIÈCLE. — 2 vol. . . . . 16 »

ERNEST RENAN (suite) fr. c.
LE LIVRE DE JOB, traduit de l'hébreu, avec une étude sur l'âge et le caractère du poème. — 2e éd. 1 vol. 7 50
VIE DE JÉSUS. — 11e édit. 1 vol. ... 7 50

D. JOSÉ GUEL Y RENTÉ
PENSÉES CHRÉTIENNES, POLITIQUES ET PHILOSOPHIQUES. — 1 vol. .. 5 »

LOUIS REYBAUD, de l'Institut
ÉCONOMISTES MODERNES. — 1 vol. ... 7 50
ÉTUDES SUR LE RÉGIME DES MANUFACTURES. Condition des ouvriers en soie. 1 vol. 7 50
LE COTON. Son régime, ses problèmes, son influence en Europe. — Nouvelle série des études sur le régime des manufactures. — 1 vol. 7 50

LE COMTE R. R.
LA JUSTICE ET LA MONARCHIE POPULAIRE. — 1re partie : La Guerre d'Orient. — 1 vol. .... 3 »

J.-J. ROUSSEAU
ŒUVRES ET CORRESPONDANCE INÉDITES, publiées par M. Streckeisen-Moultou. — 1 vol. 7 50
J.-J. ROUSSEAU — SES AMIS ET SES ENNEMIS, correspondance publiée par M. Streckeisen-Moultou, avec une introduction de M. Jules Levallois, et une appréciation critique de M. Sainte-Beuve, de l'Académie française. — 2 vol ... 15 »

LE MARÉCHAL DE St-ARNAUD
LETTRES, avec pièces justificatives. — 2e édition, précédée d'une notice par M. SAINTE-BEUVE. — 2 vol. ornés du portrait et d'un autographe .... 12 »

SAINTE-BEUVE
POÉSIES COMPLÈTES, JOSEPH DELORME, LES CONSOLATIONS — PENSÉES D'AOUT. — Nouvelle édit. très-augmentée. — 2 volumes. 10 »

SAINT-MARC GIRARDIN, de l'Ac. franç.
SOUVENIRS ET RÉFLEXIONS POLITIQUES D'UN JOURNALISTE. 1 vol. .. 7 50
LA FONTAINE ET LES FABULISTES (sous presse). — 2 vol. .... 15 »

SAINT-RENÉ-TAILLANDIER
ÉTUDES SUR LA RÉVOLUTION EN ALLEMAGNE. — 2 vol. .... 15 »

J. SALVADOR
HISTOIRE DES INSTITUTIONS DE MOÏSE ET DU PEUPLE HÉBREU. 3e édition, revue et augmentée d'une Introduction sur l'avenir de la Question religieuse. — 2 vol. ...... 15 »
PARIS, ROME, JÉRUSALEM. Question religieuse au XIXe siècle. — 2 vol. 15 »

EDMOND SCHERER
MÉLANGES D'HISTOIRE RELIG. 1 vol. 7 50

DE SÉNANCOUR
RÊVERIES. — 3e édition. — 1 vol. . 5 »

JAMES SPENCE
L'UNION AMÉRICAINE, ses effets sur le caractère national et la politique 1 v. 6 »

A. DE TOCQUEVILLE fr. c.
L'ANCIEN RÉGIME ET LA RÉVOLUTION. 4e édition. 1 vol. 7 50
DE LA DÉMOCRATIE EN AMÉRIQUE. — Nouvelle édition, 3 vol. ..... 18 »
ŒUVRES ET CORRESPONDANCE INÉDITES, précédées d'une Introduction. par Gustave de Beaumont. 2 vol. 15 »

E. DE VALBEZEN
LES ANGLAIS ET L'INDE, avec notes, pièces justificatives et tableaux statistiques. — 3e édition. 1 vol. ... 7 50

OSCAR DE VALLÉE
ANTOINE LEMAISTRE ET SES CONTEMPORAINS. — Études sur le XVIIe siècle. — 2e édition. 1 vol 7 50
LE DUC D'ORLÉANS ET LE CHANCELIER D'AGUESSEAU. — Études morales et politiques. — 1 vol. 7 50

PAUL VARIN
EXPÉDITION DE CHINE. — 1 vol. ... 5 »

LE DOCTEUR L. VÉRON
QUATRE ANS DE RÈGNE. — OU EN SOMMES-NOUS ? — 1 vol. ..... 5 »

LOUIS DE VIEL-CASTEL
HISTOIRE DE LA RESTAURATION. - 8 v. 48 »
En vente, tomes I à VI. 6 vol. 36 »

ALFRED DE VIGNY, de l'Acad. franç.
ŒUVRES COMPLÈTES (NOUVELLE ÉDITION)
CINQ-MARS, avec autographes de Richelieu et de Cinq-Mars. — 1 vol. 5 »
LES DESTINÉES, poëmes philos. 1 v. 6 »
POÉSIES COMPLÈTES. — 1 vol. ... 5 »
SERVITUDE ET GRANDEUR MILITAIRES. — 1 vol. .... 5 »
STELLO. — 1 vol. .... 5 »
THÉÂTRE COMPLET. — 1 vol. ... 5 »

VILLEMAIN, de l'Académie française.
LA TRIBUNE MODERNE :
1re PARTIE. — M. DE CHATEAUBRIAND, sa vie, ses écrits, son influence littéraire et politique sur son temps. — 1 vol. 7 50
2e PARTIE (sous presse). 1 vol. .. 7 50

L. VITET (de l'Académie française)
L'ACADÉMIE ROYALE DE PEINTURE ET DE SCULPTURE. — Étude historique. — 1 vol .... 6 »
LE LOUVRE. Etude historique, revue et augmentée (Sous pr.). — 1 vol. 6 »
L'ÉGLISE NOTRE-DAME DE NOYON. Essai archéologique, suivi d'Études sur les monuments et sur la musique du moyen âge. — 1 vol. .. 6 »

CORNÉLIS DE WITT
L'ANGLETERRE POLITIQUE ET RELIGIEUSE 1815-1860. — Choix des meilleurs morceaux parus dans les principales revues anglaises, traduits et précédés d'une introduction. 2 v. 12 »
HISTOIRE CONSTITUTIONNELLE DE L'ANGLETERRE, (1760-1860), par Thomas Eustine May, traduite et précédée d'une introd. — 2 vol. 12 »

LE RÉV. CHRISTOPHER WORDSWORT
DE L'ÉGLISE ET DE L'INSTRUCTION PUBLIQUE EN FRANCE. — 1 vol. ... 5 »

BIBLIOTHÈQUE CONTEMPORAINE
ET COLLECTION DE LA LIBRAIRIE NOUVELLE
Format grand in-18 à 3 francs le volume

EDMOND ABOUT vol.
LETTRES D'UN BON JEUNE HOMME A SA COUSINE. — *2ᵉ édition*. 1
DERNIÈRES LETTRES D'UN BON JEUNE HOMME A SA COUSINE. 1

AMÉDÉE ACHARD
LES CHATEAUX EN ESPAGNE. 1
LES RÊVEURS DE PARIS. 1

***
VARIA.-Morale.-Politique.-Littérature. 5

ALFRED ASSOLLANT
D'HEURE EN HEURE. 1

XAVIER AUBRYET
LES JUGEMENTS NOUVEAUX. 1

***
LES ZOUAVES ET LES CHASSEURS A PIED. 1

L'AUTEUR
des Études sur la Marine
GUERRE D'AMÉRIQUE. — Campagne du Potomac (Mars-Juillet 1862). 1

J. AUTRAN
ÉPITRES RUSTIQUES. 1
LABOUREURS ET SOLDATS.—*2ᵉ édition, revue et corrigée*. 1
LES POÈMES DE LA MER. — *Nouvelle édition, revue et considérablement augmentée*. 1
LA VIE RURALE. — Tableaux et Récits. 1

LE COMTE CÉSAR BALBO
Traduction J. Amigue.
HISTOIRE D'ITALIE. 2

J. BARBEY D'AUREVILLY
LE CHEVALIER DESTOUCHES. 1
LES PROPHÈTES DU PASSÉ. 1

ALEX. BARBIER.
LETTRES FAMILIÈRES SUR LA LITTÉRATURE. 1

J. BARTHÉLEMY SAINT-HILAIRE
LETTRES SUR L'ÉGYPTE — *2ᵉ édition*. 1

CH. BATAILLE. — E. RASETTI.
ANTOINE QUÉRARD. — Les Drames de Village. 2

L. BAUDENS
Inspecteur, membre du Conseil de santé des armées
LA GUERRE DE CRIMÉE. — Les Campements, les Abris, les Ambulances, les Hôpitaux, etc. — *2ᵉ édition*. . . 1

GUSTAVE DE BEAUMONT
de l'Institut
L'IRLANDE SOCIALE, POLITIQUE ET RELIGIEUSE. — *7ᵉ édition, revue et corrigée*, avec un avant-propos sur la situation actuelle de l'Irlande. . 2

ROGER DE BEAUVOIR
LES MEILLEURS FRUITS DE MON PANIER. 1

LA PRINCESSE DE BELGIOJOSO
ASIE MINEURE ET SYRIE.—Souvenirs de voyage. — *Nouvelle édition*. . . . 1
SCÈNES DE LA VIE TURQUE :
Emina. — Un prince kurde. — Les deux Femmes d'Ismaïl-Bey. 1
NOUVELLES SCÈNES DE LA VIE TURQUE (*Sous presse*). 1

GEORGES BELL vol.
VOYAGE EN CHINE. 1

LE MARQUIS DE BELLOY
THÉATRE COMPLET DE TÉRENCE (*Trad.*) 1

HECTOR BERLIOZ
A TRAVERS CHANTS, études musicales, adorations, boutades et critiques. 1
LES GROTESQUES DE LA MUSIQUE. . . . 1
LES SOIRÉES DE L'ORCHESTRE.—*2ᵉ édition, entièrem. revue et corrigée*. 1

CHARLES DE BERNARD
ŒUVRES COMPLÈTES
LES AILES D'ICARE. 1
UN BEAU-PÈRE. 1
L'ÉCUEIL. 1
LE GENTILHOMME CAMPAGNARD. . . . 2
GERFAUT. 1
UN HOMME SÉRIEUX. 1
LE NŒUD GORDIEN. 1
NOUVELLES ET MÉLANGES. 1
LE PARAVENT. 1
LA PEAU DU LION ET LA CHASSE AUX AMANTS. 1
POÉSIES ET THÉATRE. 1

EUGÈNE BERTHOUD
UN BAISER MORTEL. *2ᵉ édition*. . . 1
SECRET DE FEMME. *2ᵉ édition*. . . . 1

H. BLAZE DE BURY
LES AMIES DE GŒTHE (*Sous presse*). 1
LE CHEVALIER DE CHASOT. Mémoires du temps de Frédéric le Grand. . . 1
ÉCRIVAINS ET POÈTES DE L'ALLEMAGNE. 1
ÉPISODE DE L'HISTOIRE DU HANOVRE. — Les Kœnigsmark. 1
INTERMÈDES ET POÈMES. 1
SOUVENIRS ET RÉCITS DES CAMPAGNES D'AUTRICHE. 1

***
HOMMES DU JOUR : *2ᵉ édition*. . . 1
LES SALONS DE VIENNE ET DE BERLIN. 1
LES BONSHOMMES DE CIRE. 1

WILLIAM BOLTS
HISTOIRE DES CONQUÊTES ET DE L'ADMINISTRATION DE LA COMPAGNIE ANGLAISE AU BENGALE. 1

JULES BONNET
AONIO PALEARIO, étude sur la réforme en Italie. 1

LOUIS BOUILHET
POÉSIES, Festons et Astragales. . . . 1

FÉLIX BOVET
VOYAGE EN TERRE SAINTE.—*3ᵉ édition, revue et corrigée*. 1

A. BRIZEUX
ŒUVRES COMPLÈTES. Édition définitive, augmentée d'un grand nombre de poésies inédites, précédée d'une étude sur BRIZEUX par SAINT-RENÉ TAILLANDIER, et ornée d'un portrait de Brizeux. 2

	vol.
LE PRINCE A. DE BROGLIE	
ÉTUDES MORALES ET LITTÉRAIRES..	1
QUESTIONS DE RELIGION ET D'HISTOIRE. — 2e *édition*	2
PAUL CAILLARD	
LES CHASSES EN FRANCE ET EN ANGLETERRE. Histoires de Sport.	1
AUGUSTE CALLET	
L'ENFER. — 2e *édition*.	1
LOUIS DE CARNÉ	
UN DRAME SOUS LA TERREUR. , . . .	1
CLÉMENT CARAGUEL	
LES SOIRÉES DE TAVERNY	1
MICHEL CERVANTES	
THÉATRE, traduit par Aphonse Royer.	1
CHAMPFLEURY	
CONTES VIEUX ET NOUVEAUX.	1
LES DEMOISELLES TOURANGEAU. . . .	1
LES EXCENTRIQUES. — 2e *édition*. . .	1
LA MASCARADE DE LA VIE PARISIENNE.	1
A. CHARGUÉRAUD	
LES BATARDS CÉLÈBRES, avec une introduction par E. *de Girardin*. 2e *éd*.	1
VICTOR CHERBULIEZ	
LE PRINCE VITALE.	1
LE COMTE DE CHEVIGNÉ	
CONTES RÉMOIS. 4e *édition*, illustrés de 34 dessins de Meissonier	1
F. CLAUDE	
LES PSAUMES, traduction nouvelle . .	1
LE ROMAN DE L'AMOUR	1
Mme LOUISE COLET	
LUI. — 5e *édition*.	1
EUGÈNE CORDIER	
LE LIVRE D'ULRICH.	1
H. CORNE	
SOUVENIRS D'UN PROSCRIT.	1
CHARLES DE COURCY	
LES HISTOIRES DU CAFÉ DE PARIS. . .	1
PHILARÈTE CHASLES	
SOUVENIRS D'UN MÉDECIN	1
ÉDOUARD COURNAULT	
CONSIDÉRATIONS POLITIQUES.	1
VICTOR COUSIN	
PHILOSOPHIE DE KANT. 4e *édition*. . .	1
PHILOSOPHIE ÉCOSSAISE. 4e *édition* . .	1
PHILOSOPHIE SENSUALISTE. 4e *édition*.	1
CUVILLIER-FLEURY	
ÉTUDES HISTORIQUES ET LITTÉRAIRES.	2
NOUV. ÉTUDES HIST. ET LITTÉRAIRES.	1
DERN. ÉTUDES HISTOR. ET LITTÉRAIRES.	2
HISTORIENS, POETES ET ROMANCIERS. .	2
PORTRAITS POLITIQUES ET RÉVOLUTIONNAIRES. — 2e *édition*.	2
VOYAGES ET VOYAGEURS	1
ALPHONSE DAUDET	
LE ROMAN DU CHAPERON ROUGE. . . .	1
LE GÉNÉRAL DAUMAS	
LES CHEVAUX DU SAHARA ET LES MŒURS DU DÉSERT. — 4e *édition*, *revue et augmentée*, avec des Commentaires par l'émir Abd-el-Kader.	1

	vol.
L. DAVESIÈS DE PONTÈS	
ÉTUDES SUR L'ORIENT.	1
NOTES SUR LA GRÈCE.	1
DÉCEMBRE-ALONNIER	
TYPOGRAPHES ET GENS DE LETTRES. . .	1
E. J. DELÉCLUZE	
SOUVENIRS DE SOIXANTE ANNÉES. . . .	1
PAUL DELTUF	
CONTES ROMANESQUES.	1
RÉCITS DRAMATIQUES	1
A. DESBARROLLES	
VOYAGE D'UN ARTISTE EN SUISSE A 3 FR. 50 C. PAR JOUR. 2e *édition* .	1
EMILE DESCHANEL	
CAUSERIES DE QUINZAINE.	1
CHRISTOPHE COLOMB.	1
CHARLES DOLLFUS	
LETTRES PHILOSOPHIQUES. 2e *édit*.	1
RÉVÉLATIONS ET RÉVÉLATEURS. . . .	1
PASCAL DORÉ	
LE ROMAN DE DEUX JEUNES FILLES . .	1
MAXIME DU CAMP	
EXPÉDITION DE SICILE. — Souvenirs personnels.	1
J. A. DUCONDUT	
ESSAI DE RHYTHMIQUE FRANÇAISE . . .	1
E. DUFOUR	
LES GRIMPEURS DES ALPES (Peaks, Passes and Glaciers). Trad. de l'anglais.	1
BENJAMIN DULAC	
UNE AURORE BORÉALE.	1
ALEXANDRE DUMAS	
LES GARIBALDIENS, révolutions de Sicile et de Naples.	1
THÉATRE COMPLET. — Tomes I à V . .	5
ALEXANDRE DUMAS FILS	
CONTES ET NOUVELLES.	1
CAMILLE DUTRIPON	
EDMÉE.	1
CHARLES EDMOND	
SOUVENIRS D'UN DÉPAYSÉ.	1
Mme ELLIOTT	
MÉMOIRES SUR LA RÉVOLUTION FRANÇAISE, traduits par M. le comte de Baillon, avec une appréciation critique de M. Sainte-Beuve et un beau portrait gravé sur acier.—2e *édition*	1
ALPHONSE ESQUIROS	
LA NÉERLANDE ET LA VIE HOLLANDAISE.	2
A. L. A. FÉE	
SOUVENIRS DE LA GUERRE D'ESPA . . . dite de l'Indépendance. — 2e *édit*.	1
L'ESPAGNE A CINQUANTE ANS D'INTERVALLE (1809-1859).	1
FÉTIS	
LA MUSIQUE DANS LE PASSÉ, DANS LE PRÉSENT ET DANS L'AVENIR (8° *pr*).	2
FEUILLET DE CONCHES	
LÉOPOLD ROBERT, sa vie, ses œuvres et sa correspondance.—*Nouv. édit*.	1

OCTAVE FEUILLET

	vol.
BELLAH. — 5e *édition*.	1
HISTOIRE DE SIBYLLE. — 8e *édition*.	1
LA PETITE COMTESSE, le Parc, Onesta.	1
LE ROMAN D'UN JEUNE HOMME PAUVRE.	1
SCÈNES ET COMÉDIES.—*Nouv. édition*.	1
SCÈNES ET PROVERBES.—*Nouv. édit.*	1

PAUL FÉVAL.
QUATRE FEMMES ET UN HOMME.—3e *édit.* 1

ERNEST FEYDEAU
ALGER. — Étude. 2e *édition*.	1
UN DÉBUT A L'OPÉRA—3e *édition*.	1
UNE ERREUR DE LA NATURE	1
MONSIEUR DE SAINT-BERTRAND 3e *édit.*	1
LE MARI DE LA DANSEUSE. — 3e *édit.*	1
LE SECRET DU BONHEUR (*Sous presse*).	1

LOUIS FIGUIER.
LES EAUX DE PARIS, leur passé, leur état présent, leur avenir, avec une carte hydrographique et géologique du bassin de Paris (coloriée) 2e *éd.* 1

GUSTAVE FLAUBERT
MADAME BOVARY. *Nouvelle édit. revue.*	1
SALAMMBÔ. 5e *édition*.	1

TOBY FLOCK
CONFESSIONS D'AMOUR. 1

EUGÈNE FORCADE
ÉTUDES HISTORIQUES.	1
HISTOIRE DES CAUSES DE LA GUERRE D'ORIENT.	1

MARC FOURNIER
LE MONDE ET LA COMÉDIE (*Sous presse*) 1

VICTOR FRANCONI
LE CAVALIER, Cours d'équitation pratique. — 2e *édit.*, *revue et augm.*	1
L'ÉCUYER, Cours d'équitation pratique.	1

ARNOULD FRÉMY
LES MŒURS DE NOTRE TEMPS. 1

EUGÈNE FROMENTIN
UNE ANNÉE DANS LE SAHEL. — 2e *éd.*	1
UN ÉTÉ DANS LE SAHARA.—2e *édition*.	1

LEOPOLD DE GAILLARD
QUESTIONS ITALIENNES. 1

GALOPPE D'ONQUAIRE
LE SPECTACLE AU COIN DU FEU. 1

P. GARREAU
ESSAI SUR LES PREMIERS PRINCIPES DES SOCIÉTÉS. 1

LE Cte AGÉNOR DE GASPARIN
LE BONHEUR. — 2e *édition*.	1
UN GRAND PEUPLE QUI SE RELÈVE. — Les États-Unis en 1861. 2e *édition*	1

***
LES HORIZONS CÉLESTES. — 6e *édit.*	1
LES HORIZONS PROCHAINS. — 5e *édit.*	1
LES TRISTESSES HUMAINES—3e *édition*.	1
VESPER. — 4e *édition*.	1

BENJAMIN GASTINEAU
LES FEMMES DES CÉSARS —2e *édition* 1

THÉOPHILE GAUTIER
EN GRÈCE ET EN AFRIQUE (*Sous presse*) 1

JULES GERARD *le Tueur de Lions*
VOYAGES ET CHASSES DANS L'HIMALAYA 1

AIMÉ GIRON
LES AMOURS ÉTRANGES	1
TROIS JEUNES FILLES.	1

Mme MANOEL DE GRANDFORT
	vol.
L'AMOUR AUX CHAMPS.	1
RYNO. 2e *édition*.	1

LÉON GOZLAN.
BALZAC CHEZ LUI — 2e *édition*	1
HISTOIRE D'UN DIAMANT. — 2e *édition*.	1

ÉDOUARD GOURDON
NAUFRAGE AU PORT. 1

GRÉGOROVIUS
Traduction de F. Sabatier
LES TOMBEAUX DES PAPES ROMAINS, av. une introduction de J. J. AMPÈRE. 1

F. DE GROISEILLIEZ
LES COSAQUES DE LA BOURSE.	1
HIST. DE LA CHUTE DE LOUIS-PHILIPPE	1

AD. GUÉROULT
ÉTUDES DE POLITIQUE ET DE PHILOSOPHIE RELIGIEUSE. 1

AMÉDÉE GUILLEMIN
LES MONDES. — CAUSERIES ASTRONOMIQUES.—3e *édition* 1

M. GUIZOT
TROIS GÉNÉRATIONS —1789-1814-1848.	1
— 3e *édition*.	1

LE Cte GUY DE CHARNACÉ
ÉTUDES D'ÉCONOMIE RURALE. 1

F. HALÉVY
SOUVENIRS ET PORTRAITS. — Études sur les Beaux-Arts.	1
DERNIERS SOUVENIRS ET PORTRAITS,	1

IDA HAHN-HAHN
Traduction Am. Pichot
LA COMTESSE FAUSTINE. 1

B. HAURÉAU
SINGULARITÉS HISTOR. ET LITTÉRAIRES 1

LE COMTE D'HAUSSONVILLE
HISTOIRE DE LA POLITIQUE EXTÉRIEURE DU GOUVERNEMENT FRANÇAIS (1830-1848). Avec notes, pièces justificatives et documents diplomatiques entièrement inédits. — *Nouv. édit.* 2
HISTOIRE DE LA RÉUNION DE LA LORRAINE A LA FRANCE. Avec notes, pièces justificatives et documents historiques entièrement inédits. — 2e *édition, revue et corrigée*. 4

***
MARGUERITE DE VALOIS. (*Sous presse*)	1
ROBERT EMMET. — 2e *édition*.	1
SOUVENIRS D'UNE DEMOIS. D'HONNEUR DE LA DUCH. DE BOURGOGNE. 2e *édit.*	1

HENRI HEINE
ŒUVRES COMPLÈTES
DE LA FRANCE. — *Nouvelle édition*.	1
DE L'ALLEMAGNE.— *Nouvelle édition*,	2
LUTÈCE, lettres sur la vie polit., artist. et sociale de la France. — 5e *édit.*	1
POÈMES ET LÉGENDES.—*Nouv. édition*.	1
REISEBILDER, tableaux de voyage.— *Nouvelle édition* précédée d'une étude sur Henri Heine, par *Théophile Gautier*, ornée d'un portrait.	2
DE L'ANGLETERRE. (*Sous presse*).	1

	vol.
CAMILLE HENRY	
LE ROMAN D'UNE FEMME LAIDE. 2e édit.	1
LE ROMAN D'UNE JOLIE FEMME (sous pr.).	1
UNE NOUVELLE MADELEINE.	1
HOFFMANN *Traduction Champfleury*	
CONTES POSTHUMES.	1
ROBERT HOUDIN	
CONFIDENCES D'UN PRESTIDIGITATEUR.	2
ARSENE HOUSSAYE	
BLANCHE ET MARGUERITE	1
MADEMOISELLE MARIANI, histoire parisienne (1858). — 4e édition.	1
CHARLES HUGO	
LE COCHON DE SAINT-ANTOINE (Sous pr.)	1
UNE FAMILLE TRAGIQUE.	1
UN INCONNU	
MONSIEUR X ET MADAME ***.	1
WASHINGTON IRVING *Traduction Th. Lefèbvre*	
AU BORD DE LA TAMISE. — Contes, Récits et Légendes. — 2e édit.	1
ALFRED JACOBS	
L'OCÉANIE NOUVELLE.	1
PAUL JANET	
LA FAMILLE. — LEÇONS DE PHILOSOPHIE MORALE, ouvrage couronné par l'Académie française. — 4e édition.	1
JULES JANIN	
BARNAVE. *Nouvelle édition.*	1
LES CONTES DU CHALET. — 2e édition.	1
CONTES FANTAST. ET CONTES LITTÉR.	1
HIST. DE LA LITTÉRATURE DRAMATIQUE	6
AUGUSTE JOLTROIS	
LES COUPS DE PIEDS DE L'ANE. — 2e édit.	1
LOUIS JOURDAN	
LES FEMMES DEVANT L'ÉCHAFAUD. — 2e édition.	1
MIECISLAS KAMIENSKI *tué à Magenta*	
SOUVENIRS	1
KARL-DÈS-MONTS	
LES LÉGENDES DES PYRÉNÉES. — 4e éd.	1
ALPHONSE KARR	
DE LOIN ET DE PRÈS. — 2e édition	1
EN FUMANT — 2e édition.	1
LETTRES ÉCRITES DE MON JARDIN.	1
LE ROI DES ILES CANARIES (S. pr.).	1
SUR LA PLAGE.	1
ALEXANDRE KEN	
DISSERTATIONS HISTORIQUE, ARTIST. ET SCIENTIFIQUES SUR LA PHOTOGRAPHIE	1
LA BRUYÈRE	
LES CARACTÈRES. — *Nouvelle édition*, commentée par A. DESTAILLEUR.	2
LAMARTINE	
LES CONFIDENCES, *nouvelle édition*.	1
GENEVIÈVE, Hist. d'une Servante. 2e éd.	1
NOUVELLES CONFIDENCES. 2e édition.	1
TOUSSAINT-LOUVERTURE. 3e édition.	1

	vol.
LE PRINCE DE LA MOSKOWA	
SOUVENIRS ET RÉCITS.	1
LANFREY	
LES LETTRES D'ÉVERARD	1
VICTOR DE LAPRADE	
POÈMES ÉVANGÉLIQUES. — 3e *édition*, ouvrage couronné par l'Académie française	1
PSYCHÉ. — Odes et Poëmes. — *Nouvelle édition*.	1
LES SYMPHONIES. — IDYLLES HÉROÏQUES. — *Nouvelle édition*.	1
E. LA RIGAUDIÈRE	
HISTOIRE DES PERSÉCUTIONS RELIGIEUSES EN ESPAGNE.	1
FERDINAND DE LASTEYRIE	
LES TRAVAUX DE PARIS, examen crit.	1
DE LATENA	
ÉTUDE DE L'HOMME. 4e *édition*, considérablement augmentée	2
ÉMILE DE LATHEULADE	
DE LA DIGNITÉ HUMAINE.	1
ANTOINE DE LATOUR	
ÉTUDES LITTÉR. SUR L'ESPAGNE CONT.	1
ÉTUDES SUR L'ESPAGNE.	2
LA BAIE DE CADIX. — NOUVELLES ÉTUDES SUR L'ESPAGNE.	1
TOLÈDE ET LES BORDS DU TAGE. — NOUVELLES ÉTUDES SUR L'ESPAGNE.	1
L'ESPAGNE RELIGIEUSE ET LITTÉRAIRE.	1
CHARLES DE LA VARENNE	
VICTOR EMMANUEL II ET LE PIÉMONT.	1
CH. LAVOLLÉE	
LA CHINE CONTEMPORAINE.	1
ANTONIN LEFÈVRE-PONTALIS	
LES LOIS ET LES MŒURS ÉLECTORALES EN FRANCE ET EN ANGLETERRE.	1
ERNEST LEGOUVÉ	
LECTURES A L'ACADÉMIE	1
JOHN LEMOINNE	
ÉTUDES CRITIQUES ET BIOGRAPHIQUES.	1
NOUV. ÉTUDES CRIT. ET BIOGRAPHIQUES	1
JULES LEVALLOIS	
LA PIÉTÉ AU XIXe SIÈCLE.	1
CH. LIADIÈRES	
ŒUVRES DRAMATIQUES ET LÉGENDES.	1
SOUV. HISTOR. ET PARLEMENTAIRES.	1
FRANZ LISZT	
DES BOHÉMIENS ET DE LEUR MUSIQUE	1
LE ROI LOUIS-PHILIPPE	
MON JOURNAL. Evénements de 1815.	2
LE VICOMTE DE LUDRE	
DIX ANNÉES DE LA COUR DE GEORGES II	1
CHARLES MAGNIN	
HISTOIRE DES MARIONNETTES EN EUROPE, depuis l'antiquité jusqu'à nos jours. — 2e *édition*	1
FÉLICIEN MALLEFILLE	
LE COLLIER. — Contes et Nouvelles.	1

HECTOR MALOT

Titre	vol.
LES AMOURS DE JACQUES.	1
LES VICTIMES D'AMOUR. — 1re *partie*: Les Amants.—2e *édition*.	1
LES VICTIMES D'AMOUR. — 2e *partie*: Les Epoux (*Sous presse*)	1
LA VIE MODERNE EN ANGLETERRE.	1

AUGUSTE MAQUET
LES VERTES-FEUILLES. — 1

LE COMTE DE MARCELLUS
CHANTS POPULAIRES DE LA GRÈCE MODERNE, réunis, classés et traduits. — 1

CH. DE MAZADE
L'ITALIE MODERNE. Récits des Guerres et des Révolutions italiennes. — 1
LA POLOGNE CONTEMPORAINE — 1

E. DU MÉRAC
PLACIDE DE JAVERNY. — 1

MERCIER
TABLEAU DE PARIS, *nouvelle édition*. — 1

PROSPER MÉRIMÉE
LES DEUX HÉRITAGES, suivis de L'INSPECTEUR GÉNÉRAL et des DÉBUTS D'UN AVENTURIER. — 1
ÉPISODE DE L'HISTOIRE DE RUSSIE. — Les faux Demétrius. — 1
ÉTUDES SUR L'HISTOIRE ROMAINE: Essai sur la Guerre sociale.—Conjuration de Catilina. — 1
MÉLANGES HISTORIQUES ET LITTÉRAIRES — 1
NOUVELLES. — 4e *édition*: Carmen. — Arsène Guillot. — L'abbé Aubain. — La Dame de pique. — Les Bohémiens. — Le Hussard. — Nicolas Gogol. — 1

MÉRY
LES AMOURS DES BORDS DU RHIN. — 1
UN CRIME INCONNU. — 1
MONSIEUR AUGUSTE.—2e *édition*. — 1
LES MYSTÈRES D'UN CHATEAU — 1
LES NUITS ESPAGNOLES. — 1
POÉSIES INTIMES. — 1
THÉATRE DE SALON. — 2e *édition*. — 1
NOUVEAU THÉATRE DE SALON — 1
URSULE — 1
LA VIE FANTASTIQUE (*Sous presse*). — 1

ÉDOUARD MEYER
CONTES DE LA MER BALTIQUE — 1

L'ABBÉ TH. MITRAUD
DE LA NATURE DES SOCIÉTÉS HUMAINES. — 1

CELESTE MOGADOR
MÉMOIRES complets — 4

PAUL DE MOLÈNES
L'AMANT ET L'ENFANT. — 1
AVENTURES DU TEMPS PASSÉ: Trèfleur.-Briolan.-Le roi Arthur. — 1
LE BONHEUR DES MAIGE. — 1
CARACTÈRES ET RÉCITS DU TEMPS. — 1
LES COMMENTAIRES D'UN SOLDAT. — 1
LA POLIE DE L'ÉPÉE. — 1
HISTOIRES SENTIMENTALES ET MILITAIRES. — 1

CHARLES MONSELET
L'ARGENT MAUDIT. — 2e *édition*. — 1
LES FEMMES QUI FONT DES SCÈNES. — 1
LA FRANC-MAÇONNERIE DES FEMMES. — 1
LES GALANTERIES DU XVIIIe SIÈCLE. — 1
LES ORIGINAUX DU SIÈCLE DERNIER. — 1

FRÉDÉRIC MORIN
LES HOMMES ET LES LIVRES CONTEMPORAINS. — 1
LES IDÉES DU TEMPS PRÉSENT. — 1

HENRY MURGER
LES NUITS D'HIVER.—Poésies complètes. 2e *édition*. — 1

PAUL DE MUSSET
UN MAITRE INCONNU — 1

NADAR
LA ROBE DE DÉJANIRE.—2e *édition*. — 1

LA COMTESSE NATHALIE
LA VILLA GALIETTA. Nouvelle — 1

CHARLES NISARD
MÉMOIRES ET CORRESPONDANCES HISTORIQUES ET LITTÉRAIRES INÉDITS, 1726 à 1816. — 1

D. NISARD
de l'Académie française
ÉTUDES DE CRITIQUE LITTÉRAIRE. — 1
ÉTUDES D'HISTOIRE ET DE LITTÉRATURE. — 1
ÉTUDES SUR LA RENAISSANCE, 2e *édit*. — 1
SOUVENIRS DE VOYAGES: France. — Belgique. — Prusse rhénane. — Angleterre. 2e *édition*. — 1

LE VICOMTE DE NOÉ
LES BACHI-BOZOUCKS ET LES CHASSEURS D'AFRIQUE. — La Cavalerie régulière en campagne. — 1

ÉDOUARD PAILLERON
LES PARASITES. — 1

TH. PAVIE
RÉCITS DE TERRE ET DE MER. — 1
SCÈNES ET RÉCITS DES PAYS D'OUTREMER. — 1

SIMÉON PÉCONTAL
LÉGENDES. — Ouvr. couronné par l'Acad. — 1

LÉONCE DE PESQUIDOUX
L'ÉCOLE ANGLAISE (1672-1851). Études biographiques et critiques — 1
VOYAGE ARTISTIQUE EN FRANCE. Études sur les musées de province — 1

A. PEYRAT
ÉTUDES HISTORIQUES ET RELIGIEUSES. — 1
HISTOIRE ET RELIGION. — 1

LAURENT PICHAT
CARTES SUR TABLES. — Nouvelles. — 1
LA SIBYLLE — 1

AMÉDÉE PICHOT
SIR CHARLES BELL, histoire de sa vie et de ses travaux. — 1

GUSTAVE PLANCHE
ÉTUDES LITTÉRAIRES. — 1
ÉTUDES SUR L'ÉCOLE FRANÇAISE. — Peinture et Sculpture. — 2
ÉTUDES SUR LES ARTS. — 1
PORTRAITS D'ARTISTES: Peintres et Sculpteurs. — 2

ÉDOUARD PLOUVIER
	vol.
LA BELLE AUX CHEVEUX BLEUS. 2ᵉ *édit*.	1

EDGAR POE
Traduction Charles Baudelaire.
EUREKA	1
HISTOIRES GROTESQUES ET SÉRIEUSES.	1

F. PONSARD
de l'Académie française
ÉTUDES ANTIQUES. ✱	1
THÉATRE COMPLET : 3ᵉ *édition*	1

A. DE PONTMARTIN
CAUSERIES LITTÉRAIRES. — *Nouv. éd.*	1
NOUV. CAUSERIES LITTÉRAIRES 2ᵉ *éd*	1
DERNIÈRES CAUSERIES LITTÉRAIRES	1
CAUSERIES DU SAMEDI. — 2ᵉ *série des* Causeries Littéraires.—*Nouv. édit.*	1
NOUVELLES CAUSERIES DU SAMEDI. 2ᵉ *éd.*	1
DERNIÈRES CAUSERIES DU SAMEDI	1
LE FOND DE LA COUPE. — Nouvelles.	1
LES JEUDIS DE Mᵐᵉ CHARBONNEAU.	1
LES SEMAINES LITTÉRAIRES	1
NOUVELLES SEMAINES LITTÉRAIRES	1
DERNIÈRES SEMAINES LITTÉRAIRES	1

EUGENE POUJADE
LE LIBAN ET LA SYRIE	1

VICTOR POUPIN
UN MARIAGE ENTRE MILLE	1

PRÉVOST-PARADOL
ÉLISABETH ET HENRI IV (1595-1598) 3ᵉ *éd*	1
ESSAIS DE POLITIQUE ET DE LITTÉRATURE. — 2ᵉ *série*. — 2ᵉ *édition*.	1
QUELQUES PAGES D'HISTOIRE CONTEMPORAINE. Lettres politiques.	1
NOUVELLES LETTRES POLITIQUES.— 2ᵉ *série* de quelques pages d'histoire contemporaine	1

F. PUAUX
HIST. DE LA RÉFORMATION FRANÇAISE.	6

LOUIS RATISBONNE
L'ENFER DU DANTE, traduction en vers, texte en regard. — 3ᵉ *édition*.	2
LE PURGATOIRE DU DANTE	2
LE PARADIS DU DANTE	2
IMPRESSIONS LITTÉRAIRES	1
MORTS ET VIVANTS	1

PAUL DE RÉMUSAT
LES SCIENCES NATURELLES. Études sur leur histoire et sur leurs progrès	1

D. JOSÉ GUELL Y RENTÉ
LÉGENDES AMÉRICAINES	1
LÉGENDES D'UNE AME TRISTE	1
TRADITIONS AMÉRICAINES	1
LA VIERGE DES LYS.-PETITE VILLE DE ROI.	1

RODOLPHE REY
HISTOIRE DE LA RENAISSANCE POLITIQUE DE L'ITALIE —1814—1861.	1

LOUIS REYBAUD
LA COMTESSE DE MAULÉON	1
JÉRÔME PATUROT A LA RECHERCHE D'UNE POSITION SOCIALE —*Nouv. éd.*	1
JÉRÔME PATUROT A LA RECHERCHE DE LA MEILLEURE DES RÉPUBLIQUES. —	2
MARINES ET VOYAGES	1
MŒURS ET PORTRAITS DU TEMPS.	1
NOUVELLES	1
ROMANS	1
SCÈNES DE LA VIE MODERNE	1

	vol.
LA VIE A REBOURS	1
LA VIE DE CORSAIRE	1
LA VIE DE L'EMPLOYÉ	1

CHARLES REYNAUD
ÉPÎTRES, CONTES ET PASTORALES	1
ŒUVRES INÉDITES	1

HENRI RIVIÈRE
LA MAIN COUPÉE	1
LA POSSÉDÉE	1

JEAN ROUSSEAU
LES COUPS D'ÉPÉE DANS L'EAU	1
PARIS DANSANT.—2ᵉ *édition*	1

EDMOND ROCHE
POÉSIES POSTHUMES, av. notice par Vict. Sardou, et eaux-fortes	1

AMÉDÉE ROLLAND
LES FILS DE TANTALE	1
LA FOIRE AUX MARIAGES. — 2ᵉ *édition*	1
LES MARIONNETTES DE L'AMOUR (S. *pr.*)	1

VICTORINE ROSTAND
AU BORD DE LA SAÔNE	1

LE MARÉCHAL DE SAINT-ARNAUD
LETTRES (1832-1854), avec pièces justificatives. — 3ᵉ *édition*, précédée d'une notice par M. SAINTE-BEUVE.	2

C.-A. SAINTE-BEUVE, *de l'Ac. franç.*
NOUVEAUX LUNDIS.— 1ʳᵉ et 2ᵉ *séries*.	9

SAINT-RÉNÉ TAILLANDIER
ALLEMAGNE ET RUSSIE. Études historiques et littéraires.	1
LA COMTESSE D'ALBANY	1
HISTOIRE ET PHILOSOPHIE RELIGIEUSE.	1
LITTÉRATURE ÉTRANGÈRE. — ÉCRIVAINS ET POÈTES MODERNES	1

SAINT-SIMON
DOCTRINE SAINT-SIMONIENNE	1

GEORGE SAND
ANDRÉ	1
ANTONIA	1
CONSTANCE VERRIER	1
ELLE ET LUI	1
LA FAMILLE DE GERMANDRE	1
FRANÇOIS LE CHAMPI	1
INDIANA	1
JEAN DE LA ROCHE	1
LETTRES D'UN VOYAGEUR	1
MADEMOISELLE LA QUINTINIE	1
LES MAITRES MOSAISTES	1
LES MAITRES SONNEURS	1
LA MARE AU DIABLE	1
LE MARQUIS DE VILLEMER	1
MAUPRAT	1
MONT-REVÊCHE	1
NOUVELLES	1
LA PETITE FADETTE	1
TAMARIS	1
THÉATRE DE NOHANT	1
VALENTINE	1
VALVÈDRE	1
LA VILLE NOIRE	1

MAURICE SAND
CALLIRHOÉ	1
SIX MILLE LIEUES A TOUTE VAPEUR. 2ᵉ *éd.*	1

JULES SANDEAU. vol.
CATHERINE. — *Nouvelle édition*... 1
UN DÉBUT DANS LA MAGISTRATURE. 2º *éd.* 1
LA MAISON DE PENARVAN. —8º *édition* 1

FRANCISQUE SARCEY
LE MOT ET LA CHOSE.......... 1

C. DE SAULT.
ESSAIS DE CRITIQUE D'ART....... 1

EDMOND SCHERER
ÉTUDES CRITIQUES sur la Littérature. 1

FERNAND SCHICKLER
EN ORIENT. — SOUVENIRS DE VOYAGE 1

EUGÈNE SCRIBE
HISTORIETTES ET PROVERBES...... 1
NOUVELLES............... 1

WILLIAM N. SENIOR
LA TURQUIE CONTEMPORAINE...... 1

J.-C.-L. DE SISMONDI
LETTRES INÉDITES, suivies de lettres de Bonstetten, de Mmes de Staël et de Souza, avec une Introduction par St-René Taillandier........... 1

DE STENDHAL (H. BEYLE)
ŒUVRES COMPLÈTES

DE L'AMOUR. *Seule édition complète*. 1
LA CHARTREUSE DE PARME. *Nouv. éd.* 1
CHRONIQUES ITALIENNES........ 1
CORRESPONDANCE INÉDITE, précédée d'une Introduction par Prosper Mérimée, ornée d'un beau portrait.. 2
HISTOIRE DE LA PEINTURE EN ITALIE, *seule édition complète*..... 1
MÉMOIRES D'UN TOURISTE, *Nouv. éd.* 2
NOUVELLES INÉDITES......... 1
NOUVELLES ET MÉLANGES. (Sous pr.). 1
PROMENADES DANS ROME. *Nouv. éd.* 2
RACINE ET SHAKSPEARE, Études sur le Romantisme. — *Nouv. édition.* 1
ROMANS ET NOUVELLES, précédés d'une Notice sur STENDHAL... 1
ROME, NAPLES ET FLORENCE. *Nouv. éd.* 1
LE ROUGE ET LE NOIR. *Nouv. édition* 1
VIE DE ROSSINI. *Nouv. édition.* 1
VIES DE HAYDN, DE MOZART ET DE MÉTASTASE. *Nouv. édit. entièrem. rev.* 1

DANIEL STERN
ESSAI SUR LA LIBERTÉ. *Nouv. édit.* 1
FLORENCE ET TURIN, Art et politique. 1

MATHILDE STEV
LE OUI ET LE NON DES FEMMES.... 1

TÉRENCE.
THÉÂTRE COMPLET, trad. p. *A. de Belloy.* 1

EDMOND TEXIER
CONTES ET VOYAGES.......... 1
CRITIQUES ET RÉCITS LITTÉRAIRES... 1

EDMOND THIAUDIÈRE
UN PRÊTRE EN FAMILL. E....... 1

CH. THIERRY-MIEG vol.
SIX SEMAINES EN AFRIQUE, Souv. de voyage, avec une carte itinéraire de *V. A. Malte-Brun* et 9 dessins.. 1

A. THIERS
HISTOIRE DE LAW........... 1

ÉMILE THOMAS
HISTOIRE DES ATELIERS NATIONAUX. 1

TIRSO DE MOLINA
THÉÂTRE. — Traduit par *A. Royer*.. 1

MARIO UCHARD
LA COMTESSE DIANE.......... 1
LE MARIAGE DE GERTRUDE. —3º *édit*.. 1
RAYMON. — 3º *édition*........ 1

AUGUSTE VACQUERIE
PROFILS ET GRIMACES.......... 1

E. DE VALBEZEN *(le major Fridolin)*
LA MALLE DE L'INDE. — 2º *édition*.. 1
RÉCITS D'HIER ET D'AUJOURD'HUI. — 1

OSCAR DE VALLÉE
LES MANIEURS D'ARGENT. 4º *édition* 1

MAX VALREY
CES PAUVRES FEMMES!........ 1
LES VICTIMES DU MARIAGE. — 2º *édit.* 1

THÉODORE VERNES
NAPLES ET LES NAPOLITAINS. —2º *édit.* 1

ALFRED DE VIGNY
CINQ-MARS, avec 2 autographes. 14º *éd.* 1
STELLO, 8º *édition*.......... 1
SERVITUDE ET GRANDEUR MILITAIRES, 8º *édition*............ 1

SAMUEL VINCENT
DU PROTESTANTISME EN FRANCE.—*Nouvelle édition, précédée d'un introduction de M.* PRÉVOST-PARADOL. 1
MÉDITATIONS RELIGIEUSES, avec une Notice par *F. Fontanès*, et une Introduction par *Ath. Coquerel fils*.. 1

LÉON VINGTAIN
DE LA LIBERTÉ DE LA PRESSE, avec un Appendice contenant les avertissements, suspensions et suppressions encourus par la presse quotidienne e périodique, de 1848 jusqu'à nos jours.
VIE PUBLIQUE DE ROYER–COLLARD, avec une préface de M. *A. de Broglie*. 1

L. VITET, *de l'Académie française*
ESSAIS HISTORIQUES ET LITTÉRAIRES. 1
LA LIGUE. — SCÈNES HISTORIQUES: Les Etats de Blois. — Histoire de la Ligue. — Les Barricades. — La mort de Henri III. — Précédées des ÉTATS D'ORLÉANS. SCÈNES HISTORIQUES.—*Nouv. edit., rev. et cor.* 2
HISTOIRE DE DIEPPE.— *Nouvelle édit. revue et augmentée (Sous presse).* 1
ÉTUDES SUR L'HISTOIRE DE L'ART(*S. pr.*) 2

RICHARD WAGNER
QUATRE POEMES D'OPÉRAS ALLEMANDS traduits en français.......... 1

FRANCIS WEY
CHRISTIAN (*roman inédit*)...... 1

E. YEMENIZ (*Consul de Grèce*).
LA GRÈCE MODERNE.—Héros et Poètes. 1

BIBLIOTHÈQUE NOUVELLE
Format grand in-18 à 2 francs le volume

EDMOND ABOUT — vol.
LE CAS DE M. GUÉRIN. 4e édition ... 1
LE NEZ D'UN NOTAIRE. 5e édition ... 1

AMÉDÉE ACHARD
BELLE-ROSE ... 1
NELLY ... 1
LA TRAITE DES BLONDES ... 1

ALBERT AUBERT
LES ILLUSIONS DE JEUNESSE DE M. BOUDIN ... 1

PIOTRE ARTAMOV
HISTOIRE D'UN BOUTON. 4e édit ... 1
LES INSTRUMENTS DE MUSIQUE DU DIABLE 1
LA MÉNAGERIE LITTÉRAIRE ... 1

BABAUD-LARIBIÈRE
HISTOIRE DE L'ASSEMBLÉE NATIONALE CONSTITUANTE ... 2

H. DE BARTHÉLEMY
LA NOBLESSE EN FRANCE, avant et depuis 1789 ... 1

Mme DE BAWR
NOUVELLES ... 1
RAOUL ou l'Énéide ... 1
ROBERTINE ... 1
LES SOIRÉES DES JEUNES PERSONNES ... 1

FRÉDÉRIC BÉCHARD
LES EXISTENCES DÉCLASSÉES. — 4e édi. 1
L'ÉCHAPPÉ DE PARIS. — Nouv. série des Existences déclassées. 2e édition ... 1

GEORGES BELL
LUCY LA BLONDE ... 1
LES REVANCHES DE L'AMOUR ... 1

PIERRE BERNARD
L'A B C DE L'ESPRIT ET DU CŒUR ... 1

ALBERT BLANQUET
LE ROI D'ITALIE, roman historique ... 1

RAOUL BRAVARD
CES SAVOYARDS ! ... 1

E. BRISEBARRE & E. NUS
LES DRAMES DE LA VIE ... 2

CLÉMENT CARAGUEL
SOUVENIRS ET AVENTURES D'UN VOLONTAIRE GARIBALDIEN ... 1

COMTESSE DE CHABRILLAN
EST-IL FOU ? ... 1
MISS PEWEL ... 1

EUGÈNE CHAPUS
LES HALTES DE CHASSE. — 2e édition ... 1
MANUEL DE L'HOMME ET DE LA FEMME COMME IL FAUT. — 5e édition ... 1

A. CONSTANT
LE SORCIER DE MEUDON ... 1

COMTESSE DASH
LE LIVRE DES FEMMES ... 1

DÉCEMBRE-ALONNIER
LA BOHÊME LITTÉRAIRE ... 1

ÉDOUARD DELESSERT
LE CHEMIN DE ROME ... 1
SIX SEMAINES DANS L'ÎLE DE SARDAIGNE ... 1

CH. DICKENS, traduction Amédée Pichot
LES CONTES D'UN INCONNU ... 1
HISTORIETTES ET RÉCITS DU FOYER ... 1

CH. DESLYS — vol.
SUR LA CÔTE NORMANDE ... 1

CH. DOLLFUS
LE CALVAIRE ... 1
LIBERTÉ ET CENTRALISATION ... 1

MAXIME DU CAMP
LES CHANTS MODERNES ... 1
LE CHEVALIER DU CŒUR-SAIGNANT ... 1
L'HOMME AU BRACELET D'OR. — 2e éd. 1
LE NIL (Égypte et Nubie). — 3e édition. 1
LE SALON DE 1859 ... 1
LE SALON DE 1861 ... 1

JOACHIM DUFLOT
LES COULISSES DES THÉÂTRES DE PARIS, Mœurs, Usages, Anecdotes, avec une préface de J. Noriac ... 1

ALEXANDRE DUMAS
L'ART ET LES ARTISTES CONTEMPORAINS au salon de 1859 ... 1
UNE AVENTURE D'AMOUR ... 1
LES COMPAGNONS DE JÉHU ... 2
LES DRAMES GALANTS. — LA MARQUISE D'ESCOMAN ... 2
LE FILS DU FORÇAT ... 1
DE PARIS A ASTRAKAN ... 3
LA SAN-FÉLICE ... 3

XAVIER EYMA
LE ROMAN DE FLAVIO ... 1

ANTOINE GANDON
LES TRENTE-DEUX DUELS DE JEAN GIGON. — 10e édition ... 1
LE GRAND GODARD. — 4e édition ... 1
L'ONCLE PHILIBERT, histoire d'un peureux, 3e édition ... 1

JULES GÉRARD
le Tueur de Lions
MES DERNIÈRES CHASSES ... 1

ÉMILE DE GIRARDIN
BON SENS, BONNE FOI ... 1
LE DROIT AU TRAVAIL au Luxembourg et à l'assemblée nationale ... 1
ÉTUDES POLITIQUES, nouvelle édition 1
LE POUR ET LE CONTRE ... 1
QUESTIONS ADMINISTRATIVES ET FINANCIÈRES ... 1

EDMOND ET JULES DE GONCOURT
SŒUR PHILOMÈNE ... 1

ÉDOUARD GOURDON
CHACUN LA SIENNE ... 1
LOUISE. — 12e édition ... 1
LES FAUCHEURS DE NUIT. — 5e édition. 1

LEON GOZLAN
L'AMOUR DES LÈVRES ET L'AMOUR DU CŒUR ... 1
ARISTIDE FROISSART ... 1
LES AVENTURES DU PRINCE DE GALLES. 1
LE PLUS BEAU RÊVE D'UN MILLIONNAIRE 1

Mme MANOËL DE GRANDFORT
MADAME N'EST PAS CHEZ ELLE ... 1
OCTAVE. — COMMENT ON S'AIME QUAND ON NE S'AIME PLUS ... 1

ED. GRIMARD
L'ÉTERNEL FÉMININ ... 1

JULES GUÉROULT
FABLES.................................. 1
CAMILLE HENRY
DARIE OU LES QUATRE AGES D'UN AMOUR. 1
CHARLES D'HÉRICAULT
LA FILLE AUX BLUETS. — UN PAYSAN DE
L'ANCIEN RÉGIME. — 2ᵉ *édition*.... 1
LES PATRICIENS DE PARIS............ 1
LA REINE HORTENSE
(Fragments de Mémoires inédits)
LA REINE HORTENSE EN ITALIE, EN
FRANCE ET EN ANGLETERRE PENDANT
L'ANNÉE 1831...................... 1
ARSÈNE HOUSSAYE
LES FILLES D'ÈVE.................... 1
LA PÉCHERESSE....................... 1
A. JAIME FILS
L'HÉRITAGE DU MAL................... 1
LES TALONS NOIRS. — 2ᵉ *édition*... 1
LOUIS JOURDAN
LES PEINTRES FRANÇAIS. — SALON DE
1859............................... 1
AURÈLE KERVIGAN
Traducteur
HISTOIRE DE RIRE.................... 1
MARY LAFON
LA BANDE MYSTÉRIEUSE................ 1
LA PESTE DE MARSEILLE............... 1
Mᵐᵉ LA MARQUISE DE LA GRANGE
LA RÉSINIÈRE D'ARCACHON............. 1
G. DE LA LANDELLE
LA GORGONE.......................... 2
UNE HAINE A BORD.................... 1
STEPHEN DE LA MADELAINE
UN CAS PENDABLE..................... 1
F. LAMENNAIS
DE LA SOCIÉTÉ PREMIÈRE et de ses lois. 1
LARDIN & MIE D'AGHONNE
JEANNE DE FLERS..................... 1
A. LEXANDRE
LE PÉLERINAGE DE MIREILLE........... 1
FANNY LOVIOT
LES PIRATES CHINOIS. — 3ᵉ *édition*.. 1
LOUIS LURINE
VOYAGE DANS LE PASSÉ................ 1
AUGUSTE MAQUET
LA BELLE GABRIELLE.................. 3
LE COMTE DE LAVERNIE................ 3
DETTES DE CŒUR. — 4ᵉ *édition*..... 1
L'ENVERS ET L'ENDROIT............... 2
LA MAISON DU BAIGNEUR............... 2
LA ROSE BLANCHE..................... 1
MÉRY
LE PARADIS TERRESTRE. — 2ᵉ *édition*. 1
MARSEILLE ET LES MARSEILLAIS. — 2ᵉ *édit* 1
ALFRED MICHIELS
CONTES D'UNE NUIT D'HIVER........... 1
EUGÈNE DE MIRECOURT
LES CONFESSIONS DE MARION DELORME. 3
L. MOLAND
LE ROMAN D'UNE FILLE LAIDE.......... 1
HENRY MONNIER
MÉMOIRES DE M. JOSEPH PRUDHOMME. 1
MARC MONNIER
LE CAMORRA. — MYSTÈRES DE NAPLES. 1
HISTOIRE DU BRIGANDAGE DANS L'ITALIE
MÉRIDIONALE. 3ᵉ *édition*........... 1

MORTIMER-TERNAUX
LE 20 JUIN 1792..................... 1
CHARLES NARREY
LE QUATRIÈME LARRON 2ᵉ *édition*... 1
HENRI NICOLLE
COURSES DANS LES PYRÉNÉES........... 1
JULES NORIAC
LA BÊTISE HUMAINE. — 16ᵉ *édition*.. 1
LE 101ᵉ RÉGIMENT. — *Nouvelle édition*. 1
LA DAME A LA PLUME NOIRE. 2ᵉ *édit*. 1
LE GRAIN DE SABLE. — 9ᵉ *édition*.. 1
MÉMOIRES D'UN BAISER. — 2ᵉ *édition*. 1
SUR LE RAIL. — 2ᵉ *édition*........ 1
LAURENCE OLIPHANT
VOYAGE PITTORESQUE D'UN ANGLAIS EN
RUSSIE ET SUR LE LITTORAL DE LA MER
NOIRE ET DE LA MER D'AZOF......... 1
ÉDOUARD OURLIAC
SUZANNE. — *Nouv. édition*.......... 1
PARMENTIER
DESCRIPTION TOPOGRAPHIQUE DE LA
GUERRE TURCO-RUSSE................. 1
H. DE PENE
UN MOIS EN ALLEMAGNE : Nauheim... 1
CHARLES PERRIER
L'ART FRANÇAIS AU SALON DE 1857.. 1
A. DE PONTMARTIN
LES BRULEURS DE TEMPLES............ 1
CHARLES RABOU
LOUISON D'ARQUIEN.................. 1
LES TRIBULATIONS DE MAÎTRE FABRICIUS. 1
LE CAPITAINE LAMBERT............... 1
ROGER DE BEAUVOIR
COLOMBES ET COULEUVRES.............. 1
LES MYSTÈRES DE L'ILE SAINT-LOUIS... 1
LES ŒUFS DE PAQUES.................. 1
GIOVANI RUFINI
MÉMOIRES D'UN CONSPIRATEUR ITALIEN. 1
JULES SANDEAU
UN HÉRITAGE......................... 1
VICTORIEN SARDOU
LA PERLE NOIRE...................... 1
AURÉLIEN SCHOLL
SCÈNES ET MENSONGES PARISIENS. 2ᵉ *éd*. 1
Mᵐᵉ SURVILLE (née de Balzac)
LE COMPAGNON DU FOYER............... 1
THACKERAY
Traduction Am. Pichot.
MORGIANA............................ 1
EDMOND TEXIER
LA GRÈCE ET SES INSURRECTIONS, avec
carte. *Nouvelle édition*........... 1
EM. DE VARS
LA JOUEUSE, mœurs de Province...... 1
Mᵐᵉ VERDIER-ALLUT
LES GÉORGIQUES DU MIDI.............. 1
A. VERMOREL
LES AMOURS VULGAIRES................ 1
DESPÉRANZA.......................... 1
Dʳ L. VÉRON
PARIS EN 1860. — LES THÉATRES DE
PARIS DE 1806 A 1860, avec gravures. 1
LE DOCTEUR YVAN & CALLÉRY
L'INSURRECTION EN CHINE, avec portrait
et carte........................... 1
***
MÉMOIRES DE BILBOQUET............... 3

ŒUVRES COMPLÈTES
DE
H. DE BALZAC
NOUVELLE ÉDITION, COMPLÈTE EN 45 VOLUMES

à 1 fr. 25 centimes le volume (Chaque volume se vend séparément)

Les œuvres que BALZAC a désignées sous le titre de :
Comédie humaine, forment dans cette édition. . . . . 40 volumes.
Les Contes drôlatiques. . . . . 3 —
Le Théâtre, la seule édition complète . . . . 2 —

CLASSIFICATION D'APRÈS LES INDICATIONS DE L'AUTEUR :

COMÉDIE HUMAINE

SCÈNES DE LA VIE PRIVÉE

Tome 1. — LA MAISON DU CHAT QUI PELOTTE. Le Bal de Sceaux. La Bourse. La Vendetta. Madame Firmiani. Une double Famille.
Tome 2. — LA PAIX DU MÉNAGE. La fausse Maîtresse. Étude de Femme. Autre Étude de Femme. La grande Bretèche. Albert Savarus.
Tome 3. — MÉMOIRES DE DEUX JEUNES MARIÉES. Une Fille d'Ève.
Tome 4. — LA FEMME DE TRENTE ANS. La Femme abandonnée. La Grenadière. Le Message. Gobseck.
Tome 5. — LE CONTRAT DE MARIAGE. Un Début dans la Vie.
Tome 6. — MODESTE MIGNON.
Tome 7. — BÉATRIX.
Tome 8. — HONORINE. Le colonel Chabert. La Messe de l'Athée. L'Interdiction. Pierre Grassou.

SCÈNES DE LA VIE DE PROVINCE

Tome 9. — URSULE MIROUET.
Tome 10. — EUGÉNIE GRANDET.
Tome 11. — LES CÉLIBATAIRES I. Pierrette. Le Curé de Tours.
Tome 12. — LES CÉLIBATAIRES II. Un Ménage de Garçon.
Tome 13. — LES PARISIENS EN PROVINCE. L'illustre Gaudissart. La Muse du département.
Tome 14. — LES RIVALITÉS. La Vieille Fille. Le Cabinet des Antiques.
Tome 15. — LE LYS DANS LA VALLÉE.
Tome 16. — ILLUSIONS PERDUES I. Les deux Poëtes. Un Grand homme de province à Paris, 1re partie.
Tome 17. — ILLUSIONS PERDUES, II. Un Grand homme de province, 2e partie. Ève et David.

SCÈNES DE LA VIE PARISIENNE

Tome 18. — SPLENDEURS ET MISÈRES DES COURTISANES. Esther heureuse. A combien l'amour revient aux Vieillards. Où mènent les mauvais chemins.
Tome 19. — LA DERNIÈRE INCARNATION DE VAUTRIN. Un Prince de la Bohême. Un Homme d'affaires. Gaudissart II. Les Comédiens sans le savoir.
Tome 20. — HISTOIRE DES TREIZE. Ferragus. La duchesse de Langeais. La Fille aux yeux d'or.
Tome 21. — LE PÈRE GORIOT.
Tome 22. — CÉSAR BIROTTEAU.
Tome 23. — LA MAISON NUCINGEN. Les Secrets de la princesse de Cadignan. Les Employés. Sarrasine. Facino Cane.
Tome 24. — LES PARENTS PAUVRES, I. La Cousine Bette.
Tome 25. — LES PARENTS PAUVRES, II. Le Cousin Pons.

SCÈNES DE LA VIE POLITIQUE

Tome 26. — UNE TÉNÉBREUSE AFFAIRE. Un Épisode sous la Terreur.
Tome 27. — L'ENVERS DE L'HISTOIRE CONTEMPORAINE. Madame de la Chanterie. L'Initié. Z. Marcas.
Tome 28. — LE DÉPUTÉ D'ARCIS.

SCÈNES DE LA VIE MILITAIRE

Tome 29. — LES CHOUANS. Une Passion dans le Désert.

SCÈNES DE LA VIE DE CAMPAGNE

Tome 30. — LE MÉDECIN DE CAMPAGNE.
Tome 31. — LE CURÉ DE VILLAGE.
Tome 32. — LES PAYSANS.

ÉTUDES PHILOSOPHIQUES

Tome 33. — LA PEAU DE CHAGRIN.
Tome 34. — LA RECHERCHE DE L'ABSOLU. Jésus-Christ en Flandre. Melmoth réconcilié. Le Chef-d'œuvre inconnu.
Tome 35. — L'ENFANT MAUDIT. Gambara. Massimilia Doni.
Tome 36. — LES MARANA. Adieu. Le Réquisitionnaire. El Verdugo. Un Drame au bord de la mer. L'Auberge rouge. L'Elixir de longue vie. Maître Cornélius.
Tome 37. — SUR CATHERINE DE MÉDICIS. Le Martyr calviniste. La confidence des Ruggieri. Les deux rêves.
Tome 38. — LOUIS LAMBERT. Les Proscrits. Seraphita.

ÉTUDES ANALYTIQUES

Tome 39. — PHYSIOLOGIE DU MARIAGE.
Tome 40. — PETITES MISÈRES DE LA VIE CONJUGALE.

CONTES DROLATIQUES

Tome 41. 1er *dixain*. — LA BELLE IMPÉRIA. Le Péché véniel. La mye du roy.

L'Héritier du diable. Les Joyeusetés du roy Ioys le unziesme. La Connestable. La Pucelle de Thilhouse. Le Frère d'armes. Le Curé d'Azay-le-Rideau. L'Apostrophe.

Tome 42. 2ᵉ *dixain*. — LES TROIS CLERCS DE SAINCT-NICHOLAS. Le jeusne de Françoys premier. Les bons proupos des religieuses de Poissy. Comment feut Basty le chasteau d'Azay. La faulse courtisane. Le dangier d'estre trop cocquebin. La chiere nuictée d'amour. Le prosne du joyeulx curé de Meudon. Le Succube. Désespérance d'amour.

Tome 43. 3ᵐᵉ *dixain*. — Persévérance d'amour. D'ung justiciard qui ne se remembroyt les chouses. Sur le moyne Amador, qui feut un glorieux abbé de Turpenay. Berthe la repentie. Comment la belle fille de Portillon quinaulda son iuge. Cy est remonstré que la fortune est toujours femelle. D'ung paouvre qui avoyt nom le vieulx par-chemins. Dires incongrus de trois pèlerins. Naïfveté. La belle Impéria mariée.

THÉATRE

Tome 44. — VAUTRIN, drame en 5 actes. Les Ressources de Quinola, comédie en 5 actes et un prologue. Paméla Giraud, pièce en 5 actes.

Tome 45. — LA MARATRE, drame intime en 5 actes et 8 tableaux. Le Faiseur (Mercadet), comédie en 5 actes (entièrement conforme au manuscrit de l'auteur.)

OUVRAGES DE DIVERS FORMATS

GEORGES BELL fr. c
LE MIROIR DE CAGLIOSTRO (Hypnotisme). — 1 vol. in-18 . . . . 1 »

J. BRUNTON
LES 40 PRÉCEPTES DU JEU DE WHIST. 1 50

ALFRED BUSQUET
LA NUIT DE NOEL, poëme. — 1 joli vol. in-32 carré . . . . 1 »

LOUIS JOURDAN
LES PRIÈRES DE LUDOVIC. — 1 v. in-32 1 »

LASSABATHIE
Administrateur du Conservatoire
HISTOIRE DU CONSERVATOIRE IMPÉRIAL DE MUSIQUE ET DE DÉCLAMATION, suivie de documents recueillis et mis en ordre. — 1 vol. grand in-18 . . . . 5 »

AUGUSTE LUCHET.
LA CÔTE D'OR A VOL D'OISEAU. — 1 v. grand in-18 . . . . 2 »
LA SCIENCE DU VIN. — 1 v. gr. in-18. 2 50

P. MORIN
COMMENT L'ESPRIT VIENT AUX TABLES. — 1 vol. in-18 . . . . 1 50

LE PRINCE DE LA MOSKOWA fr. c.
LE SIÈGE DE VALENCIENNES, 1 vol. in-18, avec carte . . . . 1 »

A. PEYRAT
UN NOUVEAU DOGME, histoire de l'Immaculée Conception. — 1 vol. in-18 1 »

LE DOCTEUR RAULAND
LE LIVRE DES ÉPOUX. — Guide pour la guérison de l'Impuissance, de la Stérilité et de toutes les maladies des organes génitaux. — 1 fort vol. gr. in-18 . . . . 4 »

LE Dʳ FÉLIX ROUBAUD
Inspect. des Eaux min. de Pougues (Nièvre)
LA DANSE DES TABLES, Phénomènes phisiologiques démontrés, avec gravure explicative. — 2ᵉ *édition*. — 1 vol. in-18 . . . . 1 »
LES EAUX MINÉRALES DE LA FRANCE. Guide du médecin praticien et du malade. — 1 fort vol. gr. in-18 broché, 4 fr. ; relié . . . . 5 »

ÉTUDES CONTEMPORAINES

Format in-18

ODILON BARROT
DE LA CENTRALISATION ET DE SES EFFETS. — 1 vol. . . . . 1 »

LE PRINCE A. DE BROGLIE
UNE RÉFORME ADMINISTRATIVE EN AFRIQUE. — 1 vol. 1 50

ÉDOUARD DELPRAT
L'ADMINISTRATION ET LA PRESSE. 1 v. 1 »

A. GERMAIN
MARTYROLOGE DE LA PRESSE. 1 vol. 2 50

LE COMTE D'HAUSSONVILLE
LETTRE AU SÉNAT. — 1 vol. . . . . 1 »

LÉONCE DE LAVERGNE
LA CONSTITUTION DE 1852 ET LE DÉCRET DU 24 NOVEMBRE. — 1 vol. 1 »

ED. DE SONNIER
LES DROITS POLITIQUES DANS LES ÉLECTIONS. — Manuel de l'Électeur et du Candidat. — 1 vol. . . 1 »

***
LA LIBERTÉ RELIGIEUSE ET LA LÉGISLATION ACTUELLE. — 1 vol. . . 1 »

COLLECTION MICHEL LÉVY
ET BIBLIOTHÈQUE DE LA LIBRAIRIE NOUVELLE
1 franc le volume grand in-18 de 350 à 400 pages

AMÉDÉE ACHARD — vol.
- BRUNES ET BLONDES... 1
- LA CHASSE ROYALE... 2
- LES DERNIÈRES MARQUISES... 1
- LES FEMMES HONNÊTES... 1
- PARISIENNES ET PROVINCIALES... 1
- LES PETITS FILS DE LOVELACE... 1
- LES RÊVEURS DE PARIS... 1
- LA ROBE DE NESSUS... 1

ACHIM D'ARNIM
Traduction Th. Gautier fils.
- CONTES BIZARRES... 1

ADOLPHE ADAM
- SOUVENIRS D'UN MUSICIEN... 1
- DERNIERS SOUVENIRS D'UN MUSICIEN... 1

W.-H. AINSWORTH
Traduction B.-H. Revoil
- LE GENTILHOMME DES GRANDES ROUTES... 2

GUSTAVE D'ALAUX
- L'EMPEREUR SOULOUQUE ET SON EMPIRE... 1

***
- MADAME LA DUCHESSE D'ORLÉANS, HÉLÈNE DE MECKLEMBOURG-SCHWERIN... 1

***
- SOUVENIRS D'UN OFFICIER DU 2ᵉ DE ZOUAVES... 1

ALFRED ASSOLLANT
- HISTOIRE FANTASTIQUE DE PIERROT... 1

XAVIER AUBRYET
- LA FEMME DE VINGT-CINQ ANS... 1

ÉMILE AUGIER
- POÉSIES COMPLÈTES... 1

***
- LES ZOUAVES ET LES CHASSEURS A PIED. 1

J. AUTRAN
- MILIANAH (épisode des guerres d'Afriq.). 1

THÉODORE DE BANVILLE
- ODES FUNAMBULESQUES... 1

CHARLES BARBARA
- HISTOIRES ÉMOUVANTES... 1

J. BARBEY D'AUREVILLY
- L'AMOUR IMPOSSIBLE... 1
- L'ENSORCELÉE... 1

Mme DE BASSANVILLE
- LES SECRETS D'UNE JEUNE FILLE... 1

BEAUMARCHAIS
- THÉÂTRE, précédé d'une Notice sur sa vie et ses ouvrages, par *Louis de Loménie*... 1

ROGER DE BEAUVOIR
- AVENTURIÈRES ET COURTISANES... 1
- LE CABARET DES MORTS... 1

ROGER DE BEAUVOIR *(Suite)* — vol.
- LE CHEVALIER DE CHARNY... 1
- LE CHEVALIER DE SAINT-GEORGES... 1
- HISTOIRES CAVALIÈRES... 1
- LA LESCOMBAT... 1
- MADEMOISELLE DE CHOISY... 1
- LE MOULIN D'HEILLY... 1
- LE PAUVRE DIABLE... 1
- LES SOIRÉES DU LIDO... 1
- LES TROIS ROHAN... 1

Mme ROGER DE BEAUVOIR
- CONFIDENCES DE MADelle MARS... 1
- SOUS LE MASQUE... 1

HENRI BÉCHADE
- LA CHASSE EN ALGÉRIE... 1

Mme BEECHER STOWE
- LA CASE DE L'ONCLE TOM (*Traduction L. Pilatte*)... 2
- SOUVENIRS HEUREUX. (*Traduction E. Forcade.*)... 3

GEORGES BELL
- SCÈNES DE LA VIE DE CHATEAU... 1

A. DE BERNARD
- LE PORTRAIT DE LA MARQUISE... 1

CHARLES DE BERNARD
- LES AILES D'ICARE... 1
- UN BEAU PÈRE... 2
- L'ÉCUEIL... 1
- LE GENTILHOMME CAMPAGNARD... 2
- GERFAUT... 1
- UN HOMME SÉRIEUX... 1
- LE NOEUD GORDIEN... 1
- LE PARATONNERRE... 1
- LE PARAVENT... 1
- LA PEAU DU LION ET LA CHASSE AUX AMANTS... 1

ÉLIE BERTHET
- LA BASTIDE ROUGE... 1
- LES CHAUFFEURS... 1
- LE DERNIER IRLANDAIS... 1
- LA ROCHE TREMBLANTE... 1

Mme CAROLINE BERTON
- LE BONHEUR IMPOSSIBLE... 1
- ROSETTE... 1

H. BLAZE DE BURY
- MUSICIENS CONTEMPORAINS... 1

CH. E BOIGNE
- LES PETITS MÉMOIRES DE L'OPÉRA... 1

COLLECTION MICHEL LÉVY — 1 FR. LE VOLUME.

J.-B. BOREDON
	vol.
Gabriel et Fiammetta	1

LOUIS BOUILHET
Mélénis, conte romain	1

RAOUL BRAVARD
L'honneur des femmes	1
Une petite ville	1
La revanche de Georges Dandin	1

A. DE BRÉHAT
Bras d'acier	1
Scènes de la vie contemporaine	1

MAX BUCHON
En province	1

E. L. BULWER
Traduction Am. Pichot
La famille Caxton	2

ÉMILIE CARLEN
Traduction Marie Souvestre
Deux jeunes femmes	1

ÉMILE CARREY
L'Amazone. — 8 jours sous l'équateur	1
— Les métis de la Havane	1
— Les révoltés du Para	1
Histoire et mœurs kabyles	1
Récits de la Kabylie	1
Scènes de la vie en Algérie	1

HIPPOLYTE CASTILLE
Histoires de ménage	1

CÉLESTE DE CHABRILLAN
La Sapho	1
Les voleurs d'or	1

CHAMPFLEURY
Les amoureux de Sainte-Périne	1
Aventures de mademoiselle Mariette	1
Les bourgeois de Molinchart	1
Chien-Caillou	1
Les excentriques	1
M. de Boisdhyver	1
Les premiers beaux jours	1
Le réalisme	1
Les sensations de Josquin	1
Les souffrances du professeur Delteil	1
Souvenirs des funambules	1
La succession Le Camus	1
L'usurier Blaizot	1

EUGÈNE CHAPUS
Les soirées de Chantilly	1

PHILARÈTE CHASLES
Le vieux médecin	1

GUSTAVE CLAUDIN
Point et virgule	1

Mme LOUISE COLET
Quarante-cinq lettres de Béranger	1

HENRI CONSCIENCE
Traduction Léon Wocquier
Aurélien	2
Batavia	1
Le conscrit	1
Le coureur des grèves	1
Le démon de l'argent	1
Le démon du jeu	1
Le fléau du village	1
Le gentilhomme pauvre	1
La guerre des paysans	1
Heures du soir	1
Le jeune docteur	1

HENRI CONSCIENCE (Suite)
	vol.
Le lion de Flandre	2
La mère Job	1
L'orpheline	1
Scènes de la vie flamande	2
Souvenirs de jeunesse	1
La tombe de fer	1
Le tribun de Gand	2
Les veillées flamandes	1

H. CORNE
Souvenirs d'un proscrit polonais	1

P. CORNEILLE
Œuvres, précédées d'une notice sur sa vie et ses ouvrages	2

ARTHUR CURNILLON
Mathéus	1

LA COMTESSE DASH
Les bals masqués	1
La chaîne d'or	1
Les châteaux en Afrique	1
Les degrés de l'échelle	1
La duchesse de Lauzun	3
La duchesse d'Éponnes	1
Le fruit défendu	1
Les galanteries de la cour de Louis XV	4
La Régence	1
La jeunesse de Louis XV	1
Les maîtresses du roi	1
Le parc aux cerfs	1
Le jeu de la reine	1
La jolie bohémienne	1
La marquise de Parabère	1
La marquise sanglante	1
La poudre et la neige	1
Le salon du diable	1
Les secrets d'une sorcière	2

LE GÉNÉRAL DAUMAS
Les chevaux du Sahara	1
Le grand désert	1

E. J. DELÉCLUZE
Dona Olimpia	1
Mademoiselle Justine de Liron	1
La première communion	1

ÉDOUARD DELESSERT
Voyage aux villes maudites	1

PAUL DELTUF
Aventures parisiennes	1
Les petits malheurs d'une jeune femme	1

PAUL DHORMOYS
Une visite chez Soulouque	1

CHARLES DICKENS
Traduction A. Pichot
Contes de Noël	1
Le neveu de ma tante	2

OCTAVE DIDIER
Une fille de roi	1
Madame Georges	1

MAXIME DU CAMP
Mémoires d'un suicidé	1
Le salon de 1857	1
Les six aventures	1

ALEXANDRE DUMAS
Amaury	1
Ange Pitou	2
Ascanio	2
Aventures de John Davys	2

ALEXANDRE DUMAS (Suite).

	vol.
LES BALEINIERS	2
LE BATARD DE MAULÉON	3
BLACK	1
LA BOUILLIE DE LA COMTESSE BERTHE	1
LA BOULE DE NEIGE	1
BRIC-A-BRAC	2
UN CADET DE FAMILLE	3
LE CAPITAINE PAMPHILE	1
LE CAPITAINE PAUL	1
LE CAPITAINE RICHARD	1
CATHERINE BLUM	1
CAUSERIES	2
CÉCILE	1
CHARLES LE TÉMÉRAIRE	2
LE CHASSEUR DE SAUVAGINE	1
LE CHATEAU D'EPPSTEIN	2
LE CHEVALIER D'HARMENTAL	2
LE CHEVALIER DE MAISON-ROUGE	2
LA COLOMBE, Maître Adam le Calabrais	1
LE COLLIER DE LA REINE	3
LE COMTE DE MONTE-CRISTO	6
LA COMTESSE DE CHARNY	6
LA COMTESSE DE SALISBURY	2
LES CONFESSIONS DE LA MARQUISE	2
CONSCIENCE L'INNOCENT	2
LA DAME DE MONSOREAU	3
LA DAME DE VOLUPTÉ	2
LES DEUX DIANE	3
DIEU DISPOSE	2
LES DRAMES DE LA MER	1
LA FEMME AU COLLIER DE VELOURS	1
FERNANDE	1
UNE FILLE DU RÉGENT	1
LES FRÈRES CORSES	1
GABRIEL LAMBERT	1
GAULE ET FRANCE	1
GEORGES	1
UN GIL BLAS EN CALIFORNIE	1
LA GUERRE DES FEMMES	2
HISTOIRE D'UN CASSE-NOISETTE	1
L'HOROSCOPE	1
IMPRESSIONS DE VOYAGE — EN SUISSE	3
— UNE ANNÉE A FLORENCE	1
— L'ARABIE HEUREUSE	3
— LES BORDS DU RHIN	2
— LE CAPITAINE ARÉNA	1
— DE PARIS A CADIX	2
— QUINZE JOURS AU SINAÏ	1
— LE SPÉRONARE	2
— LE VÉLOCE	2
INGÉNUE	2
ISABEL DE BAVIÈRE	2
ITALIENS ET FLAMANDS	2
IVANHOÉ de W. Scott. (*Traduction*.)	2
JANE	1
JEHANNE LA PUCELLE	1
LES LOUVES DE MACHECOUL	3
MADAME DE CHAMBLAY	2
LA MAISON DE GLACE	2
LE MAITRE D'ARMES	1
LES MARIAGES DU PÈRE OLIFUS	1
LES MÉDICIS	1
MES MÉMOIRES	10
MÉMOIRES DE GARIBALDI	2
MÉMOIRES D'UNE AVEUGLE	2
MÉMOIRES D'UN MÉDECIN (BALSAMO)	5

ALEXANDRE DUMAS (Suite).

	vol.
LE MENEUR DE LOUPS	1
LES MILLE ET UN FANTÔMES	1
LES MOHICANS DE PARIS	4
LES MORTS VONT VITE	2
NAPOLÉON	1
UNE NUIT A FLORENCE	1
OLYMPE DE CLÈVES	3
LE PAGE DU DUC DE SAVOIE	2
LE PASTEUR D'ASHBOURN	2
PAULINE ET PASCAL BRUNO	1
LE PÈRE GIGOGNE	2
LE PÈRE LA RUINE	1
LA PRINCESSE FLORA	1
LES QUARANTE-CINQ	3
LA REINE MARGOT	2
LA ROUTE DE VARENNES	1
LE SALTEADOR	1
SALVATOR	5
SOUVENIRS D'ANTONY	1
LES STUARTS	1
SULTANETTA	1
SYLVANDIRE	1
LE TESTAMENT DE M. CHAUVELIN	1
TROIS MAÎTRES	1
LES TROIS MOUSQUETAIRES	2
LE TROU DE L'ENFER	1
LA TULIPE NOIRE	1
LE VICOMTE DE BRAGELONNE	6
LA VIE AU DÉSERT	2
UNE VIE D'ARTISTE	1
VINGT ANS APRÈS	3

ALEXANDRE DUMAS FILS

	vol.
ANTONINE	1
AVENTURES DE QUATRE FEMMES	1
LA BOITE D'ARGENT	1
LA DAME AUX CAMÉLIAS	1
LA DAME AUX PERLES	1
DIANE DE LYS	1
LE DOCTEUR SERVANS	1
LE RÉGENT MUSTEL	1
LE ROMAN D'UNE FEMME	1
TROIS HOMMES FORTS	1
LA VIE A VINGT ANS	1

HENRI DUPIN

	vol.
CINQ COUPS DE SONNETTE	1

MISS EDGEWORTH
Traduction Jousselin.

	vol.
DEMAIN	1

GABRIEL D'ENTRAGUES

	vol.
HISTOIRES D'AMOUR ET D'ARGENT	1

ERCKMANN-CHATRIAN

	vol.
L'ILLUSTRE DOCTEUR MATHÉUS	1

XAVIER EYMA

	vol.
AVENTURIERS ET CORSAIRES	1
LES FEMMES DU NOUVEAU MONDE	1
LES PEAUX NOIRES	1
LES PEAUX ROUGES	1
LE ROI DES TROPIQUES	1
LE TRÔNE D'ARGENT	1

PAUL FÉVAL

	vol.
ALIZIA PAULI	1
LES AMOURS DE PARIS	2
LE BERCEAU DE PARIS	1
BLANCHEFLEUR	1

COLLECTION MICHEL LÉVY. — 1 FR. LE VOLUME.

PAUL FÉVAL (Suite). vol.
LE BOSSU OU LE PETIT PARISIEN.... 3
LE CAPITAINE SIMON............. 1
LES COMPAGNONS DU SILENCE...... 3
LES DERNIÈRES FÉES............. 1
LES FANFARONS DU ROI........... 1
LE FILS DU DIABLE.............. 4
LE TUEUR DE TIGRES............. 1

GUSTAVE FLAUBERT
MADAME BOVARY.................. 2

PAUL FOUCHER
LA VIE DE PLAISIR.............. 1

ARNOULD FRÉMY
LES CONFESSIONS D'UN BOHÉMIEN... 1
LES MAITRESSES PARISIENNES..... 2

GALOPPE D'ONQUAIRE
LE DIABLE BOITEUX A PARIS...... 1
LE DIABLE BOITEUX EN PROVINCE.. 1
LE DIABLE BOITEUX AU VILLAGE... 1
LE DIABLE BOITEUX AU CHATEAU... 1

THÉOPHILE GAUTIER
L'ART MODERNE.................. 1
LES BEAUX-ARTS EN EUROPE....... 2
CONSTANTINOPLE................. 1
LES GROTESQUES................. 1

SOPHIE GAY
ANATOLE........................ 1
LE COMTE DE GUICHE............. 1
LA COMTESSE D'EGMONT........... 1
LA DUCHESSE DE CHATEAUROUX..... 1
ELLÉNORE....................... 2
LE FAUX FRÈRE.................. 1
LAURE D'ESTELL................. 1
LÉONIE DE MONTBREUSE........... 1
LES MALHEURS D'UN AMANT HEUREUX 1
UN MARIAGE SOUS L'EMPIRE....... 1
MARIE DE MANCINI............... 1
MARIE-LOUISE D'ORLÉANS......... 1
LE MOQUEUR AMOUREUX............ 1
PHYSIOLOGIE DU RIDICULE........ 1
SALONS CÉLÈBRES................ 1
SOUVENIRS D'UNE VIEILLE FEMME.. 1

JULES GÉRARD
LA CHASSE AU LION, *orné de 12 gravures de G. Doré*.......... 1

GÉRARD DE NERVAL
LA BOHÈME GALANTE.............. 1
LES FILLES DU FEU.............. 1
LE MARQUIS DE FAYOLLE.......... 1
SOUVENIRS D'ALLEMAGNE.......... 1

FULGENCE GIRARD
UN CORSAIRE SOUS L'EMPIRE...... 1

ÉMILE DE GIRARDIN
ÉMILE.......................... 1

Mme ÉMILE DE GIRARDIN
CONTES D'UNE VIEILLE FILLE A SES NEVEUX............................ 1
LA CROIX DE BERNY (*en société avec Th. Gautier, Méry et Jules Sandeau*)............................ 1
MARGUERITE..................... 1
M. LE MARQUIS DE PONTANGES..... 1
NOUVELLES :
  Le Lorgnon. — La Canne de M. de Balzac. — Il ne faut pas jouer avec la douleur....................... 1

Mme ÉMILE DE GIRARDIN (Suite) vol.
POÉSIES COMPLÈTES.............. 1
LE VICOMTE DE LAUNAY. — Lettres parisiennes. — *Édition complète*... 4

GOETHE
Traduction N. Fournier
WERTHER, précédé d'une notice, par *Henri Heine*..................... 1
HERMANN ET DOROTHÉE............ 1

LÉON GOZLAN
LE BARIL DE POUDRE D'OR........ 1
LES CHATEAUX DE FRANCE......... 2
LA COMÉDIE ET LES COMÉDIENS.... 1
LA DERNIÈRE SŒUR GRISE......... 1
LE DRAGON ROUGE................ 1
LES ÉMOTIONS DE POLYDORE MARASQUIN............................ 1
LA FAMILLE LAMBERT............. 1
LA FOLLE DU LOGIS.............. 1
HISTOIRE DE 130 FEMMES......... 1
LE MÉDECIN DU PECQ............. 1
LE NOTAIRE DE CHANTILLY........ 1
LES NUITS DU PÈRE LACHAISE..... 1

Mme MANOEL DE GRANDFORT
L'AUTRE MONDE.................. 1

GRANIER DE CASSAGNAC
DANAË.......................... 1

LÉON HILAIRE
NOUVELLES FANTAISISTES......... 1

HILDEBRAND
Traduction Léon Wocquier
LA CHAMBRE OBSCURE............. 1
SCÈNES DE LA VIE HOLLANDAISE... 1

ARSÈNE HOUSSAYE
L'AMOUR COMME IL EST........... 1
LES FEMMES COMME ELLES SONT.... 1
LA VERTU DE ROSINE............. 1

CHARLES HUGO
LA BOHÈME DORÉE................ 2
LA CHAISE DE PAILLE............ 1

F. VICTOR HUGO
Traducteur
LE FAUST ANGLAIS DE MARLOWE.... 1
SONNETS DE SHAKSPEARE.......... 1

F. HUGONNET
SOUVENIRS D'UN CHEF DE BUREAU ARABE.......................... 1

JULES JANIN
L'ANE MORT..................... 1
LE CHEMIN DE TRAVERSE.......... 1
UN CŒUR POUR DEUX AMOURS....... 1
LA CONFESSION.................. 1

CHARLES JOBEY
L'AMOUR D'UN NÈGRE............. 1

PAUL JUILLERAT
LES DEUX BALCONS............... 1

ALPHONSE KARR
AGATHE ET CÉCILE............... 1
LE CHEMIN LE PLUS COURT........ 1
CLOTILDE....................... 1
CLOVIS GOSSELIN................ 1
CONTES ET NOUVELLES............ 1
DEVANT LES TISONS.............. 1
LES FEMMES..................... 1
ENCORE LES FEMMES.............. 1
LA FAMILLE ALAIN............... 1

ALPHONSE KARR (Suite).

	vol.
FEU BRESSIER	1
LES FLEURS	1
GENEVIÈVE	1
LES GUÊPES	6
HORTENSE	1
MENUS PROPOS	1
MIDI A QUATORZE HEURES	1
LA PÊCHE EN EAU DOUCE ET EN EAU SALÉE	1
LA PÉNÉLOPE NORMANDE	1
UNE POIGNÉE DE VÉRITÉS	1
PROMENADES HORS DE MON JARDIN	1
RAOUL	1
ROSES NOIRES ET ROSES BLEUES	1
LES SOIRÉES DE SAINTE-ADRESSE	1
SOUS LES ORANGERS	1
SOUS LES TILLEULS	1
TROIS CENTS PAGES	1
VOYAGE AUTOUR DE MON JARDIN	1

KAUFFMANN
BRILLAT LE MENUISIER ... 1

LEOPOLD KOMPERT
Traduction Daniel Stauben
LES JUIFS DE LA BOHÊME ... 1
SCÈNES DU GHETTO ... 1

DE LACRETELLE
LA POSTE AUX CHEVAUX ... 1

Mme LAFARGE
née Marie Capelle
HEURES DE PRISON ... 1

G. DE LA LANDELLE
LES PASSAGÈRES ... 1

CHARLES LAFONT
LES LÉGENDES DE LA CHARITÉ ... 1

STEPHEN DE LA MADELAINE
LE SECRET D'UNE RENOMMÉE ... 1

JULES DE LA MADELÈNE
LES AMES EN PEINE ... 1
LE MARQUIS DES SAFFRAS ... 1

A. DE LAMARTINE
ANTAR	1
BOSSUET	1
CHRISTOPHE COLOMB	1
CICÉRON	1
LES CONFIDENCES	1
CROMWELL	1
FÉNÉLON	1
GENEVIÈVE, histoire d'une servante	1
GRAZIELLA	1
GUILLAUME TELL	1
HÉLOÏSE ET ABÉLARD	1
HOMÈRE et SOCRATE	1
JEANNE D'ARC	1
JACQUARD	1
Mme DE SÉVIGNÉ	1
NELSON	1
NOUVELLES CONFIDENCES	1
RÉGINA	1
RUSTEM	1
TOUSSAINT-LOUVERTURE	1

VICTOR DE LAPRADE
PSYCHÉ ... 1

CHARLES DE LA ROUNAT
LA COMÉDIE DE L'AMOUR ... 1

THÉOPHILE LAVALLÉE
HISTOIRE DE PARIS ... 2

JULES LECOMTE
	vol.
LE POIGNARD DE CRISTAL	1

CARLE LEDHUY
LE CAPITAINE D'AVENTURES ... 1
LE FILS MAUDIT ... 1

LEOUZON LE DUC
L'EMPEREUR ALEXANDRE II ... 1

LOUIS LURINE
ICI L'ON AIME ... 1

FÉLICIEN MALLEFILLE
LE CAPITAINE LAROBE ... 1
MARCEL ... 1
MÉMOIRES DE DON JUAN ... 1
MONSIEUR CORBEAU ... 2

CH. MARCOTTE DE QUIVIÈRES
DEUX ANS EN AFRIQUE, avec une introduction du bibliophile *Jacob* ... 1

MARIVAUX
THÉATRE, précédé d'une notice sur sa vie et ses ouvrages par *Paul de St-Victor* ... 1

X. MARMIER
AU BORD DE LA NÉVA ... 1
LES DRAMES INTIMES ... 1
UNE GRANDE DAME RUSSE ... 1
HISTOIRES ALLEMANDES ET SCANDINAVES ... 1

LE DOCTEUR FÉLIX MAYNARD
UN DRAME DANS LES MERS BORÉALES ... 1
JOURNAL D'UNE DAME ANGLAISE. — De Delhi à Cawnpore ... 1
VOYAGES ET AVENTURES AU CHILI ... 1

MÉRY
ANDRÉ CHÉNIER	1
LA CHASSE AU CHASTRE	1
LE CHATEAU DES TROIS TOURS	1
LE CHATEAU VERT	1
UNE CONSPIRATION AU LOUVRE	1
LES DAMNÉS DE L'INDE	1
UNE HISTOIRE DE FAMILLE	1
UNE NUIT DU MIDI	1
LES NUITS ANGLAISES	1
LES NUITS D'ORIENT	1
LES NUITS ITALIENNES	1
LES NUITS PARISIENNES	1
SALONS ET SOUTERRAINS DE PARIS	1

PAUL MEURICE
SCÈNES DU FOYER (LA FAMILLE AUBRY) ... 1
LES TYRANS DE VILLAGE ... 1

PAUL DE MOLÈNES
AVENTURES DU TEMPS PASSÉ ... 1
CARACTÈRES ET RÉCITS DU TEMPS ... 1
CHRONIQUES CONTEMPORAINES ... 1
HISTOIRES INTIMES ... 1
HISTOIRES SENTIMENTALES ET MILITAIRES ... 1
MÉMOIRES D'UN GENTILHOMME DU SIÈCLE DERNIER ... 1

MOLIÈRE
ŒUVRES COMPLÈTES. — *Nouvelle édition publiée par* PHILARÈTE CHASLES ... 5

Mme MOLINOS-LAFITTE
L'ÉDUCATION DU FOYER ... 1

COLLECTION MICHEL LÉVY. — 1 FR. LE VOLUME.

HENRY MONNIER
	vol.
MÉMOIRES DE M. JOSEPH PRUDHOMME	2

CHARLES MONSELET
M. DE CUPIDON	1

LE COMTE DE MOYNIER
BOHÉMIENS ET GRANDS SEIGNEURS	1

HÉGÉSIPPE MOREAU
ŒUVRES, avec une notice par *Louis Ratisbonne*	1

FÉLIX MORNAND
PERNERETTE	1
LA VIE ARABE	1

HENRY MURGER
LES BUVEURS D'EAU	1
LE DERNIER RENDEZ-VOUS	1
MADAME OLYMPE	1
LE PAYS LATIN	1
PROPOS DE VILLE ET PROPOS DE THÉATRE	1
LE ROMAN DE TOUTES LES FEMMES	1
SCÈNES DE CAMPAGNE	1
SCÈNES DE LA VIE DE BOHÈME	1
SCÈNES DE LA VIE DE JEUNESSE	1
LE SABOT ROUGE	1
LES VACANCES DE CAMILLE	1

A. DE MUSSET, DE BALZAC, G. SAND
PARIS ET LES PARISIENS	1
LES PARISIENNES A PARIS	1
LE TIROIR DU DIABLE	1

PAUL DE MUSSET
LA BAVOLETTE	1
PUYLAURENS	1

NADAR
LE MIROIR AUX ALOUETTES	1
QUAND J'ÉTAIS ÉTUDIANT	1

HENRI NICOLLE
LE TUEUR DE MOUCHES	1

CHARLES NODIER
Traducteur
LE VICAIRE DE WAKEFIELD	1

ÉDOUARD OURLIAC
LES GARNACHES	1

L. LAURENT-PICHAT
LA PAÏENNE	1

AMÉDÉE PICHOT
UN DRAME EN HONGRIE	1
L'ÉCOLIER DE WALTER SCOTT	1
LA FEMME DU CONDAMNÉ	1
LES POETES AMOUREUX	1

PAUL PERRET
LES BOURGEOIS DE CAMPAGNE	1
HISTOIRE D'UNE JOLIE FEMME	1

EDGAR POE
Traduction Ch. Baudelaire
AVENTURES D'ARTHUR GORDON PYM	1
HISTOIRES EXTRAORDINAIRES	1
NOUVELLES HISTOIRES EXTRAORDINAIRES	1

F. PONSARD
ÉTUDES ANTIQUES	1

A. DE PONTMARTIN
	vol.
CONTES D'UN PLANTEUR DE CHOUX	1
CONTES ET NOUVELLES	1
LA FIN DU PROCÈS	1
MÉMOIRES D'UN NOTAIRE	1
OR ET CLINQUANT	1
POURQUOI JE RESTE A LA CAMPAGNE	1

L'ABBÉ PRÉVOST
MANON LESCAUT, précédée d'une Étude par *John Lemoinne*	1

MISS ANNE RADCLIFFE
Trad. N. Fournier
LES MYSTÈRES DU CHATEAU D'UDOLPHE	2

MAX RADIGUET
SOUVENIRS DE L'AMÉRIQUE ESPAGNOLE	1

RAOUSSET-BOULBON
UNE CONVERSION	1

B. H. REVOIL
Traducteur
LE DOCTEUR AMÉRICAIN	1
LES HAREMS DU NOUVEAU MONDE	1

LOUIS REYBAUD
CE QU'ON PEUT VOIR DANS UNE RUE	1
CÉSAR FALEMPIN	1
LA COMTESSE DE MAULÉON	1
LE COQ DU CLOCHER	1
LE DERNIER DES COMMIS VOYAGEURS	1
ÉDOUARD MONGERON	1
L'INDUSTRIE EN EUROPE	1
JÉRÔME PATUROT à la recherche de la meilleure des Républiques	1
JÉRÔME PATUROT à la recherche d'une position sociale	1
MARIE BRONTIN	1
MATHIAS L'HUMORISTE	1
PIERRE MOUTON	1
LA VIE A REBOURS	1
LA VIE DE CORSAIRE	1

AMÉDÉE ROLLAND
LES MARTYRS DU FOYER	1

NESTOR ROQUEPLAN
REGAIN : LA VIE PARISIENNE	1

JULES DE SAINT-FÉLIX
SCÈNES DE LA VIE DE GENTILHOMME	1
LE GANT DE DIANE	1
MADEMOISELLE ROSALINDE	1

FRANCIS DE SAINT-LARY
LES CHUTES FATALES	1

GEORGE SAND
ADRIANI	1
LE CHATEAU DES DÉSERTES	1
LE COMPAGNON DU TOUR DE FRANCE	2
LA COMTESSE DE RUDOLSTADT	2
CONSUELO	3
LA DANIELLA	2
LA DERNIERE ALDINI	1
LE DIABLE AUX CHAMPS	1
LA FILLEULE	1
HISTOIRE DE MA VIE	10
L'HOMME DE NEIGE	3
HORACE	1

GEORGE SAND (Suite)

	vol.
ISIDORA	1
JACQUES	1
JEANNE	1
LELIA. — Métella. — Melchior. — Cora.	2
LUCREZIA FLORIANI. — Lavinia	1
LES MAITRES SONNEURS	1
LE MEUNIER D'ANGIBAULT	1
NARCISSE	1
LE PÉCHÉ DE M. ANTOINE	2
LE PICCININO	2
LE SECRÉTAIRE INTIME	1
SIMON	1
TEVERINO. — Léone Léoni	1
L'USCOQUE	1

JULES SANDEAU

CATHERINE	1
NOUVELLES	1
SACS ET PARCHEMINS	1

EUGÈNE SCRIBE

THÉATRE (Ouvrage complet)	20
COMÉDIES	3
OPÉRAS	2
OPÉRAS-COMIQUES	5
COMÉDIES-VAUDEVILLES	10

ALBÉRIC SECOND

A QUOI TIENT L'AMOUR	1
CONTES SANS PRÉTENTION	1

FRÉDÉRIC SOULIÉ

AU JOUR LE JOUR	1
LES AVENTURES DE SATURNIN FICHET	2
LE BANANIER. — EULALIE PONTOIS	1
LE CHATEAU DES PYRÉNÉES	2
LE COMTE DE FOIX	1
LE COMTE DE TOULOUSE	1
LA COMTESSE DE MONRION	1
CONFESSION GÉNÉRALE	2
LE CONSEILLER D'ÉTAT	1
CONTES POUR LES ENFANTS	1
LES DEUX CADAVRES	1
DIANE ET LOUISE	1
LES DRAMES INCONNUS	4
LA MAISON N° 3 DE LA RUE DE PROVENCE	
AVENTURES D'UN CADET DE FAMILLE	1
LES AMOURS DE VICTOR BONSENNE	
OLIVIER DUHAMEL	
UN ÉTÉ A MEUDON	1
LES FORGERONS	1
HUIT JOURS AU CHATEAU	1
LA LIONNE	1
LE MAGNÉTISEUR	1
UN MALHEUR COMPLET	1
MARGUERITE. — LE MAÎTRE D'ÉCOLE	1
LES MÉMOIRES DU DIABLE	3
LE PORT DE CRÉTEIL	1
LES PRÉTENDUS	1
LES QUATRE ÉPOQUES	1

FRÉDÉRIC SOULIÉ (Suite)

	vol.
LES QUATRE NAPOLITAINES	2
LES QUATRE SŒURS	1
UN RÊVE D'AMOUR. — LA CHAMBRIÈRE	1
SATHANIEL	1
SI JEUNESSE SAVAIT, SI VIEILLESSE POUVAIT	2
LE VICOMTE DE BÉZIERS	1

ÉMILE SOUVESTRE

LES ANGES DU FOYER	1
AU BORD DU LAC	1
AU COIN DU FEU	1
CAUSERIES HISTORIQUES ET LITTÉRAIRES	3
CHRONIQUES DE LA MER	1
LES CLAIRIÈRES	1
CONFESSIONS D'UN OUVRIER	1
CONTES ET NOUVELLES	1
DANS LA PRAIRIE	1
LES DERNIERS BRETONS	2
LES DERNIERS PAYSANS	1
DEUX MISÈRES	1
LES DRAMES PARISIENS	1
L'ÉCHELLE DE FEMMES	1
EN FAMILLE	1
EN QUARANTAINE	1
LE FOYER BRETON	2
LA GOUTTE D'EAU	1
HISTOIRES D'AUTREFOIS	1
L'HOMME ET L'ARGENT	1
LA LUNE DE MIEL	1
LE MAT DE COCAGNE	1
LE MÉMORIAL DE FAMILLE	1
LE MENDIANT DE SAINT-ROCH	1
LE MONDE TEL QU'IL SERA	1
LE PASTEUR D'HOMMES	1
LES PÉCHÉS DE JEUNESSE	1
PENDANT LA MOISSON	1
UN PHILOSOPHE SOUS LES TOITS	1
PIERRE ET JEAN	1
RÉCITS ET SOUVENIRS	1
LES RÉPROUVÉS ET LES ÉLUS	2
RICHE ET PAUVRE	1
LE ROI DU MONDE	2
SCÈNES DE LA CHOUANNERIE	1
SCÈNES DE LA VIE INTIME	1
SCÈNES ET RÉCITS DES ALPES	1
LES SOIRÉES DE MEUDON	1
SOUS LA TONNELLE	1
SOUS LES FILETS	1
SOUS LES OMBRAGES	1
SOUVENIRS D'UN BAS-BRETON	2
SOUVENIRS D'UN VIEILLARD, la dernière étape	1
SUR LA PELOUSE	1
THÉATRE DE LA JEUNESSE	1
TROIS FEMMES	1

MARIE SOUVESTRE

PAUL FERROLL, traduit de l'anglais	1

DANIEL STAUBEN

SCÈNES DE LA VIE JUIVE EN ALSACE	1

DE STENDHAL (H. BEYLE)

	vol.
DE L'AMOUR	1
CHRONIQUES ET NOUVELLES	1
LA CHARTREUSE DE PARME	1
CHRONIQUES ITALIENNES	1
MÉMOIRES D'UN TOURISTE	2
PROMENADES DANS ROME	2
LE ROUGE ET LE NOIR	1

EUGÈNE SUE

ADÈLE VERNEUIL	1
LA BONNE AVENTURE	2
CLÉMENCE HERVÉ	1
LES FILS DE FAMILLE	3
GILBERT ET GILBERTE	3
LA GRANDE DAME	1
LES SECRETS DE L'OREILLER	3
LES SEPT PÉCHÉS CAPITAUX	6
L'ORGUEIL	2
L'ENVIE. — LA COLÈRE	2
LA LUXURE. — LA PARESSE	1
L'AVARICE. — LA GOURMANDISE	1

Mme DE SURVILLE

BALZAC, SA VIE ET SES ŒUVRES	1

FRANÇOIS TALON

LES MARIAGES MANQUÉS	1

E. TEXIER

AMOUR ET FINANCE	1

WILLIAM THACKERAY
Traduction W. Hugues

LES MÉMOIRES D'UN VALET DE PIED	1

LOUIS ULBACH

	vol.
L'HOMME AUX CINQ LOUIS D'OR	1
LES SECRETS DU DIABLE	1
SUZANNE DUCHEMIN	1
LA VOIX DU SANG	1

JULES DE WAILLY FILS

SCÈNES DE LA VIE DE FAMILLE	1

OSCAR DE VALLÉE

LES MANIEURS D'ARGENT	1

VALOIS DE FORVILLE

LE COMTE DE SAINT-POL	1
LE CONSCRIT DE L'AN VIII	1
LE MARQUIS DE PAZAVAL	1

MAX VALREY

LES FILLES SANS DOT	1
MARTHE DE MONBRUN	1

V. VERNEUIL

MES AVENTURES AU SÉNÉGAL	1

LE DOCTEUR L. VÉRON

CINQ CENT MILLE FRANCS DE RENTE	1
MÉMOIRES D'UN BOURGEOIS DE PARIS	5

CHARLES VINCENT ET DAVID

LE TUEUR DE BRIGANDS	1

FRANCIS WEY

LES ANGLAIS CHEZ EUX	1
LONDRES IL Y A CENT ANS	1

BIBLIOTHÈQUE DES VOYAGEURS

1 FRANC LE VOLUME

Jolis volumes format in-32, papier vélin.

ÉMILE AUGIER — vol.
LES PARIÉTAIRES, poésies. 1

THÉODORE DE BANVILLE
ODELETTES. 1
LES PAUVRES SALTIMBANQUES 1
LA VIE D'UNE COMÉDIENNE. 1

CHARLES DESMAZE
MAURICE QUENTIN DE LA TOUR, peintre du roi Louis XV 1

A. DE LAMARTINE
LES VISIONS. 1

ALFRED DE LÉRIS
MES VIEUX AMIS 1
TROIS NOUVELLES ET UN CONTE . . . 1

ALBERT LHERMITE
UN SCEPTIQUE S'IL VOUS PLAÎT 1

Mme MANNOURY-LACOUR — vol.
ASPHODÈLES. 1
SOLITUDES. — 2e *édition*. 1

MÉRY
ANGLAIS ET CHINOIS. 1
HISTOIRE D'UNE COLLINE. 1

HENRY MURGER
BALLADES ET FANTAISIES. 1
PROPOS DE VILLE ET PROPOS DE THÉATRE. 1

F. PONSARD
HOMÈRE, poème 1

JULES SANDEAU
LE CHATEAU DE MONTSABREY. . . . 1
OLIVIER. 1

***
PARIS CHEZ MUSARD. 1

COLLECTION A 50 CENTIMES LE VOLUME

Format grand in-32, sur beau papier vélin.

UN ASTROLOGUE — vol.
LA COMÈTE ET LE CROISSANT, présages et prophéties sur la Guerre d'Orient 1

GUSTAVE CLAUDIN
PALSAMBLEU. 1

Mme LOUISE COLET
QUATRE POÈMES couronnés par l'Académie 1

ALEXANDRE DUMAS
LA JEUNESSE DE PIERROT, conte de fée 1
MARIE DORVAL. 1

Mme MANOEL DE GRANDFORT
COMMENT ON S'AIME LORSQU'ON NE S'AIME PLUS 1

HENRY DE LA MADELÈNE
GERMAIN BARBEBLEUE. 1

MÉRY
LES AMANTS DU VÉSUVE 1

MICHELET — vol.
POLOGNE ET RUSSIE. 1

LÉON PAILLET
VOLEURS ET VOLÉS 1

PETIT-SENN
BLUETTES ET BOUTADES. 1

NESTOR ROQUEPLAN
LES COULISSES DE L'OPÉRA. 1

AURÉLIEN SCHOLL
CLAUDE LE BORGNE. 1

EDMOND TEXIER
UNE HISTOIRE D'HIER. 1

H. DE VILLEMESSANT
LES CANCANS. 1

WARNER
SCHAMYL, le Prophète du Caucase . . 1

— 1 FR. LE VOLUME.

COLLECTION HETZEL ET LÉVY

1 FRANC LE VOLUME

Jolis volumes format in-32, papier vélin.

BAISSAC
	vol.
LES FEMMES DANS LES TEMPS ANCIENS.	1
LES FEMMES DANS LES TEMPS MODERNES.	1

H. DE BALZAC
LES FEMMES	1
MAXIMES ET PENSÉES.	1

A. DE BELLOY
PHYSIONOMIES CONTEMPORAINES	1
PORTRAITS ET SOUVENIRS	1

ALFRED BOUGEARD
LES MORALISTES OUBLIÉS	1

A. DE BRÉHAT
LE CHATEAU DE KERMARIA	1
UN DRAME A CALCUTTA	1
SÉRAPHINA DARISPE.	1

CHAMPFLEURY
M. DE BOISDHYVER.	3

ÉMILE DESCHANEL
LE BIEN QU'ON A DIT DE L'AMOUR.	1
LE BIEN ET LE MAL QU'ON A DIT DES ENFANTS.	1
LE BIEN QU'ON A DIT DES FEMMES.	1
LES COURTISANES GRECQUES.	1
HISTOIRE DE LA CONVERSATION.	1
LE MAL QU'ON A DIT DE L'AMOUR	1
LE MAL QU'ON A DIT DES FEMMES	1

XAVIER EYMA
EXCENTRICITÉS AMÉRICAINES	1

THÉOPHILE GAUTIER
AVATAR	1
JETTATURA.	1

GOETHE
Traduction Édouard Grenier
LE RENARD	1

OLIVIER GOLDSMITH
Traduction Alphonse Esquiros
VOYAGE D'UN CHINOIS EN ANGLETERRE.	1

LÉON GOZLAN
BALZAC EN PANTOUFLES.	1
LES MAÎTRESSES A PARIS.	1
UNE SOIRÉE DANS L'AUTRE MONDE.	1

LE COMTE F. DE GRAMMONT
COMMENT ON SE MARIE.	1
COMMENT ON VIENT ET COMMENT ON S'EN VA.	1

CHARLES JOLIET
	vol.
L'ESPRIT DE DIDEROT.	1

LAURENT JAN
MISANTHROPIE SANS REPENTIR.	1

JULES JANIN
LA COMTESSE D'EGMONT.	1

E. DE LA BÉDOLLIÈRE
HISTOIRE DE LA MODE EN FRANCE.	1

LARCHER ET JULLIEN
CE QU'ON A DIT DE LA FIDÉLITÉ ET DE L'INFIDÉLITÉ.	1

HENRY MONNIER
LES BOURGEOIS AUX CHAMPS.	1
COMÉDIES BOURGEOISES.	1
CROQUIS A LA PLUME.	1
GALERIE D'ORIGINAUX.	1
LES PETITES GENS.	1
SCÈNES PARISIENNES.	1

CHARLES MONSELET
LA CUISINIÈRE POÉTIQUE.	1
LE MUSÉE SECRET DE PARIS	1

ALFRED DE MUSSET
Mlle MIMI PINSON.	1
VOYAGE OU IL VOUS PLAIRA	1

EUGÈNE NOEL
RABELAIS.	1
LA VIE DES FLEURS ET DES FRUITS	1

LOUIS RATISBONNE
AU PRINTEMPS DE LA VIE.	1

P. J. STAHL
DE L'AMOUR ET DE LA JALOUSIE.	1
LES BIJOUX PARLANTS.	1
L'ESPRIT DES FEMMES ET LES FEMMES D'ESPRIT.	1
L'ESPRIT DE VOLTAIRE.	1
HISTOIRE D'UN PRINCE ET D'UNE PRINCESSE, souvenirs de Spa.	1

LOUIS ULBACH
L'HOMME AUX CINQ LOUIS D'OR	2

OUVRAGES ILLUSTRÉS

MISSION DE PHÉNICIE (1860-1861)
Par M. ERNEST RENAN. — Planches exécutées sous la direction de M. THOBOIS, architecte. L'ouvrage se composera de 10 ou 12 livraisons. — Chaque livraison, in-folio. Prix : 10 fr.

VOYAGES ET AVENTURES DANS L'AFRIQUE ÉQUATORIALE
Mœurs et coutumes des habitants. — Chasses au gorille, au crocodile, au léopard, à l'éléphant, à l'hippopotame, etc., par PAUL DU CHAILLU, membre correspondant de la Société géographique de New-York, de la Société d'histoire naturelle de Boston, et de la Société ethnographique américaine, avec illustrations et cartes. Édition française revue et augmentée. — 1 vol. grand in-8°. — Prix : broché 15 fr.; demi-reliure chagrin, plats toile, doré sur tranches. Prix : 20 fr.

VOYAGE DANS LES MERS DU NORD
A BORD DE LA CORVETTE LA REINE-HORTENSE
Par CHARLES EDMOND. — 2me édition. — 1 vol. grand in-8, illustré de vignettes, de culs-de-lampe et de têtes de chapitres dessinés par KARL GIRARDET, d'après CH. GIRAUD. Prix br. : 15 fr.; demi-rel. chagrin, plats toile, doré sur tranches. Prix : 20 fr.

L'ASSEMBLÉE NATIONALE COMIQUE
180 dessins inédits de CHAM, texte par A. LIREUX. — 1 vol. très-grand in-8. Prix, broché : 14 fr; demi-reliure chagrin, plats toile, doré sur tranches. Prix : 20 fr.

JÉROME PATUROT A LA RECHERCHE DE LA MEILLEURE DES RÉPUBLIQUES
Par LOUIS REYBAUD, illustré par TONY JOHANNOT. — 1 vol. très-grand in-8, contenant 160 vignettes dans le texte et 39 types. — Prix : broché, 15 fr.; demi-reliure chagrin, plats toile, doré sur tranches. Prix : 20 fr.

LE FAUST DE GŒTHE
Traduction revue et complète, précédée d'un Essai sur Gœthe, par HENRI BLAZE; édition illustrée de 9 vignettes de TONY JOHANNOT et d'un nouveau portrait de Gœthe, gravé sur acier par LANGLOIS, et tirés sur papier de Chine. — 1 vol. gr. in-8. Prix : broché, 8 fr.; demi-reliure chagrin, plats toile, doré sur tranches. Prix : 12 fr.

THÉATRE COMPLET DE VICTOR HUGO
1 vol. gr. in-8, orné du portrait de Victor Hugo et de 6 grav. sur acier, d'après les dessins de RAFFET, L. BOULANGER, J. DAVID, etc. — Prix : broché, 6 fr. 50. Demi-reliure chagrin, plats toile, doré sur tranches. Prix : 11 fr.

CONTES RÉMOIS
Par le comte DE CHEVIGNÉ. — 4e édition, illustrée de 34 dessins de MEISSONIER. — 1 vol. grand in-18. Prix : 3 fr.; in-8 carré. Prix : 7 fr. 50. — Il reste quelques exemplaires du même ouvrage, tirés sur grand raisin vélin, 20 fr.; sur papier de Hollande, gravures tirées à part sur papier de Chine. Prix : 60 fr.

LA COMÉDIE ENFANTINE
Par LOUIS RATISBONNE, illustrée par GOBERT et FROMENT, 2e édition. — 1 vol. gr. in-8°. — Prix : broché, 10 fr.; relié en toile avec plaques spéciales, doré sur tranches. 14 fr.; demi-reliure chagrin, plats toile, doré sur tranches. Prix : 14 fr.

LE RENARD DE GŒTHE
Traduit par ÉDOUARD GRENIER, illustré par KAULBACH. — 1 volume grand in-8°. Prix : broché 10 fr.; demi-reliure chagrin, plats toile, doré sur tranches. Prix : 15 fr.

CONTES BRABANÇONS
Par CHARLES DE COSTER, illustrés par MM. DE GROUX, DE SCHAMPHELEER, DURWÉE, FÉLICIEN ROPS, VAN CAMP et OTTO VON THOREN, grav. par WILLIAM BROWN — 1 beau vol. in-8°. Prix : 5 fr.

LE 101e RÉGIMENT
Par JULES NORIAC — 1 volume grand in-16, illustré de 84 dessins. — Prix : 4 fr. 50; demi-reliure chagrin, plats toile, doré sur tranches. Prix : 6 fr. 50.

CONTES D'UN VIEIL ENFANT

Par **FEUILLET DE CONCHES**, 2ᵉ édition. Ouvrage imprimé avec le plus grand soin, illustré de 35 gravures sur bois. — 1 vol. grand in-8 jésus, papier de choix, glacé et satiné. Prix : broché, 8 fr.—Richement relié, tranche dorée.   Prix : 12 fr.

SCÈNES DU JEUNE AGE

Par Mᵐᵉ **SOPHIE GAY**, illustrées de 12 belles gravures exécutées avec le plus grand soin. — 1 vol. grand in-8. Prix : 6 fr. — Demi-reliure chagrin, plats toile, tranche dorée.   Prix : 10 fr.

LES AVENTURES DU CHEVALIER JAUFRE

Par **MARY LAFON**, ouvrage splendidement illustré de 20 gravures sur bois tirées à part et dessinées par **GUSTAVE DORÉ**. — 1 vol. grand in-8 jésus, papier glacé satiné. Prix : 7 fr. 50. — Demi-reliure chagrin, plats toile, tranche dorée.   Prix : 12 fr.

PARIS AU BOIS

Par **E. GOURDON**. Magnifique volume in-8, illustré de 16 gravures hors-texte, par **E. MORIN**. Prix : 10 fr.—Demi-reliure chagrin, plats toile, tranche dorée. Prix : 15 fr.

LA CHASSE AU LION

Par **JULES GÉRARD** (*le Tueur de lions*). Ornée de 11 belles gravures et d'un portrait dessinés par **GUSTAVE DORÉ**. — 1 vol. grand in-8 jésus. Prix, broché : 7 fr. 50. — — Demi-reliure chagrin, plats toile, tranche dorée.   Prix : 12 fr.

FIERABRAS

Par **MARY LAFON**. Ouvrage imprimé avec le plus grand soin, illustré de 12 gravures sur bois tirées hors texte, dessinées par **GUSTAVE DORÉ**, et gravées par des artistes anglais.—1 volume grand in-8 jésus, papier de choix, glacé et satiné. Prix, broché : 7 fr. 50 c. — Demi-reliure chagrin, plats toile, tranche dorée.   Prix : 12 fr.

LE ROYAUME DES ENFANTS, SCÈNES DE LA VIE DE FAMILLE

Par Mᵐᵉ **MOLINOS-LAFFITTE**. Illustré de 12 belles gravures par **FATH**. — Un volume grand in-8. Prix : 6 fr. — Demi-reliure chagrin, plats toile, tranche dorée.   Prix : 10 fr.

LA DAME DE BOURBON

Par **MARY LAFON**. — 1 volume grand in-16, illustré de 45 dessins. — Prix : 5 fr. : demi-reliure chagrin, plats toile, doré sur tranches.   Prix : 7 fr.

NADAR JURY AU SALON DE 1857

1,000 COMPTES RENDUS. — 150 DESSINS. — **Prix : 1 fr.**

ALBUMS COMIQUES DE CHAM

Chaque Album, avec une jolie couverture gravée, contient 60 dessins d'Actualités.

Prix de chaque Album : 1 franc.

Salmigondis. — Macédoine. — Salon de 1857. — Saison des Eaux. — Nouvelles pochades. — Croquis de printemps. — Ces bons Chinois. — Les Charges parisiennes. Cours de géométrie. — Nouvelles fariboles. — Souvenirs comiques — Chasses et courses.—Les Kaiserlicks.—Revue du Salon de 1853.— Olla Podrida.—Emotions de chasse.— L'Age d'argent.—Paris s'amuse.—Folies parisiennes.—Un peu de tout Fariboles.—Parisiens et Parisiennes.— Croquis variés. — L'Arithmétique illustrée. — Paris l'hiver. — Croquis d'automne. — Ces bons Parisiens. — Nouveaux Croquis de chasse. — La Bourse illustrée. — Le Bal masqué.— Le Calendrier.— Croquis militaires. — Les Chinoiseries.— Encore un Album.— Les Français en Chine. — Ces jolis messieurs et ces charmantes petites dames.

LES GRANDES USINES DE FRANCE

Par TURGAN. — *Les grandes Usines de France* paraissent en livraisons de 16 pages grand in-8, imprimées avec luxe sur beau papier satiné, ornées de belles gravures et de dessins explicatifs, contenant l'histoire et la description d'une des grandes usines de France, ainsi que l'explication détaillée de l'industrie qu'elle représente.

Le 1er VOLUME, renfermant 82 belles gravures, comprend :

LES GOBELINS (3 livraisons).
LES MOULINS DE SAINT-MAUR (1 livraison).
L'IMPRIMERIE IMPÉRIALE (4 livraisons).
L'USINE DES BOUGIES DE CLICHY (1 livraison).
LA PAPETERIE D'ESSONNE (4 livraisons).
SÈVRES (4 livraisons).
L'ORFÉVRERIE CHRISTOFLE (3 livraisons).

Le 2e volume, renfermant 60 belles gravures, comprend :

LES ÉTABLISSEMENTS DEROSNE ET CAIL (4 livraisons).
LA SAVONNERIE ARNAVON (4 livraisons).
LA MONNAIE (5 livraisons).
MANUFACTURE IMPÉRIALE DES TABACS (3 livraisons).
LITERIE TUCKER (1 livraison).
FABRIQUE DE PIANOS DE MM. PLEYEL, WOLF et Cº (2 livraisons).
FILATURE DE LAINE DE M. DAVIN (1 livraison).

Le 3e volume renferme :

LA MANUFACTURE DES GLACES DE SAINT-GOBAIN (3 livraisons).
LES OMNIBUS DE PARIS (1 livraison).
L'USINE ÉLECTRO-MÉTALLURGIQUE D'AUTEUIL (1 livraison).
CHARBONNAGE DES BOUCHES-DU-RHONE (1 livraison).
BOULANGERIE CENTRALE de l'assistance publique de la Seine (2 livraisons).
LA FOUDRE, filature de coton (3 livraisons).
LES PÉPINIÈRES D'ANDRÉ LEROY, à Angers (1 livraison).
L'USINE A GAZ DE LA COMPAGNIE PARISIENNE (2 livraisons).
L'USINE A GAZ PORTATIF DE PARIS (1 livraison).
Etc., etc.

Prix de chaque volume broché : 12 francs.
— Relié avec tranche dorée : 17 francs.

Prix d'une livraison : 60 centimes.

La 64me livraison (4e du 4me volume) est en vente.

OEUVRES NOUVELLES DE GAVARNI

34 MAGNIFIQUES ALBUMS IN-FOLIO LITHOGRAPHIÉS IMPRIMÉS AVEC LE PLUS GRAND SOIN
PAR LEMERCIER

Chaque Album, 4 fr. — La collection complète, reliée, demi-chagrin, toile rouge, dorée sur tranches, prix, 160 fr.

LES PARTAGEUSES, 40 lithographies	16 fr.
LES MARIS ME FONT TOUJOURS RIRE, 30 lithographies	12
LES LORETTES VIEILLIES, 30 lithographies	12
LES INVALIDES DU SENTIMENT, 30 lithographies	12
HISTOIRE DE POLITIQUER, 30 lithographies	12
LES PARENTS TERRIBLES, 20 lithographies	8
PIANO, 10 lithographies	4
LES BOHÈMES, 20 lithographies	8
ÉTUDES D'ANDROGYNES, 10 lithographies	4
LES ANGLAIS CHEZ EUX, 20 lithographies	8
MANIÈRE DE VOIR DES VOYAGEURS, 10 lithographies	4
LES PROPOS DE THOMAS VIRELOQUE, 20 lithographies	8
HISTOIRE D'EN DIRE DEUX, 10 lithographies	4
LES PETITS MORDENT, 10 lithographies	4
LE MANTEAU D'ARLEQUIN, 10 lithographies	4
LA FOIRE AUX AMOURS, 10 lithographies	4
L'ÉCOLE DES PIERROTS, 10 lithographies	4
CE QUI SE FAIT DANS LES MEILLEURES SOCIÉTÉS, 10 lithographies	4
MESSIEURS DU FEUILLETON, 9 lithographies	4

Outre les séries ci-dessus réunies comme reliure, chaque album broché, de 10 lithographies se vend séparément 4 fr.

CHANSONS POPULAIRES DES PROVINCES DE FRANCE

Notice par CHAMPFLEURY, avec accompagnement de piano par J.-B. WEKERLIN. — Illustrations par MM. BIDA, BRAQUEMOND, CATENACCI, COURBET, FAIVRE, FLAMENG, FRANÇAIS, FATH, HANOTEAU, CH. JACQUE, ED. MORIN, M. SAND, STAAL, VILLEVIEILLE.

Un Magnifique volume grand in-4, illustré. — **Prix : 12 fr.**
Demi-reliure chagrin, plats toile, doré sur tranches. — **Prix : 17 fr.**

Les Chansons populaires des Provinces de la France sont divisées en trente livraisons, dont chacune forme un tout complet et contient les chansons d'une province, elles se vendent séparément.

Prix de chaque livraison : 50 centimes.

1re *liv.* PICARDIE. — La Belle est au jardin d'amour. — La Ballade de Jésus-Christ. — Le Bouquet de ma mie.

2e *liv.* FLANDRE. — La Fête de Sainte-Anne. — Le Hareng saur. — Le Messager d'amour.

3e *liv.* ALSACE. — Le Jardin. — Le Diablotin. — La Chanson du hanneton.

4e *liv.* LANGUEDOC. — Romance de Clotilde. — Joli Dragon. — Dans un jardin couvert de fleurs.

5e *liv.* NORMANDIE. — En revenant des noces. — Le Moulin. — Ronde du pays de Caux.

6e *liv.* BOURGOGNE. — J'avais un' ros' nouvelle. — Eho ! Eho ! Eho ! — Voici venu le mois des fleurs.

7e *liv.* BERRY. — La voila, la jolie coupe. — J'ai demandé-z-à la vieille. — Petit soldat de guerre.

8e *liv.* GUYENNE et GASCOGNE. — Michaut veillait. — La Fille du président. — Dès le matin.

9e *liv.* AUVERGNE. — Bourrées de Chap-des-Beaufort. — Quand Marion s'en va-t-à l'ou. — Bourrée d'Ambert.

10e *liv.* SAINTONGE, ANGOUMOIS et PAYS D'AUNIS. — La Femme du roulier. La petite Rosette. — La Maîtress' du roi céans.

11e *liv.* FRANCHE-COMTÉ. — Au bois rossignolet. — Les trois princesses. — Paysan, donn'-moi ta fille.

12e *liv.* BOURBONNAIS. — Mon père a fait bâtir Château. — Jolie fille de la garde. — Derrièr' chez nous.

13e *liv.* BÉARN. — Belle, quelle souffrance — Pauvre brebis. — Cantique antounat par Jeanne d'Albret.

14e *liv.* POITOU. — Nous somm's venus vous voir. — La v'nu' du mois de mai. — C'est aujourd'hui la foire.

15e *liv.* TOURAINE, MAINE et PERCHE. — La verdi, la verdon. — La Violette. — Su' l'pont du nerd.

16e *liv.* NIVERNAIS. — Lorsque j'étais petite. — Quand j'étais vers chez mon père. — J'étions trois capitaines.

17e *liv.* LIMOUSIN et MARCHE. — Pourquoi me faire ainsi la mine ? — Les scieurs de long. — Quoiqu'en Auvergne.

18e *liv.* ANJOU. — Nous sommes trois souverains princes. — La chanson du Rémouleur. — N'y a rien d'aussi charmant.

19e *liv.* DAUPHINÉ. — J'entends chanter ma mie. — La Pernette. — La Fille du général de France.

20e *liv.* BRETAGNE. — A Nant's, à Nant's est arrivé. — Rossignolet des bois. — Ronde des filles de Quimperlé.

21e *liv.* LORRAINE. — J'y ai planté rosier. — Mon père m'envoie-t-à l'herbe. — Le Rosier d'argent.

22e *liv.* LYONNAIS. — Belle, allons nous épromener. — Nous étions dix filles dans un pré. — Pingo les noix.

23e *liv.* ORLÉANAIS. — Les Filles de Cernois. — Le Piocheur de terre. — Les Cloches.

24e *liv.* PROVENCE et COMTAT D'AVIGNON. — Sur la montagne, ma mère. — Sirvente contre Guy. — Bonhomme, bonhomme.

25e *liv.* ILE DE FRANCE. — Germine. — Chanson de l'aveine. — Si le roi m'avait donné.

26e *liv.* ROUSSILLON. — J'ai tant pleuré. — Le changement de garnison. — En revenant de Saint-Alban.

27e *liv.* CHAMPAGNE. — Cécilia. — Sur le bord de l'île. — C'est le jour du gigotiau.

28e et 29e *liv.* PRÉFACE

30e *liv.* TITRE, FRONTISPICE, TABLES et COUVERTURE.

GÉOGRAPHIE NOUVELLE

Par SAGANSAN, Géographe de S. M. l'Empereur et de l'Administration des Postes

CARTE DES ÉTATS DE L'EUROPE ET DES PAYS CIRCONVOISINS

Indiquant les Chemins de fer, les principales Routes, les subdivisions des Etats et les Colonies militaires russes. — Deux feuilles grand-monde coloriées. Prix : 10 fr. — Collée sur toile, en étui : 14 fr. — Collée sur toile, à baguettes.   Prix : 17 fr.

CARTE DES POSTES DE L'EMPIRE FRANÇAIS

Indiquant : Chemins de fer avec les Stations, Routes, Chemins de grande communication, Canaux, Rivières, Bureaux de poste, Relais avec les distances intermédiaires en chiffres. — Deux feuilles grand-monde. Prix : 6 fr. — Collée sur toile, en étui : 10 fr. — Collée sur toile, à baguettes.   Prix : 14 fr.

CARTE DES CHEMINS DE FER
ET AUTRES VOIES DE COMMUNICATION DE L'EMPIRE FRANÇAIS

Adoptée par les Compagnies de chemins de fer et agréée par Son Excellence le maréchal de France ministre de la guerre, pour servir aux transports de la guerre. — Double feuille grand-monde. Prix : 6 fr. — Collée sur toile, en étui : 10 fr. — Collée sur toile, à baguettes.   Prix : 14 fr.

PETITE CARTE DES CHEMINS DE FER
ET DES VOIES NAVIGABLES DE L'EMPIRE FRANÇAIS

Prix : 2 fr.

PLAN DE PARIS

Comprenant l'ancien Paris et les communes ou portions de communes annexées. (Loi du 16 juin 1860). — Prix en feuille, avec livret : 4 fr. — Cartonné : 5 fr. — Entoilé, avec étui : 7 fr. — Sur rouleaux :   Prix : 11 fr.

CARTE DES CHEMINS DE FER
ET DE LA TÉLÉGRAPHIE ÉLECTRIQUE DE L'EMPIRE FRANÇAIS

Indiquant le nom de toutes les stations et les bureaux télégraphiques avec le prix de chaque dépêche. — Une feuille coloriée.   Prix : 2 fr.

L'EUROPE DE 1760 A 1860

Carte figurative et chronologique des acquisitions et mutations territoriales faites par les cinq grandes puissances, et accompagnée d'une légende indiquant la date et l'origine des possessions coloniales.   Prix : 1 fr.

CARTE MUETTE
POUR FACILITER L'ÉTUDE DE LA GÉOGRAPHIE DE LA FRANCE,

A l'usage des Candidats à l'examen d'admission dans le Service des Postes. Prix : 1 fr.

PLANISPHÈRE

Indiquant les principales communications (dimension : 1m 30 sur 1m 10). — Prix 6 fr. Entoilé avec étui, Prix : 10 fr. — Sur rouleaux.   Prix : 14 fr.

CARTE DU ROYAUME D'ITALIE
EN DOUZE FEUILLES INDIQUANT LES COMMUNES,

Dressée à l'échelle de 1/500,000, d'après les documents les plus récents. — Prix, en feuilles, 30 fr.
Entoilée avec étui. 50 fr.

CARTE DU MEXIQUE ET DES CONTRÉES CIRCONVOISINES,
POUR SUIVRE LES OPÉRATIONS MILITAIRES

Prix, en une feuille grand aigle, 3 fr. — Entoilée avec étui,   5 fr. 50 c.

CARTE DES VOIES DE COMMUNICATION DE LA RUSSIE D'EUROPE ET DES ÉTATS VOISINS

Deux feuilles grand-aigle. Prix : 6 fr. — Entoilées avec étui,   10 fr.

ANNUAIRE DE L'ADMINISTRATION DES POSTES

Prix : 2 fr.

NOMENCLATURE PAR DÉPARTEMENT DE TOUTES LES COMMUNES DE FRANCE,
AVEC L'INDICATION DES BUREAUX DE POSTE QUI LES DESSERVENT.

Prix : 4 fr.

MUSÉE LITTÉRAIRE CONTEMPORAIN
CHOIX DES MEILLEURS OUVRAGES DES AUTEURS MODERNES
10 Centimes la Livraison. — Format in-4° à 2 colonnes

ROGER DE BEAUVOIR   fr. c.
LE CHEVALIER DE ST-GEORGES.	1 vol.	» 90
LE CHEVALIER DE CHARNY...	—	» 90

CHARLES DE BERNARD
UN ACTE DE VERTU ET LA PEINE DU TALION...	—	» 50
L'ANNEAU D'ARGENT...	—	» 50
UNE AVENTURE DE MAGISTRAT.	—	» 30
LA CINQUANTAINE...	—	» 50
LA FEMME DE QUARANTE ANS.	—	» 50
LE GENDRE...	—	» 50
L'INNOCENCE D'UN FORÇAT...	—	» 30
LE PERSÉCUTEUR...	—	» 30

CHAMPFLEURY
LES GRANDS HOMMES DU RUISSEAU...	—	» 60

LA COMTESSE DASH
LES GALANTERIES DE LA COUR DE LOUIS XV...	—	3 »
LA RÉGENCE...	—	» 90
LA JEUNESSE DE LOUIS XV...	—	» 90
LES MAITRESSES DU ROI...	—	» 90
LE PARC AUX CERFS...	—	» 90

ALEXANDRE DUMAS
ACTÉ...	—	» 90
AMAURY...	—	» 90
ANGE PITOU...	—	1 80
ASCANIO...	—	1 50
AVENTURES DE JOHN DAVYS...	—	1 80
LE BATARD DE MAULÉON...	—	2 »
LE CAPITAINE PAUL...	—	» 70
LE CAPITAINE RICHARD...	—	» 90
CATHERINE BLUM...	—	» 70
CAUSERIES.—LES TROIS DAMES	—	1 30
CÉCILE...	—	» 90
CHARLES LE TÉMÉRAIRE...	—	1 50
LE CHATEAU D'EPPSTEIN...	—	1 50
LE CHEVALIER D'HARMENTAL.	—	1 50
LE CHEVALIER DE MAISON-ROUGE...	—	1 50
LE COLLIER DE LA REINE...	—	2 50
LA COLOMBE. — MURAT...	—	» 50
LES COMPAGNONS DE JÉHU...	—	1 80
LE COMTE DE MONTE-CRISTO.	—	4 »
LA COMTESSE DE CHARNY...	—	4 50
LA COMTESSE DE SALISBURY..	—	1 50
CONSCIENCE L'INNOCENT...	—	1 30
LA DAME DE MONSOREAU...	—	2 50
LES DEUX DIANE...	—	2 20
LES DRAMES DE LA MER...	—	» 70
LA FEMME AU COLLIER DE VELOURS...	—	» 70
FERNANDE...	—	» 90
UNE FILLE DU RÉGENT...	—	» 90
LES FRÈRES CORSES...	—	» 60
GABRIEL LAMBERT...	—	» 70
GAULE ET FRANCE...	—	» 90
GEORGES...	—	» 90
LA GUERRE DES FEMMES...	—	1 65
L'HOROSCOPE...	vol.	» 90

ALEXANDRE DUMAS (Suite)   fr. c.
IMPRESSIONS DE VOYAGE.		
UNE ANNÉE A FLORENCE...	—	» 90
L'ARABIE HEUREUSE...	—	2 10
LES BALEINIERS...	—	1 30
LES BORDS DU RHIN...	—	1 30
LE CAPITAINE ARÉNA...	—	» 90
LE CORRICOLO...	—	1 65
DE PARIS A CADIX...	—	1 65
EN SUISSE...	—	2 20
UN GIL-BLAS EN CALIFORNIE	—	» 70
LE MIDI DE LA FRANCE...	—	1 30
QUINZE JOURS AU SINAÏ...	—	» 90
LE SPÉRONARE...	—	1 50
LE VÉLOCE...	—	1 65
LA VIE AU DÉSERT...	—	1 30
LA VILLA PALMIERI...	—	» 90
INGÉNUE...	—	1 80
ISABEL DE BAVIÈRE...	—	1 50
JEHANNE LA PUCELLE...	—	» 90
LA JEUNESSE DE Mme DU DEFFAND	—	2 »
LES LOUVES DE MACHECOUL..	—	2 50
LA MAISON DE GLACE...	—	1 50
LE MAITRE D'ARMES...	—	» 90
LES MARIAGES DU PÈRE OLIFUS	—	» 70
LES MÉDICIS...	—	» 70
MÉMOIRES DE GARIBALDI.		
(Complet)...	—	1 30
1re série. (Séparément)...	—	» 70
2e série. (—)...	—	» 70
MÉMOIRES D'UN MÉDECIN — JOSEPH BALSAMO —...	—	4 »
LE MENEUR DE LOUPS...	—	» 90
LES MILLE ET UN FANTÔMES..	—	» 70
LES MOHICANS DE PARIS...	—	3 60
LES MORTS VONT VITE...	—	1 50
NOUVELLES...	—	» 50
UNE NUIT A FLORENCE...	—	« 70
OLYMPE DE CLÈVES...	—	2 60
OTHON L'ARCHER...	—	» 50
PASCAL BRUNO...	—	» 50
LE PASTEUR D'ASHBOURN...	—	1 80
PAULINE...	—	» 50
LE PÈRE GIGOGNE...	—	1 50
LE PÈRE LA RUINE...	—	» 90
LES QUARANTE-CINQ...	—	2 50
LA REINE MARGOT...	—	1 65
LA ROUTE DE VARENNES...	—	» 70
LE SALTEADOR...	—	» 70
SOUVENIRS D'ANTONY...	—	» 50
SYLVANDIRE...	—	» 90
LE TESTAMENT DE M. CHAUVELIN...	—	» 70
LES TROIS MOUSQUETAIRES..	—	1 65
LA TULIPE NOIRE...	—	» 90
LE VICOMTE DE BRAGELONNE.	—	4 75
UNE VIE D'ARTISTE...	—	» 70
VINGT ANS APRÈS...	—	2 20

ALEXANDRE DUMAS FILS
CÉSARINE...	—	» 50
LA DAME AUX CAMÉLIAS...	—	» 90
UN PAQUET DE LETTRES...	—	» 50
LE PRIX DE PIGEONS...	—	» 50

PAUL FÉVAL — fr. c.
LES AMOURS DE PARIS. . . . . 1 vol. 1 50
LE BOSSU OU LE PETIT PARISIEN — 2 50
LE FILS DU DIABLE. . . . . . — 3 »
LE TUEUR DE TIGRES. . . . . — 3 70

THÉOPHILE GAUTIER
CONSTANTINOPLE . . . . — » 90

Mme ÉMILE DE GIRARDIN
MARGUERITE OU DEUX AMOURS — » 90

LÉON GOZLAN
LE MÉDECIN DU PECQ . . . . . — » 90
LES NUITS DU PÈRE-LACHAISE. — » 90

CHARLES HUGO
LA BOHÊME DORÉE. . . . . . — 1 50

ALPHONSE KARR
FORT EN THÈME . . . . — » 70
LA PÉNÉLOPE NORMANDE. . . — » 90
SOUS LES TILLEULS. . . . . . — » 90

A. DE LAMARTINE
LES CONFIDENCES . . . . . . — » 90
L'ENFANCE. . . . . — » 50
GENEVIÈVE, histoire d'une
 Servante . . . . — » 70
GRAZIELLA . . . . — » 60
HISTOIRE ET POÉSIE. . . . . — » 50
LA JEUNESSE . . . . — » 60
RÉGINA. . . . . — » 50
LA VIE DE FAMILLE. . . . . — » 50

LE CAPITAINE MAYNE-REID
Traduction Allyre Bureau
LES CHASSEURS DE CHEVELURES — 1 »

LE DOCTEUR FÉLIX MAYNARD
L'INSURRECTION DE L'INDE —
 De Delhi à Cawnpore. . . . — » 70

MÉRY
UN ACTE DE DÉSESPOIR . . . — » 50
LE BONHEUR D'UN MILLION-
 NAIRE. . . . . — » 50
LE CHATEAU DES TROIS TOURS. — » 70
LE CHATEAU D'UDOLPHE. . . . — » 50
UNE CONSPIRATION AU LOUVRE. — » 70
LE DIAMANT A MILLE FACETTES — » 60
LES NUITS ANGLAISES . . . . — » 90
LES NUITS ITALIENNES. . . . — » 90
SIMPLE HISTOIRE . . . . . . — » 70

HENRY MURGER
LES AMOURS D'OLIVIER . . . — » 30
LE BONHOMME JADIS . . . . . — » 30
MADAME OLYMPE. . . . . . . — » 50
LA MAITRESSE AUX MAINS ROUGES — » 50
LE MANCHON DE FRANCINE . . — » 30
SCÈNES DE LA VIE DE BOHÈME. — » 90
LE SOUPER DES FUNÉRAILLES. — » 50

JULES SANDEAU
SACS ET PARCHEMINS. . . . . — » 90

EUGÈNE SCRIBE
CARLO BROSCHI. . . . . . . — » 50
JUDITH OU LA LOGE D'OPÉRA. — » 30
LA MAITRESSE ANONYME. . . — » 30
PROVERBES . . . . — » 70

ALBÉRIC SECOND — fr. c.
LA JEUNESSE DORÉE. . . . . 1 vol. » 50

FRÉDÉRIC SOULIÉ
AU JOUR LE JOUR . . . . . . — » 70
LES AVENTURES DE SATURNIN
 FICHET . . . . — 1 50
LE BANANIER . . . . — » 50
LA COMTESSE DE MONRION . . — » 70
CONFESSION GÉNÉRALE. . . . — 1 80
LES DEUX CADAVRES. . . . . — » 70
LES DRAMES INCONNUS. . . . — 2 50
LA MAISON N° 3, RUE DE PRO-
 VENCE. . . . . — » 70
LES AVENTURES D'UN CADET
 DE FAMILLE. . . . . . . — » 70
LES AMOURS DE VICTOR
 BONSENNE . . . . — » 70
OLIVIER DUHAMEL. . . . . . — » 70
EULALIE PONTOIS . . . . . . — » 30
LES FORGERONS. . . . . . . — » 50
HUIT JOURS AU CHATEAU . . — » 70
LE LION AMOUREUX . . . . . — » 30
LA LIONNE. . . . . — » 70
LE MAITRE D'ÉCOLE . . . . . — 1 30
MARGUERITE. . . . . — » 80
LES MÉMOIRES DU DIABLE. . . — 2 »
LES QUATRE NAPOLITAINES . . — 1 30
LES QUATRE SŒURS . . . . . — » 50
SI JEUNESSE SAVAIT, SI VIEIL-
 LESSE POUVAIT . . . . . — 1 50
LE VEAU D'OR . . . . — 2 40

ÉMILE SOUVESTRE
DEUX MISÈRES. . . . . — » 90
L'HOMME ET L'ARGENT. . . . — » 70
JEAN PLEBEAU. . . . . — » 50
LE MENDIANT DE SAINT-ROCH. — » 70
PIERRE LANDAIS . . . . . . — » 50
LES RÉPROUVÉS ET LES ÉLUS. — 1 50
SOUVENIRS D'UN BAS-BRETON. — 1 50

EUGÈNE SUE
LES SEPT PÉCHÉS CAPITAUX. . — 5 »
 L'ORGUEIL. . . . . — 1 50
 L'ENVIE. . . . . — » 90
 LA COLÈRE. . . . . — » 70
 LA LUXURE . . . . — » 70
 LA PARESSE . . . . — » 50
 L'AVARICE . . . . — » 50
 LA GOURMANDISE . . . . . . — » 50
LES ENFANTS DE L'AMOUR . . — » 90
LA BONNE AVENTURE . . . . — 1 50
GILBERT ET GILBERTE. . . . — 2 70
LE DIABLE MÉDECIN. . . . . — 2 70
LA FEMME SÉPARÉE DE
 CORPS ET DE BIENS. . . . — » 90
LA GRANDE DAME. . . . . . — » 50
LA LORETTE. . . . . — » 30
LA FEMME DE LETTRES. . . . — » 90
LA BELLE FILLE. . . . . . . — » 50
LES MÉMOIRES D'UN MARI. . . — 2 70
UN MARIAGE DE CONVENANCES — 1 50
UN MARIAGE D'ARGENT . . . — » 90
UN MARIAGE D'INCLINATION. — » 50
LES SECRETS DE L'OREILLER. — 2 10
LES FILS DE FAMILLE. . . . — 2 70

VALOIS DE FORVILLE
LE CONSCRIT DE L'AN VIII. . — » 90

BROCHURES DIVERSES

	fr. c.		fr. c.
ÉMILE AUGIER		**LE COMTE D'HAUSSONVILLE**	
DISCOURS DE RÉCEPTION A L'ACADÉMIE FRANÇAISE	1 »	CONSULTATION DE MM. LES BATONNIERS DE L'ORDRE DES AVOCATS.	1 »
LOUIS BLANC		LETTRE AUX BATONNIERS DE L'ORDRE DES AVOCATS	1 »
APPEL AUX HONNÊTES GENS	1 »	M. DE CAVOUR ET LA CRISE ITALIENNE	1
LA RÉVOLUTION DE FÉVRIER AU LUXEMBOURG	1 »	**LÉON HEUZEY**	
HENRI BLAZE DE BURY		CATALOGUE DE LA MISSION DE MACÉDOINE ET DE THESSALIE	» 50
M. LE COMTE DE CHAMBORD, UN MOIS A VENISE	1 »	**LAMARTINE**	
BONNAL		DU DROIT AU TRAVAIL	» 30
ABOLITION DU PROLÉTARIAT	1 »	LETTRE AUX DIX DÉPARTEMENTS	» 30
LA FORCE ET L'IDÉE	1 »	LA PRÉSIDENCE	» 30
G. BOULLAY		DU PROJET DE CONSTITUTION	» 30
RÉORGANISATION ADMINISTRATIVE	1 »	UNE SEULE CHAMBRE	» 30
RENÉ CLEMENT		**EDOUARD LEMOINE**	
ÉTUDE SUR LE THÉATRE ANTIQUE	1 »	ABDICATION DU ROI LOUIS-PHILIPPE	» 50
L. COUTURE		**JOHN LEMOINNE**	
DU GOUVERNEMENT HÉRÉDITAIRE EN FRANCE et des trois partis qui s'y rattachent	1 50	AFFAIRES DE ROME	1 »
		A. LEYMARIE	
CHARLES DIDIER		HISTOIRE D'UNE DEMANDE EN AUTORISATION DE JOURNAL, simple question de propriété	2 »
QUESTION SICILIENNE	1 »	**LE COMTE DE MONTALIVET**	
UNE VISITE A M. LE DUC DE BORDEAUX	1 »	LE ROI LOUIS-PHILIPPE ET SA LISTE CIVILE	» 50
ERNEST DESJARDINS		**LE BARON DE NERVO**	
NOTICE SUR LE MUSÉE NAPOLÉON III ET PROMENADE DANS LES GALERIES	» 50	LES FINANCES DE LA FRANCE SOUS LE RÈGNE DE NAPOLÉON III	1 »
DUFAURE		**D. NISARD**	
DU DROIT AU TRAVAIL	» 30	DISCOURS PRONONCÉ A L'ACADÉMIE FRANÇAISE en réponse au discours de réception de M. Ponsard	1 »
ALEXANDRE DUMAS			
RÉVÉLATIONS SUR L'ARRESTATION D'ÉMILE THOMAS	» 50	**UN PAYSAN CHAMPENOIS**	
ADRIEN DUMONT		A TIMON, sur son projet de Constitution	» 50
LES PRINCIPES DE 1789	1	**CASIMIR PÉRIER**	
LÉON FAUCHER		LE BUDGET DE 1863	1 »
LE CRÉDIT FONCIER	» 30	LA RÉFORME FINANCIÈRE DE 1862	1 »
DE L'IMPÔT SUR LE REVENU	» 30	**GEORGES PERROT**	
OCTAVE FEUILLET		CATALOGUE DE LA MISSION D'ASIE MINEURE	» 50
DISCOURS DE RÉCEPTION A L'ACADÉMIE FRANÇAISE	1 »	**A. PONROY**	
ÉMILE DE GIRARDIN		LE MARÉCHAL BUGEAUD	1 »
AVANT LA CONSTITUTION	» 50	**F. PONSARD**	
CONQUÊTE ET NATIONALITÉ	1 »	DISCOURS DE RÉCEPTION A L'ACADÉMIE FRANÇAISE	1 »
LE DÉSARMEMENT EUROPÉEN	1 »	**PREVOST-PARADOL**	
DÉSARMEMENT ET MATÉRIALISME	1 »	DE LA LIBERTÉ DES CULTES EN FRANCE	1 »
L'EMPEREUR NAPOLÉON III ET LA FRANCE	1 »	DEUX LETTRES SUR LA RÉFORME DU CODE PÉNAL	1 »
L'EMPIRE AVEC LA LIBERTÉ	1 »	LES ÉLECTIONS DE 1863	1
L'ÉQUILIBRE EUROPÉEN	1 »	DU GOUVERNEMENT PARLEMENTAIRE ET DU DÉCRET DU 24 NOVEMBRE	1 »
L'EXPROPRIATION ABOLIE PAR LA DETTE FONCIÈRE CONSOLIDÉE	2 »	**ESPRIT PRIVAT**	
LA GUERRE	1 »	LE DOIGT DE DIEU	1 »
JOURNAL D'UN JOURNALISTE AU SECRET	1 »	**ERNEST RENAN**	
LE LIBRE VOTE	1 »	CATALOGUE DES OBJETS PROVENANT DE LA MISSION DE PHÉNICIE	» 50
L'ORNIÈRE DES RÉVOLUTIONS	1 »	**SAINT-MARC GIRARDIN**	
SOLUTION DE LA QUESTION D'ORIENT	2 50	DU DÉCRET DU 24 NOV. OU DE LA RÉFORME de la CONSTITUTION de 1852	
UNITÉ DE RENTE ET UNITÉ D'INTÉRÊT	2 »	**GEORGE SAND & V. BORIE**	
GLADSTONE		TRAVAILLEURS ET PROPRIÉTAIRES	1 »
DEUX LETTRES au Lord Aberdeen sur les poursuites politiques exercées par le gouvernement napolitain	1 »	**THIERS**	
		DU CRÉDIT FONCIER	» 30
JULES GOUACHE		LE DROIT AU TRAVAIL	» 30
LES VIOLONS DE M. MARRAST	» 50		

L'UNIVERS ILLUSTRÉ
RECUEIL HEBDOMADAIRE PARAISSANT TOUS LES SAMEDIS
Chaque numéro contient 8 pages format in-folio (4 de texte et 4 de gravures)
PRIX : 20 CENTIMES LE NUMÉRO.
ABONNEMENT : UN AN, 10 FR. — SIX MOIS, 6 FR.
— Pour plus de détails, faire demander le prospectus. —

LE JOURNAL DU DIMANCHE
LITTÉRATURE — HISTOIRE — VOYAGES — MUSIQUE
12 vol. sont en vente. Chaque vol. format in-4, orné de 104 gravures.   Prix : 3 fr.

LE JOURNAL DU JEUDI
LITTÉRATURE — HISTOIRE — VOYAGES
7 vol. sont en vente. Chaque vol. format in-4, orné de 104 gravures.   Prix : 3 fr.

LES BONS ROMANS, Chefs-d'œuvre de la Littérature contemporaine
Par VICTOR HUGO, ALEXANDRE DUMAS, GEORGE SAND, LAMARTINE, ALFRED DE MUSSET, EUGÈNE SUE, FRÉDÉRIC SOULIÉ, ALPHONSE KARR, CH. DE BERNARD, ALEXANDRE DUMAS FILS, HENRY MURGER, HENRI CONSCIENCE, PAUL FÉVAL, ÉMILE SOUVESTRE, etc., etc. — 7 vol. sont en vente. Chaque volume, format in-4, orné de 104 gravures.   Prix : 3 fr.

DICTIONNAIRE FRANÇAIS ILLUSTRÉ
ET ENCYCLOPÉDIE UNIVERSELLE
Ouvrage qui peut tenir lieu de tous les vocabulaires et de toutes les encyclopédies
ENRICHI DE 20,000 FIGURES GRAVÉES SUR CUIVRE PAR LES MEILLEURS ARTISTES
Dirigé par **B. DUPINEY DE VOREPIERRE**,
Et rédigé par une Société de Savants et de Gens de lettres
160 livraisons à 50 centimes ; 165 livraisons sont en vente. — Chaque livraison est composée de deux feuilles de texte, et contient la matière d'un volume in-8 ordinaire. — L'ouvrage, composé en caractères entièrement neufs et imprimé sur papier de luxe, formera 2 magnifiques volumes in-4. — Chaque volume aura au moins 1,000 pages.

DICTIONNAIRE DE LA CONVERSATION
ET DE LA LECTURE
INVENTAIRE RAISONNÉ DES NOTIONS GÉNÉRALES LES PLUS INDISPENSABLES A TOUS
PAR
UNE SOCIÉTÉ DE SAVANTS ET DE GENS DE LETTRES
Deuxième Édition
Entièrement refondue, corrigée et augmentée de plusieurs milliers d'articles tous d'actualité.
16 volumes grand in-8°. — 200 francs.

NOUVEAU DICTIONNAIRE UNIVERSEL
DE LA LANGUE FRANÇAISE
Rédigé d'après les travaux et les mémoires des Membres des cinq classes de l'Institut
Par M. P. POITEVIN
Auteur du Cours théorique et pratique de langue française adopté par l'Université
Deux volumes in-4. — Prix : 40 francs.

PARIS. — IMPRIMERIE DE A. WITTERSHEIM, RUE MONTMORENCY, 8.

www.ingramcontent.com/pod-product-compliance
Lightning Source LLC
Chambersburg PA
CBHW070529160426
43199CB00014B/2233